L'adaptation aux changements climatiques

dans les futures villes

« Regards croisés »

Sous la direction de

Azzeddine Madani & Christopher Bryant

L'adaptation aux changements climatiques dans les futures villes
« Regards croisés »

Econotrends Ltd 2019

(Octobre 2019)

Canada

ISBN: 978-1-896197-12-8 (**Papier**)   **ISBN**: 978-1-896197-13-5 (**e-Book**)

Azzeddine Madani est Maître de Conférences HDR en géographie et aménagement du territoire, Faculté des sciences sociales et humaines, Université de Khemis Miliana, **Algérie**.

https://www.researchgate.net/profile/Madani_Azzeddine2

Christopher Bryant est Professeur Associé, Département de géographie, Université de Montréal, & Adjunct Professor, School of Environmental Design and Rural Development, University of Guelph, **Canada**.

https://www.researchgate.net/profile/Christopher_Bryant3

Sommaire

Introduction : Vers une meilleure adaptation aux changements climatiques dans nos futures villes.

Azzeddine Madani & Christopher Bryant..6

Première Partie
La conception des villes face aux CC

Chapitre 1 : Les modèles fondateurs de la conception des villes et de la mobilité urbaine

Ouari MERADI...11

Chapitre 2 : Agir pour adapter dans les meilleures conditions les tissus urbains aux variabilités climatiques..

Yannick BRUN-PICARD...24

Chapitre 3 : Le Mal de l'urbain face à l'absence de la culture urbaine.

Rofia ABADA..43

Chapitre 4 : Une ville globale résiliente : mutations morphologiques du front d'eau de Manhattan dans un contexte de risques climatiques

Marilyne GAUDETTE et Sylvain LEFEBVRE...53

Deuxième partie
Les formes d'adaptation dans certaines villes

Chapitre 5 : Adaptation des villes au changement climatique, le génie ancestral à la rescousse, cas des inondations de la Vallée du M'zab, Algérie

Abdelmadjid BOUDER, Lynda HAMADENE & Tarik CHELLA...................75

Chapitre 6 : L'impact du changement climatique sur la morphodynamique de la lagune littorale de Kélibia (Nord Est de la péninsule du Cap Bon-Tunisie) :Scénarios d'érosion et de submersion à l'horizon 2100

Noura BRAHMI et Mohsen DHIEB...94

Chapitre 7 : Transfert de risques de catastrophes et de technologies propres devant le changement climatique : une approche durable et sécuritaire pour les villes moyennes latino-américaines

Élfide Mariela RIVAS GÓMEZ et Carlos APARICIO..............................**116**

Chapitre 8: Nécessité d'une planification opérationnelle de l'agriculture urbaine au service de la sécurité alimentaire et l'adaptation au changement climatique à Alger.

Houda SACI, Mohamed HOCINE **137**

Chapitre 9 : La multifonctionnalité, une entrée pour renforcer l'agriculture intra et périurbaine comme mesure d'adaptation aux changements climatiques à Dakar

Ndiogosse SOCE, Danielle DAGENAI et Jacques FISETTE..................**157**

Chapitre 10 : Nouvelle forme et adaptation des parcs de proximité, ou comment lutter contre les îlots de chaleur et répondre aux besoins des personnes âgées. Etude de cas : l'agglomération de Monterrey

Laurène WIESZTORT...**177**

Chapitre 11 : Villes et changements climatiques : risques, impacts, résiliences et mesures d'adaptation « *non regret* » : cas du futur port financier de la baie de Tunis.

Yadh ZAHAR et Rim GUISSOUMA...**195**

Chapitre 12 : La vulnérabilité d'Haïti face au réchauffement climatique et à la croissance urbaine non planifiée : le cas de Port-au-Prince.

Louis-Marc PIERRE...**221**

Conclusion
Azzeddine Madani, Christopher Bryant................................**245**

Bibliographie..**248**

Liste des auteurs..**272**

Quelques publications (Livres +Chapitres)
Christopher BRYANT & Azzeddine MADANI............................**276**

Introduction

Introduction

Vers une meilleure adaptation aux changements climatiques
dans nos futures villes.

L'adaptation aux changements et à la variabilité climatiques (CVC) dans les villes, les métropoles et les régions qui les entourent reste encore un sujet d'actualité partout dans le monde. Des chercheurs, des décideurs et également des citoyens partout dans le monde se posent des questions sur l'impact du CVC sur la ville actuelle, les métropoles, les régions urbaines et métropolitaines et sur ses composants ainsi que sur les mesures à prendre pour que nos futures villes arrivent à s'adapter aux CVC.

Les grandes vagues de chaleur, les inondations et autres phénomènes météorologiques qui ne cessent d'apparaitre avec différentes nouvelles formes d'agressivité sur le bâti, les citoyens et sur les fonctions urbaines des villes, nous oblige à revenir autant de fois qu'il le faut, pour mettre sous la loupe les différentes formes d'adaptation déjà engagées et projetées pour réduire l'impact sur les villes, les métropoles et leurs régions du point de vue forme d'habitations et de construction, style de déplacement et mobilité, leur sécurité alimentaire ainsi que le mode de vie des citoyens et les mutations qui peuvent apparaitre sur le travail en ville. Cette augmentation de la chaleur dans les villes a orienté aussi les réflexions vers la végétalisation des villes, l'agriculture urbaine, et les nouvelles formes d'habiter et de vivre au quotidien.

Cet ouvrage vient poursuivre les réflexions engagées lors du colloque international que nous avons organisé au niveau de l'université du Québec à Chicoutimi – UQAC - (Canada), et ce dans le cadre du 86e congrès de l'ACFAS du 7 au 11 mai 2018. Durant cet événement l'objectif était de cerner les différents risques du CVC sur les villes et de ressortir les meilleures mesures d'adaptations à travers les thèmes liés à la conception urbaine des villes, la mobilité, la végétalisation des villes, l'agriculture urbaine, le mode de vie en ville, le travail en ville, la sécurité alimentaire ainsi que l'intégration des connaissances locales et régionales dans l'élaboration des stratégies et/ou les politiques pour construire les stratégies d'adaptation. Aujourd'hui les gestionnaires des villes partout dans le monde sont très conscients des risques que peuvent rencontrer la population urbaine et le cadre bâti des villes. Les actions engagées ici et là ne sont pas les mêmes surtout que cela est lié à la présence des moyens financiers et de l'expertise nécessaire pour mettre en œuvre les mesures de prévention contre les CVC. La situation semble dangereuse pour de nombreuses villes partout dans les pays du monde ou les signes de vulnérabilité sont encore visibles. Il est nécessaire que les solutions soient plus efficaces et viennent d'une concertation entre les villes. Le temps très court exige de nous de réfléchir globalement à des actions dans les différents horizons. S'inspirer et échanger sur les politiques établies constituent aussi une nouvelle forme mondiale de collaboration entre les villes pour faire face à cette multitude de types de dangers engendrés par les changements climatiques.

Ainsi cet ouvrage avec les deux parties qu'il compte fixe un regard croisé et donne plus de lumière sur l'adaptation aux changements climatiques dans les villes d'aujourd'hui et de demain. La première partie s'intéresse à la conception des villes face aux changements climatiques. Le premier chapitre de Ouari MERADI revient sur les modèles fondateurs de la conception des villes et de la mobilité urbaine à travers l'organisation spatiale la plus optimale, et ce pour nous introduire graduellement dans le fond des problèmes rencontrés et les formes des villes. Dans le chapitre 2, Yannick BRUN-PICARD nous éclaire sur la manière d'agir pour adapter dans les meilleures conditions les tissus urbains aux variabilités climatiques à travers l'aspect technique lié à la planification et à la l'aménagement du territoire. Le mal de l'urbain face à l'absence de la culture urbaine a été traité dans le 3e chapitre par Rofia ABADA qui a donné une attention particulière à la construction des villes créatives et durable à travers la prise en considération de la culture urbaine. Marilyne GAUDETTE et Sylvain LEFEBVRE à travers le 4e chapitre nous amènent à New York et plus exactement à l'ile de Manhattan pour mettre la lumière sur une ville globale résiliente qui observe des mutations morphologiques du front d'eau dans un contexte de risques climatiques.

La deuxième partie de cet ouvrage se penche sur les formes d'adaptation dans certaines villes du monde. Abdelmadjid BOUDER et al par le chapitre 5 expliquent l'adaptation des villes au changement climatique, le génie ancestral à la rescousse, et le cas des inondations de la Vallée du M'zab, en Algérie. Ils donnent un large aperçu sur les changements climatiques dans l'espace saharien Algérien.

Le chapitre 6 de Noura BRAHMI et Mohsen DHIEB traite l'impact du changement climatique sur la morphodynamique de la lagune littorale de Kélibia (Nord Est de la péninsule du Cap Bon-Tunisie) et explore les scénarios d'érosion et de submersion à l'horizon 2100. Entre autres, Élfide Mariela RIVAS GÓMEZ et Carlos APARICIO expliquent, dans le chapitre 7, le transfert de risques de catastrophes et de technologies propres devant le changement climatique, et ce à travers une approche durable et sécuritaire pour les villes moyennes latino-américaines.

Houda SACI et Mohamed HOCINE analyse dans le chapitre 8 la planification opérationnelle de l'agriculture urbaine pour une sécurité alimentaire et l'adaptation au changement climatique à Alger. Dans ce même cadre, le chapitre 9 de Ndiogosse SOCE et al traite de la multifonctionnalité, une entrée pour renforcer l'agriculture intra et périurbaine comme mesure d'adaptation aux changements climatiques à Dakar en Afrique.

Le chapitre 10 de Laurène WIESZTORT accorde une attention à la nouvelle forme et adaptation des parcs de proximité et explore les moyens pour lutter contre les îlots de chaleur et répondre aux besoins des personnes âgées. Etude de cas : l'agglomération de Monterrey. Yadh ZAHAR et Rim GUISSOUMA cernent dans le chapitre 11 le futur port financier de la baie de Tunis pour analyser les risques, impacts, résiliences et mesures d'adaptation aux changements climatiques.

Par ailleurs, Louis-Marc PIERRE nous amène à Haïti et exactement à Port-au-Prince à travers le chapitre 12 pour analyser la vulnérabilité face au réchauffement climatique et à la croissance urbaine non planifiée.

L'adaptation aux changements climatiques dans les villes continue de susciter l'intérêt des spécialistes du domaine partout dans le monde. Les actions engagées dans ce sens sont d'une grande utilité, c'est ce que Azzeddine Madani et Christopher Bryant comptent souligner dans la conclusion de cet ouvrage, lequel vient s'ajouter à celui édité le 2 février 2019 sur l'adaptation aux changements climatiques dans le transport terrestre.

Azzeddine Madani & Christopher Bryant

Première Partie

La conception des villes face aux CC

Chapitre 1

Les modèles fondateurs de la conception des villes et de la mobilité urbaine

Introduction

De nos jours, les territoires sont fortement organisés et leur valorisation dans un monde caractérisé par une forte concurrence spatiale est plus qu'une nécessité. Comme toute organisation, les villes sont gouvernées dans le but de créer de la richesse et d'engendrer des emplois (BOUINOT J., 2002). La formation des villes et des centres urbains, ainsi que leur évolution multidimensionnelle, est un processus difficile à cerner. Les modèles de référence étudiant les systèmes urbains sont d'un appui majeur pour comprendre comment les villes se forment et se développent. Les centres urbains sont désormais organisés sous forme de réseaux complexes, ils s'interconnectent et s'influencent mutuellement. Il y a une multitude de réseaux urbains, et chaque réseau offre des avantages fonctionnels et souffre en parallèle d'handicaps qui entravent son développement et son étalement. Les villes se forment et s'interconnectent, la perception du développement n'est plus une question de fructification de la richesse ou de modernisation des techniques de production et de gestion (MONDADA L., 2000). L'émergence puis l'évolution des villes et des aires urbaines a constitué un sujet d'étude passionnant, les questions posées dans ce contexte sont objectives et interpellent des réflexions profondes.

À travers ce papier, qui adopte une approche analytique et une démarche chronologique, on a essayé d'illustrer les principales théories et les modèles fondateurs ayant abordé la configuration urbaine. Dans un deuxième volet, notre réflexion vise à comprendre, d'une manière aussi profonde que possible, la formation, l'organisation et le fonctionnement des villes et des centres urbains.

1. Les modèles fondateurs de l'analyse urbaine

Ces modèles traitent de l'analyse urbaine et de la formation des villes et de leur influence mutuelle.

1.1. Le ressort d'influence des villes selon William J. REILLY

REILLY se concentre pour élaborer son modèle sur une étude analytique du commerce de détail (REILLY W. J., 1931). Il était le premier à considérer l'espace comme un support physique de toute activité économique, un support sur lequel se concentrent des zones urbaines dynamiques reliées par des réseaux permettant leur interconnexion. REILLY a mis en œuvre un modèle empirique de la localisation spatiale, dans lequel il a étudié le pouvoir d'attraction commerciale des villes américaines (GUEROIS M., 2003). À travers des études empiriques, il a dégagé une formule mathématique « Loi de REILLY », appelée aussi « *Loi de gravitation du commerce de détail* » qui est une juxtaposition de la loi de gravitation universelle de NEWTON.

Cette loi est formulée comme suit : « Deux villes A et B ayant des populations agglomérées P_A et P_B et qui sont distancées de D_A et D_B d'une région rurale C ». Le pourcentage de la clientèle localisée au centre rural pour effectuer des achats de détail dans chacune des deux villes, est noté V_A pour la ville A et V_B pour la ville B, l'équation obtenue est la suivante :

$$\frac{V_A}{V_B} = \frac{P_A}{P_B} \cdot \left(\frac{D_B}{D_A}\right)^2$$

Paul D. CONVERSE introduit en 1938, dans un ouvrage intitulé « *The elements of marketing* » la notion de « *point frontière* ». Cette démarche scientifique lui a permis de rénover la loi de REILLY en la rendant plus précise. Il propose de ce fait, la formule générale suivante :

$$\frac{V_A}{V_B} = \left(\frac{P_A}{P_B}\right)^n \cdot \left(\frac{D_B}{D_A}\right)^n$$

Dans le cas de deux villes et d'un point de liaison, cette formule est plus précise pour déterminer la frontière de leurs aires d'influence. Cette frontière détermine les limites spatiales de l'extension urbaine de chaque ville, qui ne sera qu'une interprétation de leur niveau d'attraction commerciale. Mais les limites de cette formule apparaissent dès qu'on passe d'un réseau urbain, composé uniquement de deux villes, à un réseau plus dense et plus complexe, formé de plusieurs villes.

1.2. Le modèle des lieux centraux de Walter CHRISTALLER

Après une étude approfondie sur l'organisation des régions du Sud de l'Allemagne, CHRISTALLER a mis en œuvre, en 1933, sa théorie *des places centrales* (LAJUGIE J. et al. 1979) ou le modèle des « *lieux centraux* ».

Avant de proposer son modèle, CHRISTALLER pose les postulats suivants :
    a. l'homogénéité de l'espace géographique,
    b. une répartition uniforme des consommateurs,

c. les prix sont fixes,
d. le coût de transport est fonction de la distance,
e. l'augmentation des quantités produites engendre une diminution des coûts moyens de production, c'est le postulat d'économies d'échelle.

Le modèle des lieux centraux est conçu dans un seul but qu'est d'expliquer l'interconnexion des villes et de leurs espaces d'influence. Ce modèle étudie la formation et l'organisation des villes. Il analyse les relations reliant un centre urbain à son espace avoisinant. En d'autres termes, ce modèle explique la *hiérarchie urbaine* (LAJUGIE J. et al. 1979). CHRISTALLER a constaté que le rang d'un centre urbain est déterminé par l'étendue de son champ d'influence qui dépend, quant à lui, de l'importance des produits et services qu'il fournit à son arrière-pays (Hinterland).

Figure 1 : La hiérarchie urbaine selon le modèle des lieux centraux de Walter CHRISTALLER

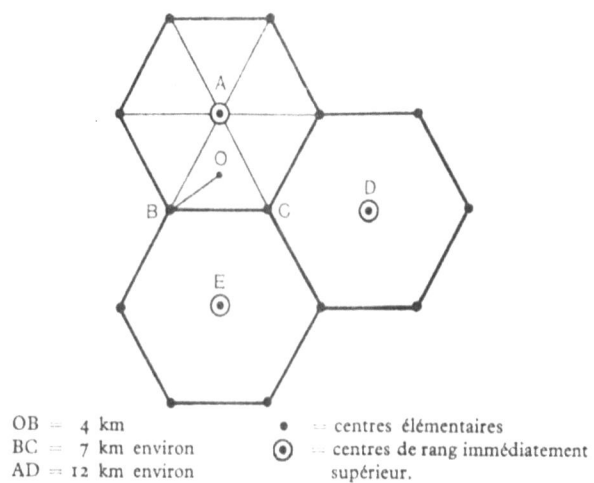

Source : W. CHRISTALLER, *Die zentrallen Orte in Suddeutschland*, 1933, p. 71 in LAJUGIE J. et al. 1979, p. 48.

On constate qu'il existe une concordance entre la taille des villes et l'importance des biens et services offerts par celle-ci[1]. Si les produits offerts par un centre urbain sont d'ordre supérieur et exigent pour leur vente un marché volumineux, ce centre, par conséquent, occupera une place de premier rang. Le rang d'un centre urbain diminue au fur et à mesure que

---

[1] Les grandes villes offrent des biens et services supérieurs (articles de luxe, opéra, services consulaires, etc.). Par contre, les petits centres urbains offrent des biens et services d'une importance inférieure (produits alimentaires, journaux, etc.).

les produits qu'il offre perdent leur caractère de supériorité. Il résulte ainsi une hiérarchisation et une organisation graduelle des centres urbains. Cette organisation se fait selon un agencement optimal sous forme d'*hexagones réguliers* (LAJUGIE J. et al. 1979).

Figure 2 : Les places centrales et leurs aires d'influence selon le modèle des lieux centraux de Walter CHRISTALLER

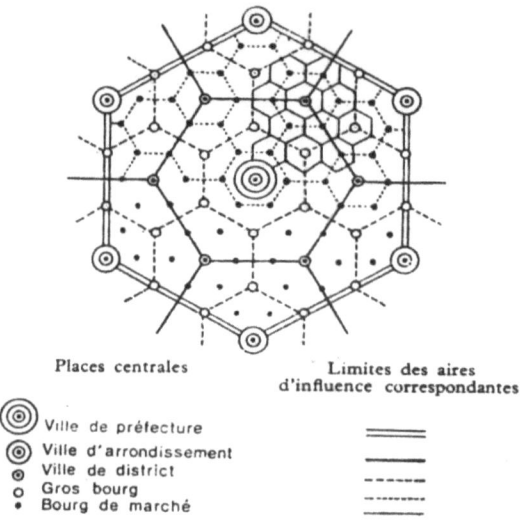

Source : W. CHRISTALLER, *Die zentrallen Orte in Suddeutschland*, 1933, p. 71 in LAJUGIE J. et al. 1979, p. 48.

Tableau 1 : La hiérarchie urbaine selon Walter CHRISTALLER

TYPE DE CENTRES	Distances entre les centres (en km)	Aire d'influence (km^2)	Population des centres	Population totale de l'aire d'influence	Nombre de places centrales
Bourg de marché	7	45	800	2 700	486
Gros bourg	12	135	1 500	8 100	162
Ville d'arrondissement	21	400	3 500	24 300	54
Ville de district	36	1 200	9 000	75 000	18
Ville de préfecture	62	3 600	27 000	225 000	6
Centre de province	108	10 800	90 000	675 000	2
Centre de pays	186	32 400	300 000	2 025 000	1

Source : Congrès international de géographie. 1938, loc. cit. p.127-128 in LAJUGIE J. et al. 1979, p. 50.

Les lieux centraux de rang inférieur offrent des biens et services d'ordre inférieur, qui sont consommés couramment et ces produits sont également offerts dans les lieux de rang supérieur. En règle générale, l'aire d'influence des lieux centraux de rang supérieur englobe également des lieux centraux de rang inférieur.

La ville, en tant qu'espace dynamique, produit et diffuse des biens et services à une population dispersée autour de sa périphérie. Cette diffusion tient compte des distances, donc, des coûts de transport. La notion de distance détermine l'étendue de la zone d'influence de chaque centre urbain, cette distance est celle pour laquelle les consommateurs sont disposés à parcourir pour bénéficier d'un bien ou d'un service offert.

1.3. Le modèle des aires de marché d'August LÖSCH

Regrouper tous les modèles de l'analyse spatiale dans un seul modèle général a été l'objectif majeur d'August LÖSCH. L'apogée de l'urbanisation en Allemagne entre 1930 et 1940 a poussé LÖSCH à s'interroger sur les mécanismes de formation des villes et des aires urbaines. Il a publié en 1940 un ouvrage intitulé « *The economics of location* » (LAJUGIE J. et al. 1979), dans lequel, et en plus d'une synthèse complète des travaux de ses prédécesseurs en analyse spatiale, il a exposé son modèle des « *aires de marché* » (LAJUGIE J. et al. 1979). Ce modèle se focalise sur les hypothèses suivantes :

  a. un espace géographiquement homogène ;
  b. une répartition uniforme des matières premières ;
  c. les consommateurs disposent d'une facilité de transport ;
  d. une libre circulation des produits finis.
  e.

LÖSCH arrive à démonter qu'il y a une interdépendance entre le prix, la demande et la localisation. L'entreprise se localise là où elle arrive à maximiser son profit. Pour réaliser l'équilibre général sur un espace assez important et comportant plusieurs productions, il faut en premier lieu réaliser l'équilibre partiel de chaque producteur. Donc, le premier obstacle que LÖSCH doit surmonter c'est celui d'arriver à déterminer l'aire de marché de chaque producteur.

Une localisation optimale de l'entreprise se fait en fonction de la répartition spatiale :
  - Des facteurs de production (matières premières et travail) ;
  - Des concurrents potentiels ;
  - Des consommateurs.
  -

Ces facteurs déterminants de la localisation de l'entreprise ne sont pas faciles à cerner, puisqu'eux-mêmes varient en fonction d'autres facteurs (distance, coût de transport, prix de vente des produits finis et prix d'achat des matières premières, pouvoir d'achat des consommateurs, homogénéité ou hétérogénéité des entreprises, etc.). Ce système complexe aboutit à une situation d'interdépendance des facteurs. Ces derniers sont difficiles, voire même impossibles à contrôler, vu le grand nombre de variables qu'il faut prendre en considération.

La maximisation des rendements détermine la localisation des entreprises, ou bien plusieurs entreprises se localisent autour d'un centre de consommation, ou bien se sont les consommateurs qui se regroupent autour d'un centre de production. En fait, le premier cas correspond à la localisation agricole, et le deuxième à la localisation industrielle. LÖSCH démontre que l'étendue d'une aire de marché est inversement proportionnelle aux coûts de transport, et directement proportionnelle aux bénéfices réalisés par l'entreprise. De ce fait, l'aire de marché de chaque producteur est délimitée par un cercle[2], dont l'étendue est proportionnelle à la demande et au coût de transport.

Lorsque d'autres producteurs se localisent, l'espace se divise en cercles et chaque cercle délimite l'aire de marché de chaque producteur. Une intensification du mouvement de localisation rapproche les aires de marché les uns des autres, jusqu'à ce qu'une aire de marché se colle à six autres. Mais ce regroupement laisse des vides, par conséquent, un certain nombre de consommateurs ne sont pas approvisionnés. Au fur et à mesure que la concurrence s'intensifie, ces vides seront comblés et les cercles se transforment en hexagones. Ces derniers ont une forme optimale, puisqu'ils couvrent tout l'espace et ils ont la forme géométrique la plus proche de celle d'un cercle.

Figure 3 : La délimitation des aires de marché dans le modèle d'August LÖSCH

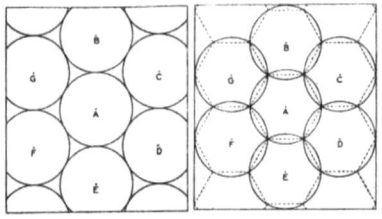

Source : LAJUGIE J. et al. 1979, p. 59.

LÖSCH explique la formation des centres urbains par un regroupement d'un certain nombre de facteurs :
- la concentration des entreprises en un seul lieu afin de bénéficier des

---

[2] Le choix d'une forme circulaire est expliqué par l'égalité des distances en toute direction.

avantages de l'agglomération ;
- tirer profit des liens d'interconnexion et de complémentarité fonctionnelle qui existent entre entreprises hétérogènes ;
- et enfin, l'avantage d'être proche des sources de matières premières, d'énergie, de main-d'œuvre et du capital.
-

En passant d'un seul produit à plusieurs produits, on obtient de nouveaux marchés, toujours de forme hexagonale, mais de tailles différentes. Ces marchés sont localisés autour de l'agglomération urbaine principale (le centre de la ville). À partir delà, on peut mesurer l'importance d'une ville par le nombre d'hexagones centrés autour d'elle. LÖSCH constate qu'il y a deux catégories de zones :
(i) les zones dynamiques, ce sont les zones hachurées sur la figure 4, qui regroupent un nombre important d'unités de production ;
(ii) et les zones pauvres, ce sont les zones blanches sur la figure 4, qui concentrent un nombre limité d'unités de production.

Figure 4 : La formation des centres urbains et des régions selon le modèle des aires de marché d'August LÖSCH

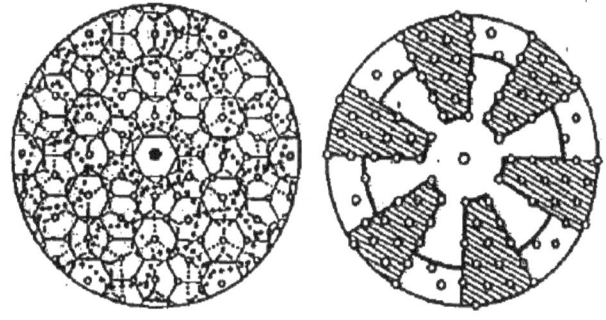

Source: MEARDON S. J., *On the progress of the new Economic geography*, in INEM MEETING in VANCOUVER CANADA JUNE, 2000, p. 15, in PLASSARD F., 1999-2000, p. 24.

2. Formation des villes et réseaux urbains

La forme linéaire est à l'origine de la représentation de tout type de réseau. Ceci est largement observable dans les réseaux urbains maillés, ce qui attribue à la ville une sorte de dynamique rectiligne. L'ancrage fonctionnel et la forte corrélation d'usage, reliant les réseaux de transport et les réseaux d'infrastructures, tendent à les unifier pour ne former qu'un seul et unique ensemble. La forme, la densité et l'envergure des réseaux de transport dépendent largement du degré de concentration des infrastructures et de leur répartition spatiale[3], mais surtout de la densité et du degré de l'étalement du tissu urbain. La configuration des réseaux de transport varie en fonction de la morphologie des villes. Pour cela, on observe une gamme variée de réseaux : les réseaux maillés, les réseaux polaires, les réseaux multipolaires, les réseaux en arêtes de poisson et enfin les réseaux en arbre.

2.1. Les réseaux maillés

Ce type de réseaux est basé sur une forme géométrique régulière qui est le polygone (forme triangulaire, carrée ou hexagonale). Trois polygones regroupés permettent une synchronisation totale de l'espace géographique, ils ne laissent pas de vide et cela sous-entend que tous les points sont desservis. Les avantages de ce type de réseaux sont au nombre de deux : tous les points sont desservis et ils offrent de multiples choix pour rejoindre un point. Ces avantages offrent un niveau élevé de sécurité, d'où le grand soin qui lui a été accordé dans la planification des réseaux urbains et en particulier l'organisation urbaine des villes américaines.

Schéma 4 : Réseau maillé   **Figure 5 :** Dynamique rectiligne du nouveau paysage urbain

Source : François PLASSARD F., 1999-2000, p.3.

Source : WAGNER O., *La dynamique rectiligne du nouveau paysage urbain : Projet d'extension de Vienne*, 1910-1911, in MANTZIARAS P., p. 7.

---

[3] Un réseau de transport dans une petite ville n'est pas aussi dense et aussi développé que celui d'une métropole.

2.2. Les réseaux polaires et les réseaux multipolaires

C'est une forme d'organisation centripète de la ville. Tous les chemins et tous les flux se rencontrent dans un centre polarisé et regroupant l'essentiel des activités. Le réseau polaire permet d'accéder directement et rapidement au centre-ville de n'importe quel point de sa périphérie. Mais pour relier deux points périphériques, on a qu'une seule et unique alternative qui est celle d'un passage obligé par le centre. Cela accentue considérablement l'encombrement au niveau du centre, et réduit par conséquent la mobilité des flux de transport.

Une multitude de réseaux polaires de moindre importance, regroupés autour d'un centre dominant, forment *« un réseau multipolaire »*. L'avantage majeur du réseau multipolaire c'est qu'il offre plusieurs possibilités pour relier deux points distincts. Par contre, son incommodité réside dans sa complexité. Ce type de réseau est très coûteux à réaliser et à entretenir, mais aussi, il consomme une grande portion de l'espace urbain.

Schéma 5 : Réseau polaire   **Figure 6 :** La ville-satellite

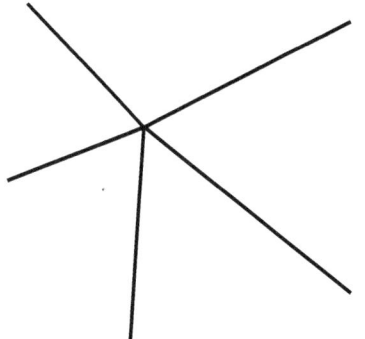
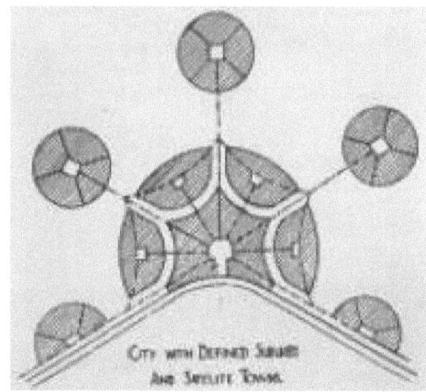

Source : PLASSARD F., 1999-2000, p.3.

Source : UNWIN R., *La ville-satellite : fragmentation contrôlée du corps urbain*, Le Schéma d'organisation des villes-satellites, 1924 in MANTZIARAS P., p. 7.

Figure 7 : Réseau multipolaire

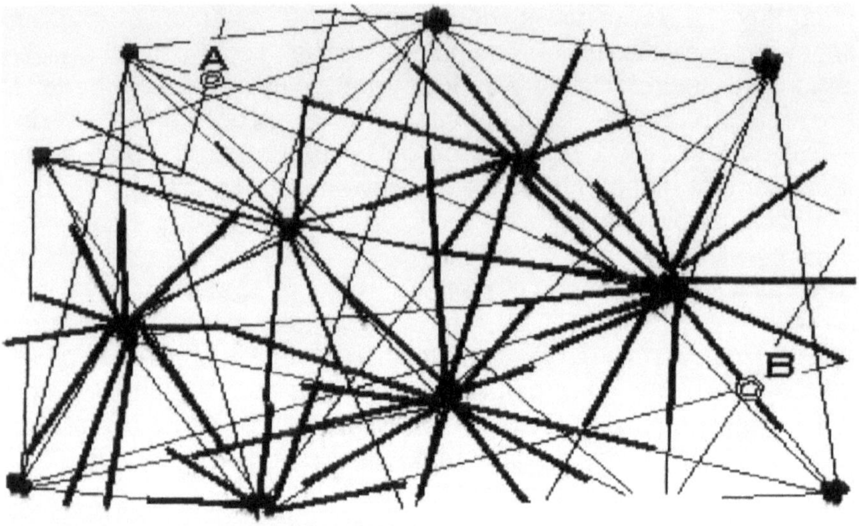

Source : KHELADI M. et al. 2005, p. 29.

2.3. Les réseaux en arêtes de poisson (réseaux diachroniques)

Le réseau en arêtes de poisson est organisé de la même manière que le réseau polaire, sauf que dans ce cas de figure les axes secondaires se rencontrent au niveau d'un itinéraire principal à la place d'un centre dominant. Le réseau en arêtes de poisson a les mêmes caractéristiques que le réseau polaire, pour les raisons suivantes :

- la voie principale est fortement saturée : fluidité réduite, perte de temps, pollution de l'air, nuisances multiples, etc. ;
-
- pour relier deux points périphériques, un passage par la voie principale s'impose.

Schéma 6 : Réseau en arêtes de poisson

Figure 8 : Ville-paysage

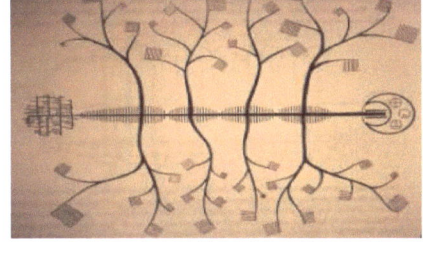

Source : KHELADI M. et al. 2005, p. 28.

Source : SCHWARZ R., *Schéma conceptuel de la ville-paysage*, 1946 in MANTZIARAS P., p. 7.

2.4. Les réseaux en arbre

Les réseaux en arbre sont moins utilisés dans la configuration urbaine et l'organisation des réseaux de transport, ce type de réseaux peut être qualifié d'anarchique. Ils sont par conséquent très peu recommandés, sauf dans certains cas spécifiques (contraintes géographiques). Dans un réseau en arbre, les axes secondaires mènent à un point central qui concentre l'ensemble des activités principales.

Leur désagrément principal réside dans la perte de fluidité et de mobilité au fur et à mesure qu'on s'approche du centre, mais également, le passage d'un point périphérique à un autre ne peut se faire qu'après un passage obligé par le centre.

Schéma 7 : Réseau en arbre

Source : PLASSARD F., 1999-2000, p. 3.

3. Croissance économique et pollution

La relation entre croissance économique et pollution a été identifiée par l'économiste américain KUZNETS S. en 1955 dans sa courbe environnementale. A l'origine, cette courbe en cloche, a qualifié la relation entre le revenu par habitant et les inégalités sociales de positive durant la période préindustrielle, de stable pendant la période industrielle et de négative pendant la période postindustrielle. L'observation de l'évolution du revenu par habitant et de la pollution engendrée suit la même tendance (courbe en cloche). Cela a permis de confirmer que dans tout processus de développement, la dégradation de l'environnement s'accentue pendant les premières phases de ce processus, se stabilise à son centre (point d'inflexion entre 4000 et 5000 dollars/habitants) et s'atténue dans ses dernières phases (FERGUENE A., 2011).

La prise en compte de ces deux dimensions (l'émergence d'une conscience écologique et distinction entre croissance et développement) a tout simplement donné naissance au concept de développement durable.

Schéma 8 : La courbe environnementale de Kuznets

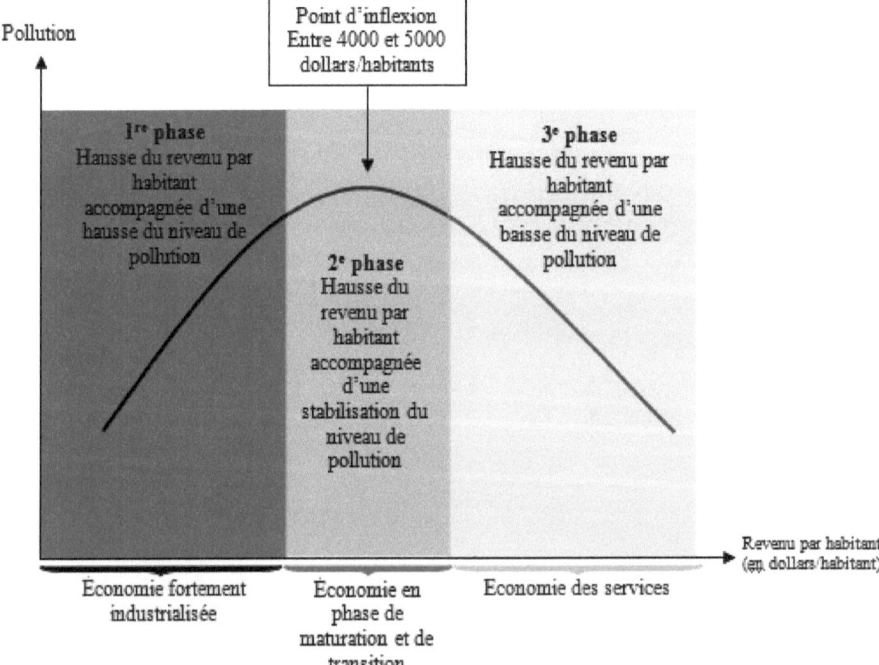

Source : FERGUENE A., 2011.

Dans une approche malthusienne, le Massachusetts Institute of Technology (MIT) a publié en 1972 un rapport intitulé « Halte à la croissance » dans lequel il dénonce une croissance galopante non respectueuse de l'environnement et loin de se soucier de la préservation des écosystèmes naturels, une croissance productrice d'externalités négatives comme la pollution et la surexploitation des richesses naturelles (MEADOWS D.H. et al. 1972). Ce rapport a mis l'accent sur le caractère urgent que constitue la limitation de la croissance économique et démographique. Cette approche radicale, qui tend vers une croissance économique zéro, a suscité des débats visant à clarifier la relation qui existe entre la dimension économique, sociale et écologique des politiques de croissance économique.

Conclusion

Le modèle des lieux centraux de Walter CHRISTALLER a apporté un nouveau souffle à l'analyse spatiale en étudiant la formation, la hiérarchisation et l'évolution des centres urbains. La formation des villes et des centres urbains, ainsi que leur évolution multidimensionnelle, est un processus difficile à cerner. Les modèles de référence étudiant les systèmes urbains sont d'un appui majeur pour comprendre comment les villes se forment et les paramètres qui orientent et propulsent leur extension. Les centres urbains sont désormais organisés sous forme de réseaux complexes. Ces centres s'interconnectent et s'influencent mutuellement. Il y a une multitude de réseaux urbains, et chaque réseau offre des avantages fonctionnels et souffre en parallèle d'handicaps qui freinent son développement et son étalement. De nos jours, la question principale à laquelle il faudra répondre est celle de savoir quelle est l'organisation spatiale la plus optimale pour renforcer l'efficience urbaine et la fluidité des déplacements au sein des villes.

Chapitre 2

Agir pour adapter dans les meilleures conditions les tissus urbains aux variabilités climatiques

Introduction
Des inondations, des glissements de terrains, des enfoncements et autres effondrements sans oublier des tempêtes viennent frapper de plus en plus fréquemment nos lieux de vie. Cela ne signifie pas que par le passé des phénomènes de cette ampleur n'ont pas existé. Cela met en évidence que des variabilités climatiques ont des conséquences sur la nature, les territoires, sur l'économie et les sociétés suffisamment importantes pour que les acteurs sociétaux et les institutionnels proposent des réponses efficientes. Sous de multiples facettes une mémoire sélective, voire restrictive semble orienter les constructions, les aménagements, les projets et les modes de gestions territoriales.

Les intervenants donnent l'impression que la technique et la toute-puissance de la main de l'Homme suffiront pour limiter l'impact des variations climatiques, qui pour l'heure ne sont considérées que comme des aléas superficiels pouvant être jugulés sans grandes difficultés. C'est oublier les conséquences pour les populations victimes de cette sélectivité mémorielle. Les faits climatiques attestent, démontrent par leur fréquence, leurs impacts, leurs conséquences, leurs dynamiques que les aménageurs, les décideurs, les initiateurs et les investisseurs ont au minimum une mémoire orientée afin de limiter l'emprise des phénomènes sur leurs projets.

Quelles facettes sont occultées, dissoutes, ignorées, balayées dans les projets d'urbanisation ayant subis ou pouvant subir, à courte échéance, les affres d'un événement climatique paroxysmique ?

Présenter de manière exhaustive toutes les facettes pouvant exister représente une œuvre largement plus étendue que la dimension de ce texte. L'incomplétude est alors un aspect avec lequel il faut composer afin de mettre en exergue ce qui apparait comme étant le plus pertinent dans ce domaine particulier. C'est pour cela qu'un exemple est brièvement exposé avant d'entrer au cœur d'une trame de lecture des faits propices à une approche conduite en toute subjectivité objectivée.

Elle induit l'emploi d'une structuration conceptuelle adaptée aux interfaces au sein desquelles se déroulent les évènements climatiques paroxysmiques. Des effets multiplicateurs à ces phénomènes ainsi que des justifications visibles quant aux choix effectués pour l'expansion urbaine annoncent des enseignements évolutifs.

Un exemple pour des centaines de cas similaires

Un village de Provence le 15 juin 2010 a été frappé comme tous ceux du bassin versant où il se trouve par des inondations meurtrières. La rivière la Nartuby traverse Trans-en-Provence. Elle alimente l'Argens quelques kilomètres en aval. Ces deux cours d'eau ont engendré des inondations hors normes détruisant des ponts, arrachant des maisons, submergeant des grandes surfaces ainsi que la prison de Draguignan. Lors du nettoyage de la zone ravagée, les secours ont relevé vingt-sept personnes décédées suite aux inondations. Présent lors de cet événement, lors de ce phénomène climatique paroxysmique, je me remémorais les paroles des anciens qui nous disaient : « *tant que l'eau n'arrive pas au toit du lavoir, il n'y a rien craindre, ensuite c'est autre chose* ». La Nartuby est montée jusqu'au toit du lavoir. Les flots ont arraché les gouttières et les premières rangées de tuiles ont été emportées.

Depuis près de quatre décennies nous avions assisté à la submersion des bassins de ce lavoir, à l'inondation de certaines grandes surfaces construites sur d'anciens marais ainsi qu'à la montée des eaux dans des immeubles eux aussi érigés dans des zones qui étaient marécageuses.

En cette journée particulière nous étions bien au-delà de ce qui avait été vécu même par les personnes les plus âgées. Il faut dire que dans ce village, il y a une plaque de marbre, sur un mur dans la rue principale, qui rappelle aux citoyens et aux visiteurs que là, l'eau le 26 juillet 1827 est montée à une hauteur impressionnante. En 2010, les flots se sont élevés un mètre moins haut que lors de cette crue centennale. Cet épisode paroxysmique a été d'une rare intensité.

L'image suivante (figure 1) montre la montée des eaux peu avant son niveau maximum dans un lieu où la prise de photo était possible et où la comparaison est réalisable.

Figure 1 :

La Nartuby à Trans-en-Provence, à gauche le niveau courant, à droite la crue de 2010 avec le tracé du niveau atteint.

Ce comparatif met en évidence la nature du phénomène paroxysmique qui a frappé le bassin versant de la Nartuby ainsi que de nombreux cours d'eau en 2010. Cet exemple est mis en avant afin de visualiser l'intensité et la densité des écoulements qui rappelle sous de nombreux traits les inondations de Nîmes (3 octobre 1988) ou de Vaison la Romaine (22 septembre 1992).

La Provence au cours de la dernière décennie ainsi que de nombreux territoires tout autour du globe et plus particulièrement de la Méditerranée ont été frappés plus ou moins durement par de tels sursauts climatiques. Les inondations deviennent récurrentes, les canicules plus fréquentes, les tempêtes plus violentes et les contrecoups de l'épiderme terrestre que sont les glissements de terrain, les phénomènes d'érosion accélérée, voire de pollution dus à des submersions sont considérés pratiquement comme banals. Ces évènements sont marquants, car ils engendrent des destructions et des conséquences humaines et économiques parfois considérables avec des coûts ingérables par les organismes locaux.

L'exemple de la crue meurtrière de la Nartuby en 2010 est mis en avant afin que les observateurs acceptent de percevoir l'oubli volontaire ou guidé par un mercantilisme exacerbé des contraintes climatiques ayant et pouvant exister sur un territoire, à l'image de nombreux pays d'Asie menacés par les eaux ou d'Afrique du nord pouvant subir des précipitations massives.

En Provence, comme pour les pays du bassin méditerranéen, les orages violents sont des normalités climatiques avec lesquelles vivent depuis des centaines d'années les populations locales. Les inondations, de mémoires d'hommes, ont toujours existé et parfois elles furent beaucoup plus violentes que celles qui ont endeuillé nombre de village. En outre, le changement climatique annoncé avec des variations climatiques qui seront des intensificateurs des phénomènes paroxysmiques laissent entendre, aux dires des climatologues, qu'à courte échéance ces faits deviendront des normalités. Ce contexte laisse percevoir la nécessaire action d'anticipation de tels évènements pour contenir les conséquences au cœur des tissus urbains et pour les populations.

Il est vrai que la densité urbaine, il y a un siècle, était pour ainsi dire inexistante dans les vallées alluviales. Qu'en ses temps pas si lointains les habitants ne construisaient pas le long des rivières ou des fleuves, sauf pour implanter des moulins à eau ou des micro-usines électriques. Au cours de ce passé récent, les habitants aménageaient leurs territoires en fonction de la mémoire collective.
Par ailleurs, les valorisations territoriales étaient essentiellement agricoles, alors qu'aujourd'hui ce sont des entreprises et des bâtiments qui façonnent les parcelles. Il est à noter que les doctrines actuelles affirment et s'efforcent de démontrer que la technologie et la puissance aménageuse donnent les moyens de contraindre les forces naturelles.
En outre, la médiatisation tend à déresponsabiliser les décisionnaires quant aux conséquences des évènements climatiques paroxysmiques induits par les variabilités des changements climatiques.

Nous ne pouvons pas occulter, aussi, que le seuil de rentabilité temporelle des aménagements tend à légitimer aujourd'hui les empiètements sur le cours des rivières et l'imperméabilisation des sols, alors qu'il y a un siècle les aménageurs faisaient en sorte de concevoir des réseaux d'évacuation suffisamment dimensionnés.

Cependant, ces faits existent. Ils émaillent nos réalités. Ils détruisent des vies, des outils de travail et des territoires. Ils exposent matériellement l'absence de mémoire collective, ou tout au moins une sélectivité aux conséquences désastreuses. Ils attestent de l'emprise de nos certitudes quant au contrôle de la nature. Il semble qu'ils deviennent suffisamment fréquents pour que nous tous, en tant qu'acteurs sociétaux, acceptions d'agir pour limiter leurs effets destructeurs. Cette légère mouvance se vit en ce moment sur la Nartuby où des travaux vont être entrepris afin de répondre à une éventuelle crue trentenaire, ce n'est pas suffisant, mais la démarche existe. Ces phénomènes nous invitent à prendre un peu de distance pour dérouler une trame de lecture des faits induits par les variations climatiques et les phénomènes paroxysmiques si dévastateurs.

Une trame de lecture des faits

Présenter des faits avec plus ou moins d'emphase est assez simple. Mettre en perspective des causes de l'augmentation de la dangerosité d'un évènement climatique paroxysmique est un peu plus délicat et réclame des informations quant à la collecte de données. Tendre en direction d'une démonstration aussi brève qu'elle soit au sujet d'une sélectivité involontaire, volontaire, orientée ou restrictive, afin de ne pas ignorer ce qui dérange la main de l'Homme lors de ses implantations, exige qu'une trame méthodologique reproductible, vérifiable, comparable et transposable serve de référent à la démarche entreprise (Lemire, 2008). Cette trame est influencée par les acquis géographiques que sont l'hydrogéologie (Gilli, 2004), la géomorphologie (Derruau, 1988), l'érosion (Neboit, 1991), le développement durable (Chaussade, 2002) ou encore d'écologie (Ramade, 2012), bien sûr les risques et les catastrophes tiennent une large part (Dauphiné, 2003). Sur cette base non exhaustive il est possible de mettre en synergie les différentes perspectives d'analyse d'un territoire afin de percevoir les interdépendances ainsi que les conséquences de la mise à l'écart d'informations importantes quant à l'aménagement des territoires.

Il est à noter que cette pratique de la géographie est fortement influencée par des auteurs, trop souvent balayés du revers de la main, tels que Dardel (1990), Ferrier (1984) et Vallaux (1929), lesquels structurent la perspective d'approche des évènements dans un territoire.

En prenant pour point de départ des évènements climatiques qui correspondent à des variations climatiques corrélées au changement climatique en cours de progression, alors qu'il y a trois décennies des spécialistes affirmaient que la Terre allait vers un refroidissement (Guyot, 1997), cinq aspects articulent cette trame de lecture des faits. Un regard sur le passé sert de base comparative. Une diagonalisation des tissus urbains dessine le support physique. La prise en compte des réalités climatiques complexifie les interdépendances. Les estimations des aménagements présentent l'émergence d'inadaptation. Enfin, les problèmes induits tracent à grands traits les actions potentielles pour adapter dans les meilleures conditions les tissus urbains aux variabilités climatiques. L'exemple des inondations de la Nartuby en 2010 aurait pu être remplacé par tout autre cas similaire que ce soit sur la façade atlantique ou en Afrique du nord où des inondations meurtrières ont frappé les populations alors que des aménagements ont été conçus et implantés pour endiguer tout risque. Cette pluralité indique qu'il n'est pas fait une fixation sur un évènement. Ce sont les phénomènes similaires qui sont pris pour socle de référence afin d'extraire des traits mettant en relief des orientations identiques, des décisions semblables, des aménagements tout aussi déphasés, ou encore des prises de positions orientées par la principale rentabilité. Une certaine subjectivité transpire dans ces axes de lecture, de décorticage et de compréhension des faits. Elle est totalement assumée par sa présentation, tout en étant compensée par l'objectivité de la prise de position de l'observateur. Dans cette perspective l'écueil de la surabondance de chiffres, de données, de statistiques ou d'expression d'un quantitativisme exacerbé est occulté en s'attachant qu'aux réalités partagées par les habitants d'un lieu et non par des observateurs qui auraient construit leurs données. Par ailleurs, le recours envahissant aux arguments d'autorité a été volontairement limité au strict minimum, car les souvenirs de Sokal ont servi de leçon.

Le passé dès lors que l'on fait œuvre de mémoire informe les habitants sur ce qui a été. Accepter l'existence d'une mémoire collective, de phénomènes qui mettent à mal des projets, de potentialités destructrices de nature climatique dérange tous les investisseurs et les planificateurs qui veulent modeler l'épiderme terrestre selon leur volonté et leurs pulsions. Se souvenir qu'il y a eu des évènements marquants dans un territoire spécifique et que les générations antérieures avaient pris des mesures d'aménagements pour éviter des catastrophes ne devrait pas nuire aux évolutions, mais devrait pouvoir contribuer à des agencements plus efficients.

Le tissu urbain dans ses diversités représente une multiplicité d'option propre à la parcelle d'implantation. Toutefois, des similitudes peuvent être mises en exergue. Le dogme contemporain est la concentration, la densification, la démonstration de la toute-puissance de la main de l'homme et l'infaillibilité des concepteurs. Lorsque l'on bouche des ruisseaux, lorsque l'on canalise des évacuations, lorsque l'on conçoit des obstacles qui intensifient les accumulations hydriques, lorsque les sols sont imperméabilisés, émergent alors des problèmes d'écoulement des d'eaux.
La prise en compte des données climatiques et météorologiques rejoint l'œuvre mémorielle, mais dans le cas présent elle expose des évolutions et des tendances. Trop souvent, les aménageurs et les pouvoirs publics se contentent de temporalités qui leur permettent de rentabiliser leurs investissements. Cela signifie que les évènements violents et rares sont gommés pour ne s'attacher qu'aux moyennes afin de légitimer les implantations et l'organisation de l'espace. Il est vrai que les données météorologiques ont moins de deux siècles. Toutefois, dans les récits historiques, voire dans les histoires locales les phénomènes climatiques

sont intégrés pour alerter les habitants quant aux possibles résurgences de tels évènements. L'estimation critique des aménagements dans leurs implications pour l'épiderme terrestre portant des installations inadaptées au géosystème local annoncent des errances quant aux actions anthropiques. Cet aspect rejoint l'urbanisation. En effet, la dimension des canaux, la fabrication de pentes aux pourcentages élevés, l'implantation de routes dans le sens de la pente en faisant disparaître les lacets ancestraux et la déforestation sont données pour être esthétiques, mais dans l'absolu anarchique sans végétaliser les sols, représentent l'absence d'estimation critique des aménagements.

La détermination de problèmes spécifiques au cœur des territoires touchés par des évènements climatiques paroxysmiques ouvre largement le monde des possibles quant aux possibilités de réponses aux évènements constatés. Sans être restrictif, l'évaluation qualitative adaptée à chaque territoire est trop souvent orientée en direction de la satisfaction des désirs de réalisation et de spéculation. Que ce soit des pompages qui assèchent les nappes phréatiques et qui par contrecoup accélèrent l'affaissement de sols, ou des concentrations source de la création d'îlots de chaleur vecteurs de phénomènes climatologiques locaux, tous ces aspects sont gommés afin d'orienter les aménagements selon les options des planificateurs.

Le déroulement des faits lors des inondations est bien entendu conservé en ligne directrice. Il englobe les précipitations massives qui lors des premières heures étaient courantes.

Il met en relation les faiblesses, voire l'inexistence d'un réseau d'alerte. Il prend en compte les montées locales en amont du cours de la rivière qui ont engendré une vague de submersion dont l'onde d'inondation s'est déplacée au rythme des accumulations et de la submersion ou de l'effondrement des verrous hydrauliques. Il met en évidence des temporalités diachroniques et synchroniques de l'envahissement du cours de cette rivière par phases progressives pour en quelques heures voire la vague principale de submersion atteindre les villages de La Motte et du Muy en aval de l'impact majeur de ce fait paroxysmique. Ce déroulement, cette progressivité temporelle permet de relever les causes anthropiques à la montée accélérée des eaux ainsi qu'à l'accélération du débit en fonction des entonnoirs qui sont autant de verrous propices à l'intensification d'une vague de submersion lors d'inondations. Ayant été le spectateur impuissant devant l'arrivée des vagues, mon seul témoignage, sur l'un des ponts qui sera réaménagé, suffirait à exposer par les faits des réalités qui ont été occultées du déroulement de ces inondations dues à un fait climatique paroxysmique induit par une variation des changements climatiques.

Ces constats ne sont pas exhaustifs. Ils représentent des facettes des éléments propices à une meilleure compréhension des impacts des évènements paroxysmiques climatiques dans un contexte de variations climatiques. Ces traits sont guidés de manière souple par une structuration conceptuelle allégée afin que chaque observateur puisse construire sa propre lecture des faits sans dénaturer les réalités.

Structuration conceptuelle

La trame méthodologique de lecture des faits est bien entendu discutable et sera critiquée. N'oublions pas que c'est l'objet qui fait la méthode et non la méthode qui constitue l'objet, car dans ce cas les travaux sont orientés et les réponses attendues. C'est pour cela qu'une structuration conceptuelle est associée aux développements afin d'entrevoir les potentialités de mises en œuvre pour des territoires qui mériteraient une prise en considération concrète quant à leur exposition aux aléas climatiques source probable d'évènements paroxysmiques. Les mots de Prinz, conservés comme des jalons méthodiques, trouvent alors une résonance particulière : « *Sans concept, il n'y aurait pas de pensée. Les concepts sont les charpentes de base de nos vies mentales.* » Ils invitent tous les acteurs sociétaux à aller un peu plus loin que leur zone de confort et que leurs certitudes, voire que leur position sociale ou institutionnelle, pour entrer dans les territoires de turbulences où les savoirs d'après-demain commencent à prendre forme.

EVENEMENT PAROXYSMIQUE

Phénomène naturel d'intensité et de densité rarement, exceptionnellement, voire jamais observé, relevé, mémorisé ou présent dans les sources mémorielles disponibles (historique, récit, strate géologique ou glacière).
Son impact sur l'interface humanité/espaces terrestres, pour l'humanité, la faune, la flore et l'épiderme terrestre, est considérable par les destructions, les modifications, les transformations et les disparitions engendrées du fait de sa fulgurance, sa puissance, sa localisation et de ses spécificités climatiques ou géophysiques. Il nait de la synergie conjoncturelle d'éléments favorables à son développement, à son expansion, pouvant être accélérés par les aménagements anthropiques créant ainsi des effets multiplicateurs quant aux impacts ravageurs pour les géosystèmes et toutes les victimes.

GEOGRAPHICITE

La géographicité est une entité conceptuelle néo-socioconstructive vectrice d'une interface personnalisée de la nature de notre rapport au monde. Elle donne une structure stratifiée, constructive, projective et évolutive de nos spatialisations virtuelles, psychologiques et physiques. Elle prend forme sous l'impulsion d'une action praxéologique, produite en fonction de nos expériences mémorisées, de nos orientations, de nos aspirations et de nos besoins. Elle est souvent inconsciente. Sa finalité est de s'approprier le monde matériel et immatériel au sein duquel nous vivons. Elle est spécifique à chaque individu tout en étant communicable et exprimable. Elle est accessible à tout un chacun par l'intermédiaire de la nature identitaire exposée par les actants, une médiance trajective de nature communicationnelle, une contextualisation sociétale et un support territorialisé sur/dans lequel l'individu s'exprime, au sein duquel il vit, et, où il se réalise. Lorsqu'elle est retranscrite avec sincérité et intégrité, avec toute la subjectivité de l'Être, couplée à son objectivité pragmatique, elle dévoile l'intégration de l'individu dans les mosaïques d'interfaces qu'il conçoit et qu'il partage au contact de l'épiderme, des éléments du vivant, des dynamiques structurantes et des personnes en présence. Elle rend perceptible le rapport au monde accepté, reconnu, projeté et affirmé par chaque individu qui souhaite partager et rendre accessibles ses appropriations du monde au sein duquel il s'immerge.

Il serait possible de densifier à souhait cette base conceptuelle (Brun-Picard, 2014a). Toutefois, le choix est fait et exposé d'employer que deux concepts considérés comme les jambes de l'actant qui progresse en direction d'une conscientisation en corrélation avec les réalités.

La mise en exergue des évènements paroxysmiques et de la géographicité sous-tend un lien entre les faits naturels et la nature de notre rapport au monde. La métaphore du marcheur nous rappelle que nous vivons sur un support et que nous devons composer avec des forces naturelles qui dépassent notre Humanité, laquelle doit prendre en considération, ne serait-ce que pour vivre, la matérialité des phénomènes.

Sur la base de ces deux concepts il est envisageable de greffer de manière fonctionnelle de nombreux éléments propices à une intellectualisation, mais néfastes à une perception autonome des réalités. Cependant, les notions d'interfaces qu'elles soient mémorielles, physiques ou d'expression, ainsi que les concepts de biotopes, de géosystèmes, de changement climatique, d'anthropisation, de temporalité ou d'horizon pour les sols tiennent une place conséquente dans la construction conceptuelle de la démarche entreprise. Cela signifie que les dynamiques sur lesquelles l'Humanité n'a aucune prise sont incluses dans cette analyse, tout en relevant les actions anthropiques vectrices de causes et de conséquences parfois catastrophiques pour les victimes des évènements paroxysmiques.

Ces éléments annoncent un emploi particulier de l'analyse systémique de durabilité (ASD) et des méthodes collaboratives (Chevalier, 2009). Pour ces dernières la seule mise en œuvre d'un arbre à problèmes pour le cas d'un déboisement, de l'implantation de construction dans le lit d'une rivière, ou encore d'un diagramme d'étude des apports des dépendances en fonction d'un projet suffisent à démontrer la pertinence de ces outils pour agir sur l'épiderme terrestre. Les démarches proposées par l'ASD sont tout aussi efficientes, voire souvent plus adaptées et complémentaires. Elles permettent le dialogue entre les parties prenantes. Elles contribuent à des interactions, des régulations tout en prenant en considération les spécificités des territoires. Elles participent à une mise à distance des intérêts mercantiles le tout dans un esprit de transdisciplinarité (Brun-Picard, 2014b). Par ailleurs, l'ASD facilite les intégrations zonales, l'articulation des dynamiques territoriales, la conceptualisation des projets en calibrant ceux-ci aux réalités ainsi qu'aux capacités de charge des parcelles concernées. En outre, l'ASD apporte un cadre général pour structurer les responsabilisations, la préservation des intérêts des actants, l'équilibre entre les parties, le tout par la proposition d'options viables. En lisant les faits, les évènements, les phénomènes paroxysmiques ainsi que les réalités qui en découlent, la pertinence de cet outil devient incontournable, bien que le plus souvent l'emploi de l'ASD pour une analyse soit devenu inconscient pour ses utilisateurs. Ainsi, l'ASD est un outil conceptuel et fonctionnel de nature socioconstructive qui impose aux intervenants de s'immerger dans le réel pour concilier les oppositions tout en matérialisant les impacts possibles sur les territoires.

La lecture des phénomènes climatiques et des réalités territoriales par l'intermédiaire de cette trame conceptuelle favorise la prise de distance avec les implications sociétales tout en demeurant inscrit dans les impacts vécus par les populations. Par ailleurs, ces concepts et les supports d'analyse, qui mériteraient de plus amples développements, contribuent à la perception et à la reconnaissance des effets multiplicateurs des évènements climatiques paroxysmiques.

Les effets multiplicateurs

Le décorticage des faits produits par des évènements climatiques paroxysmiques induits par les variations climatiques et la structuration conceptuelle présentée dans ses grandes lignes sous-tendent l'existence d'effets multiplicateurs aux phénomènes constatés. Il est vrai qu'il n'est pas techniquement ou matériellement possible de quantifier ses effets multiplicateurs. Cependant, leur existence en divers lieux, les conséquences, les destructions et les modes d'implantations ne laissent aucun doute quant à leur nature de leviers amplificateurs des désastres climatiques. Les constituants naturels propres à l'épiderme terrestre sont des sources d'effets multiplicateurs des évènements climatiques qui tendent alors à devenir paroxysmiques. Les barrières naturelles que sont certains mouvements de terrain, pas forcément très élevés peuvent tenir une fonction d'obstacle propice à la concentration de nuages ou à l'accélération des vents. Des aménagements routiers peuvent contribuer au détournement des cours d'eau pour intensifier les volumes transportés dans certaines parties d'un territoire sans qu'il existe d'exutoire adapté à cette surabondance artificielle. Prendre l'exemple des inondations de 2010 dans le département du Var donne une image de ces éléments multiplicateurs dus à des aménagements qui ont contribué à l'accélération des écoulements, à leur concentration et à leur expansion dans des zones qui malgré le volume des précipitations n'auraient pas dû être impactées. La réduction drastique du lit secondaire de la Nartuby, l'imperméabilisation des sols sur les communes de Draguignan et de Trans-en-Provence donne une image de ce constat multiplicateur.

À ces aspects s'ajoutent les sols dénudés, les routes élargies qui deviennent des rivières, la bétonisation de certaines berges ce qui accélère l'écoulement des eaux, la disparition des restanques, ces fameuses banquettes soutenues par des murs de pierres sèches, lesquelles servaient à stabiliser les pentes et les écoulements. Cette disparition engendre elle aussi une accélération de l'écoulement, une perte irrémédiable pour les nappes phréatiques qui ne sont plus alimentées, une augmentation des ravinements et de l'érosion hydraulique. Cela entraîne en aval l'accumulation d'alluvions, de déchets et la constitution de barrages artificiels dus à des réseaux inadaptés de captation des eaux.

Ces mouvements massifs contribuent à des affaissements localisés qui vont engendrer une accumulation locale temporaire pour arriver au point de rupture et donner une vague de submersion. Les multiples verrous que sont les ponts sous-dimensionnés, les constructions dans le lit de la rivière, l'absence de bassins, ainsi que la densification des habitations font qu'une pluie décennale deviendra une crue visible par demi-siècle.

L'absence d'exutoire dégagé et préservé augmente l'accumulation des eaux en amont et provoque la montée des eaux et l'inondation de plaines qui devraient n'être touchées que lors des crues centennales. Les traits dépendants de l'épiderme terrestre sont intensifiés par les véhicules qui portés par les eaux s'entassent dans des entonnoirs que sont les structures urbaines. La disparition des canaux de drainage, la couverture du pluvial, l'élévation centimètre par centimètre des routes pour lesquelles, par économie, il est simplement coulé une épaisseur d'enrobé multiplient les contraintes physiques qui vont densifier les flux et créer des pics de crue.

Pour les maisons individuelles, l'absence de végétation, l'inadaptation du bâti aux réalités locales, les constructions dans des lieux qui auparavant étaient laissés libres, les implantations sur des pentes au fort dénivelé, l'absence de bassin de rétention et de réseau d'écoulement individuel des eaux correctement relié aux réseaux collectifs augmentent les facteurs multiplicateurs. Tous ces aspects mettent en avant la responsabilité de la main de l'homme dans ses implantations et ses gestions aléatoires de l'épiderme terrestre. Il faut reconnaître que les investisseurs, les aménageurs, les propriétaires, les politiques et les administrations trouvent toujours des justifications visibles à leurs choix.

Les justifications visibles aux choix implantés

L'existence d'effets multiplicateurs des destructions dues à des évènements climatiques paroxysmiques induits par les variations climatiques contemporaines est une réalité vécue par les habitants des territoires urbains ravagés par des inondations. La structuration conceptuelle à partir de laquelle est suggérée une lecture des faits montre que des imbrications d'interfaces contribuent largement à l'intensification des problèmes et simultanément elle apporte des données de compréhension. Il est plus facile de mettre en relief les justifications visibles aux choix des implantations qui ont conduit à des catastrophes humaines, matérielles, économiques et écologiques.

Si une seule justification devait être retenue ce serait celle qu'une crue centennale peut ne survenir qu'au bout d'une période de pratiquement deux cents ans. Ainsi, il n'y a pas de responsabilité des intervenants, pas de remise en cause des aménagements, pas de crainte quant aux conséquences, affirmation d'un confort optimal, gommage de la mémoire collective, limitation draconienne des infrastructures d'évacuation et de temporisation des précipitations.

Par ailleurs, il a l'affirmation du dogme de la toute-puissance de la main de l'homme, de son infaillibilité, le service rendu à quelques investisseurs spéculateurs, la satisfaction des demandeurs qui peuvent accéder à la propriété, l'expansion des centres urbains sans se soucier de la gestion des territoires. Tous les biais d'une justification se retrouvent englobés dans la rareté des évènements paroxysmiques, malgré leur augmentation en fréquence et en intensité.

D'une manière plus pragmatique, des aménagements, des implantations, les développements des réseaux, des aéroports, de l'imperméabilisation des sols se justifient par les besoins des populations et l'impérieuse nécessité d'infrastructures pour répondre à la démographie, aux marchés, à la rentabilisation ainsi qu'au confort des futurs bénéficiaires. Les facettes esthétiques, la nouveauté, la mouvance contemporaine, voire dans certains lieux le blanchiment d'argent justifient des implantations pouvant devenir dangereuses lors d'évènements climatiques paroxysmiques induits par les variations climatiques.

Il est à noter que la mémoire sélective, l'ignorance volontaire, la soumission à une hégémonie, l'idéologie du moment, les clientèles, l'ego surdimensionné de certains décideurs politiques ou encore la soif d'être immortel sont des vecteurs de justifications des décisions très présents dans nos sociétés. Il est donc possible de justifier des aberrations que le simple bon sens refuserait. Pour s'en convaincre il suffit de prendre le temps d'observer un bassin versant dans n'importe quel territoire, de faire une comparaison carte et terrain. Des terres ont été conquises sur de nombreux cours d'eau et sur d'anciens marécages sans que des aménagements cohérents aient été implantés pour répondre à une crue centennale.

En outre, la pertinence économique pour la zone, le territoire où sont développés des projets est un argument de poids. Le vecteur des perspectives économiques, de la rentabilité, de l'adaptation aux marchés immédiats, des profits matériels et immatériels est continuellement employé par les aménageurs à tous les niveaux décisionnels pour légitimer des constructions pouvant engendrer une multiplication pouvant être exponentielle des risques d'inondation lors d'évènements pluvieux paroxysmiques. Cette contrainte, cette oppression économique prétendument bénéfique pour tous les habitants se vérifie en particulier autour du bassin méditerranéen où les arrangements avec la mémoire collective sont fréquents. L'exemple des inondations de la Nartuby et de l'Argens le démontrent.

Il est vrai que nos sociétés doivent répondre à des exigences croissantes. Cela ne signifie pas qu'il faille ignorer les expériences du passé. Cela signifie que les participants à un projet doivent pouvoir concevoir des constructions à même de digérer des évènements paroxysmiques calibrés pour répondre aux phénomènes les plus violents déjà constatés.

Des enseignements évolutifs

Les enseignements quant aux potentialités d'action pour adapter dans les meilleures conditions les tissus urbains aux variabilités climatiques vectrices d'évènements paroxysmiques destructeurs mériteraient un ouvrage supplémentaire.

Les justifications aussi scabreuses qu'elles puissent paraître présentent déjà des aspects d'enseignements que l'on voit poindre dans les effets multiplicateurs tout en ayant à l'esprit que la structuration conceptuelle donnée pour guide général indique leur nature probable. Les enseignements nous immergent dans la pertinence d'un proverbe chinois : « *L'homme sage apprend de ses erreurs. L'homme intelligent apprend des erreurs des autres.* » Cela signifie qu'il faut avoir le courage d'aller chercher les erreurs d'autrui et de les mettre sur le devant de la scène pour faire progresser nos pratiques.

Il est important pour entreprendre une progression dans nos réponses aux potentiels impacts climatiques d'accepter de se pencher sur les traces mémorielles qui nous informent au sujet de ce qui a déjà existé et qui peut se reproduire. C'est pour cette raison que la médiance trajective et que la transdisciplinarité sont mises en exergue. Ces deux concepts invitent les actants à agir en synergie avec toutes les forces vives en présence afin d'agir dans l'intérêt de toutes les parties et non pour la préservation de quelques intérêts mercantiles.

MEDIANCE TRAJECTIVE

Est une dynamique socioconstructive interne au phénomène induit par des contacts entre les acteurs qui interagissent selon le principe de moindre contrainte au sein d'une interface territoriale spécifique, ou d'un géosystème, pour tendre en direction de réalisations communes dans un esprit de coopération et de collaboration. Les coagulations, les articulations, les porosités et les complémentarités alimentent la dynamique d'orientation de l'action entreprise dans un contexte donné. Elles traversent les constituants en retenant les éléments nécessaires à sa structuration tout en effectuant des réentrées fonctionnelles afin de préserver la ligne de direction fixée par le but à atteindre. En outre, elle offre un contexte d'association, de partage et d'émulation pour l'instauration de relations vectrices d'une certaine harmonie entre les actants afin que la réalisation espérée acquière une texture satisfaisante.

TRANSDISCIPLINARITE

Cadre contextuel de mise en synergie d'actants de différents domaines scientifiques afin d'œuvrer à la finalisation d'un projet partagé par la mise en application d'une collaboration coopérative produite par une médiance trajective induite par les intervenants, hors de toute hiérarchie ou d'une soumission à un dogme idéologique et/ou méthodologique.

Ainsi, les sciences préservent leur identité tout en construisant une œuvre collective responsable adaptée à une réalité que les intervenants aspirent à voir évoluer au service de la progression des savoirs soutenus dans cette dynamique par une émulation socioconstructive alimentée avec une convivance recherchée lors des échanges, des dialogues, des réciprocités transformatives et des validations des différentes étapes de la production finalisée.

Les enseignements valides pour l'exemple des inondations survenues dans le bassin de la Nartuby et de l'Argens s'adaptent sans la moindre contrainte à tout type de catastrophe de ce genre.

Ils relèvent l'absence de prise en considération du manque d'entretien des versants en amont des zones d'habitation. Ils mettent en évidence l'amputation mémorielle de l'existence récurrente de précipitations massives dont la plus remarquable remonte à 1827. Ils exposent sans détour qu'en implantant des constructions dans le lit secondaire de tout cours d'eau, dans une plaine alluviale régulièrement submergée que les risques d'inondation deviennent exponentiels.

Ils montrent que la canalisation forcée d'une rivière entre des berges abruptes avec des verrous hydrauliques que sont des ponts plats, busés, mal dimensionnés avec des berges d'accès créant des digues de submersion ne sont pas viables en zone urbaine. Ils annoncent que les aménageurs doivent prendre en considération l'accélération des flux avec la disparition des ruptures de pente telles qu'étaient les restanques en Provence ou tout aménagement de parcelle étagée dans les pays méditerranéens. Ces enseignements exposent la volonté administrative et politique de ne pas intégrer les faits paroxysmiques, car leur fréquence est trop rare et que les coûts de construction ainsi que les contraintes entraîneraient des surcoûts de l'ordre de 30% selon les zones d'implantation.

Les enseignements alertent quant à l'absence de considération pour les populations les plus fragiles économiquement qui résident dans des territoires gagnés sur des parcelles aux risques accrus. Simultanément, ils témoignent de l'inertie des investisseurs et des bénéficiaires pour intégrer l'évolution des risques naturels et surtout des variabilités climatiques qui intensifient les phénomènes paroxysmiques.

Par ailleurs, ils révèlent que les organismes décisionnels préfèrent l'interdisciplinarité qui entretient les barrières disciplinaires et les idéaux propres à chaque domaine au détriment de la transdisciplinarité qui elle permet d'œuvrer de manière trajective en coagulant l'ensemble des savoirs au service des habitants, des infrastructures, des projets et des anticipations dans la gestion de potentiels sursauts climatiques, lesquels viendraient bouleverser l'existence des citoyens, détruire des écosystèmes et réduire drastiquement les potentialités d'un territoire. Un triste constat est à faire pour des maux propres aux nouvelles constructions : les erreurs antérieures sont reproduites.

En effet, les habitations récentes ou en cours d'érection font disparaître les restanques. Elles dessinent des pentes de plus de 20% facilement accessibles avec des véhicules adaptés, mais qui favorisent l'écoulement accéléré des eaux.

Les sols sont imperméabilisés et les réseaux de collecte du pluvial sont conçu pour des zones au climat aride et non au climat méditerranéen qui voit des orages en été extrêmement violents.

En cette fin d'année 2018, des réunions publiques ont lieu afin d'informer les citoyens des bassins touchés lors des inondations de 2010. Les projets sont louables et sont orientés en direction d'une gestion des flux potentiels pour une crue d'une dimension largement inférieure à celle subie il y a moins d'une décennie. Cela signifie que les enseignements ne sont pas totalement intégrés. Cela démontre par les propositions faites que l'argent et la déresponsabilisation sont toujours aussi prégnants. Cela atteste de la constitution de réponses dogmatiques sans vouloir admettre les réalités, telle que l'existence d'un pont plat qui devient un barrage avec une digue de prolongation à l'entrée du village de Trans-en-Provence, alors qu'il faudrait rehausser cet ouvrage. En outre, ces démarches qui donnent l'impression d'avoir retenu les leçons ne sont dans les actes que des « caches misère ». Les enseignements pouvant être extraits d'un phénomène paroxysmique ne doivent en aucune manière être limités par un corsetage mercantile et la défense d'intérêts particuliers. Ce constat est lui aussi source d'enseignement quant aux démarches de gestion des réponses apportées pour répondre aux maux climatiques.

Une représentation conceptuelle synthétique des actions potentielles pour adapter les tissus urbains aux variabilités climatiques émerge de l'association des constatations et des analyses proposées dans cette brève réflexion (figure 2). Elle met en exergue une marche vers la catastrophe avec les effets multiplicateurs et les conséquences qui en découlent. Ceci est relié aux capacités à s'approprier les réalités. Des réentrées fonctionnelles induites par les acteurs et par les dynamiques existantes interviennent sur l'intégration des principaux maux de notre humanité, sur la nécessaire conscientisation des constituants territoriaux afin de parvenir à des réponses adaptées pour les interfaces urbanisées.

Les enseignements sont ainsi figés dans une image pragmatique dont la finalité est de fixer l'attention de l'observateur afin que ce qui peut sembler anodin aux aménageurs, aux politiques, aux habitants ainsi qu'aux observateurs devienne un élément de réflexion. Pour cela, la mémoire collective et la mémoire individuelle sont mises en relief pour insister sur la responsabilité de chacun dans la gestion et l'aménagement de l'épiderme terrestre. Elles ont une nature trajective qui favorise la porosité entre les constituants afin de parvenir à s'imprégner des spécificités territoriales pour gérer au mieux notre seul support de vie.

Figure 2 :

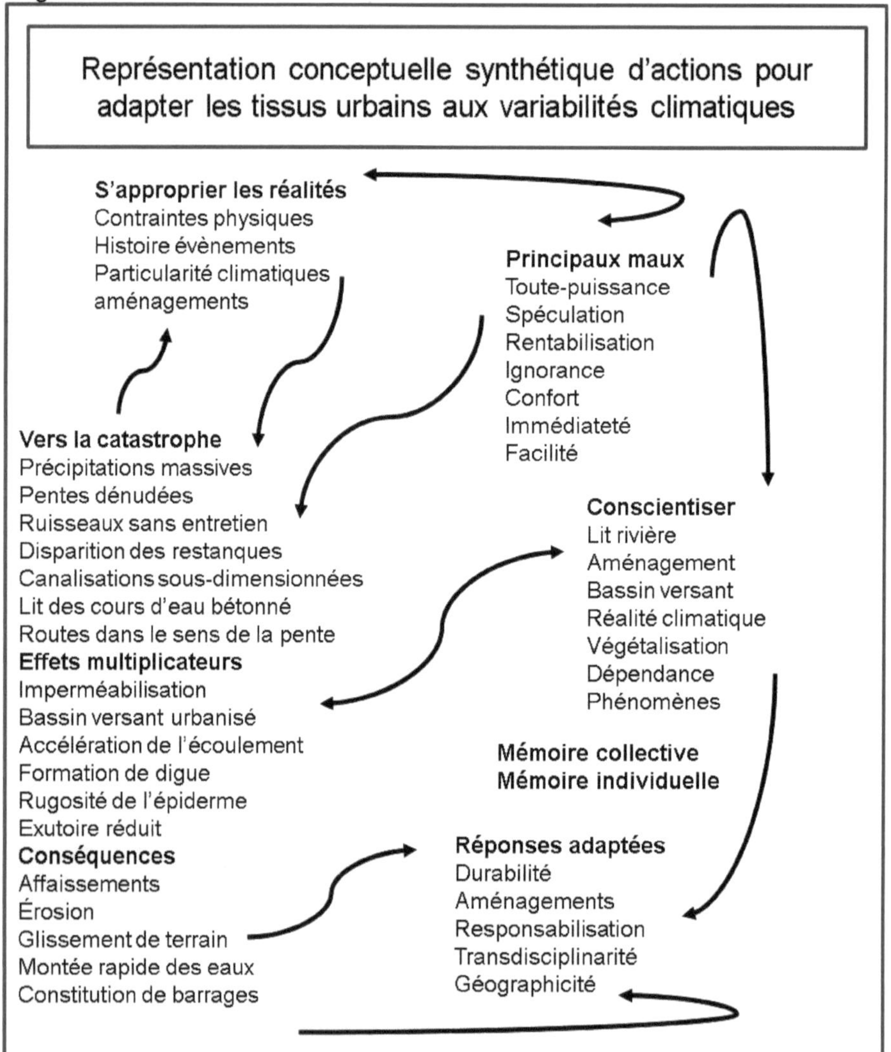

Représentation conceptuelle synthétique d'actions pour adapter les tissus urbains aux variabilités climatiques

S'approprier les réalités
Contraintes physiques
Histoire évènements
Particularité climatiques
aménagements

Principaux maux
Toute-puissance
Spéculation
Rentabilisation
Ignorance
Confort
Immédiateté
Facilité

Vers la catastrophe
Précipitations massives
Pentes dénudées
Ruisseaux sans entretien
Disparition des restanques
Canalisations sous-dimensionnées
Lit des cours d'eau bétonné
Routes dans le sens de la pente
Effets multiplicateurs
Imperméabilisation
Bassin versant urbanisé
Accélération de l'écoulement
Formation de digue
Rugosité de l'épiderme
Exutoire réduit
Conséquences
Affaissements
Érosion
Glissement de terrain
Montée rapide des eaux
Constitution de barrages

Conscientiser
Lit rivière
Aménagement
Bassin versant
Réalité climatique
Végétalisation
Dépendance
Phénomènes

Mémoire collective
Mémoire individuelle

Réponses adaptées
Durabilité
Aménagements
Responsabilisation
Transdisciplinarité
Géographicité

Source : Brun-Picard Yannick, (2018), *La carte conceptuelle en éducation*, L'Harmattan.

Ces enseignements attestent sans détour que l'œuvre à entreprendre est immense pour que les esprits agissent réellement au service de l'interface humanité/espaces terrestres en préservant la diversité du vivant. Toutefois, l'action est impérative, comme nous le rappellent avec toute leur violence les faits paroxysmiques qui ont endeuillé de nombreux territoires en 2018 (12 morts dans l'Aude le 14 octobre 2018).

Les institutionnels doivent entreprendre ce qui exige du temps, ces fameuses temporalités si bien exposées par Lao Tseu : « *Avec le temps et la patience, la feuille de murier devient de la soie.* » Il est vrai que cette temporalité est largement différente de celle des variations des changements climatiques. Cependant, en ouvrant le compte du temps nous nous engageons en direction de la production de réponses efficientes pour toutes les parties en présence voient, sauf pour les spéculateurs qui verront leurs profits se réduire, la qualité de vie et la sécurité des interfaces produites y gagner.

Conclusion

Les enseignements mettent en perspectives le chemin qu'il reste à parcourir pour que nos sociétés intègrent les variabilités climatiques dans les aménagements territoriaux afin que les conséquences des évènements climatiques paroxysmiques voient leurs capacités destructrices limitées. Il est vrai que les justifications aux choix des investisseurs et des aménageurs sont orientées en direction du profit et de l'image mercantile des projets. Ces acteurs sociétaux oublient les effets multiplicateurs des travaux de transformation sur les territoires, comme le démontrent les derniers évènements survenus au Japon au début du mois de juillet 2018. Il faut reconnaître que les concepts qui seraient en mesure d'éveiller leur conscience au sujet de la nécessité de prendre un peu de recul sont volontairement ostracisés afin que seule leur volonté, celle des décideurs et des aménageurs, puisse exprimer la toute-puissance constructrice sur l'épiderme terrestre oubliant et refusant les leçons du passé, alors que des évènements récents viennent percuter notre confort et nous alertent quant à la fragilité de nos implantations devant les forces naturelles.

L'intégration dans les planifications, dans les projets, dans les aménagements ou ne serait-ce que dans les constructions individuelles, d'une interface mémorielle pour comprendre les territoires serait une très bonne chose. Il est à regretter que les institutionnels préfèrent servir les entités financières, voire spéculatives pour justifier et légitimer des aménagements qui lors d'évènements climatiques paroxysmiques, tels que des précipitations massives ou des vents extrêmement violents, deviennent des amplificateurs de catastrophes matérielles, humaines, économiques et naturelles. Cela met en exergue l'absence de responsabilité réelle des intervenants qui n'ont pas à supporter les conséquences de leur ignorance volontaire, de leur cupidité, de leur impéritie et de leur culte de l'ego.

À l'ère de l'anthropocène (Bonneuil, 2013) où la sixième extinction est devenue pratiquement irréversible (Kolbert, 2015), où les responsabilités de l'humanité quant au réchauffement climatique et aux destructions annoncées sont éclatantes (Paccalet, 2006), le temps est venu d'agir en plein conscience (Brun-Picard, 2017).

Les interventions locales pour répondre aux phénomènes paroxysmiques induits par les variations des changements climatiques peuvent être considérées par les esprits critiques comme des gouttes d'eau dans l'océan. Elles n'en demeurent pas moins des actions indispensables pour endiguer l'érosion accélérée des sols, leur l'imperméabilisation, la destruction des horizons vitaux à leur qualité (Gobat, 2013) tout en contribuant à la limitation des risques (Wakermann, 2005) en concevant des pratiques soucieuses de notre seul support de vie (Peiger, 2018).

Agir pour adapter dans les meilleures conditions les tissus urbains aux variabilités climatiques et plus spécifiquement aux phénomènes climatiques paroxysmiques exige d'accepter, de concevoir, d'intégrer et de projeter les données historiques afin de façonner des territoires en mesure de digérer une pulsion climatique. Pour y parvenir, les actants doivent concevoir les aménagements en harmonie avec l'épiderme terrestre et ses spécificités.
Ils ont l'obligation d'aller plus loin que la rentabilité spéculative et communicationnelle pour que les populations puissent vivre en toute sécurité.

Dans cette perspective, la réalité inaltérable que la Terre est notre seul lieu de vie doit, devrait guider les implantations anthropiques en faisant en sorte que l'épiderme terrestre devienne un partenaire et non, comme c'est le cas de nos jours, un vulgaire support de la toute-puissante main de l'homme. Il est alors attendu que ceux et celles qui enseignent la géographie, l'aménagement, l'architecture, le climat, l'écodéveloppement ou encore l'hydrologie, pour le moins, portent la notion d'interface humanité/espaces terrestres pour que nos sociétés se préservent et soient moins marquées par les effets destructeurs des évènements climatiques paroxysmiques.

Chapitre 3

Le Mal de l'urbain face à l'absence de la culture urbaine

Introduction
La culture à toujours été au cœur de nos villes, la créativité, la pluralité et la diversité culturelle les nourrissent, en parallèle elles représentent des facteurs clés pour leurs réussites. Les activités culturelles permettent l'inclusion sociale et le dialogue entre les différents acteurs de la ville quelque soit leurs coutumes, leurs croyances et leurs us.

Même si la culture représente l'âme dans un corps qui est la ville, l'installation d'une culture urbaine n'est pas une action facile à concrétiser. Pour cela il faudra se centré en premier lieu sur le facteur humain, qui nous permettra par la suite de nous centré en second lieu sur la culture, qui existe au sein de l'urbain, portée et représentée par les acteurs de la ville elle-même. Je tiens a précisé que je ne me définie pas comme une spécialiste de la culture ni de la sociologie, mais j'aborde cette contribution comme une praticienne de la ville et de l'urbain en particulier, ou ma vision de la sociologie urbaine est qu'elle représente un point focal pour une meilleure lecture de la ville, et de ses rapports avec la pratique des différents acteurs de l'urbain en question. Mais je suis convaincu que le volet culturel doit être prit en considération, afin de comprendre l'évolution de la société dans l'urbain au fil des décennies.

Retour vers un historique important

Selon le rapport mondial sur la culture pour le développement urbain durable, que suite à l'apparition de l'Islam au VIIe siècle qui a notamment été marqué par l'émergence de la culture urbaine dans la région, un empire important a eu une influence significative sur la forme et la configuration spatiale de nombreuses villes arabes entre le XVIe et le XXe siècle.

Et ce n'est qu'a partir des années 1950, que l'urbanisation massive a transformé radicalement les sociétés urbaines, et a fait accoucher les crises sociales, en cette même période les paysages urbains se redessinaient dans le monde arabe tout entier.

Le patrimoine urbain revêtit une certaine importance notamment dans les villes du *Maghreb*, du *Machrek* et ceux de la péninsule arabique, il faut noter que ce patrimoine a été dégradé suite aux bouleversements démographiques et sociaux.

Le modèle urbain de la médina, reste propre aux villes arabes, il se caractérise notamment par la densité et la mixité des usages, mais l'on peut nier qu'il soit riche en enseignements surtout pour la durabilité future des villes.

Qu'est-ce que la culture urbaine ?

« En bref, la culture urbaine désigne toute manifestation d'expression de ceux que l'ensemble des médias classiques ont toujours refusé d'écouter et d'entendre. C'est pourquoi, autarcique et autonome, elle n'a pu se développer que dans la marginalité. » (Véronique Warahena et Jonathan Dahan)

Plusieurs acteurs de la ville, ou plutôt pratiqueurs de la ville, livrent ce qu'ils en pensent de la culture urbaine :

Lulutacos, adepte du Parkour : *« La culture urbaine ce sont tous les arts qui viennent de la rue comme le Parkour, le graffiti ou encore le rap, le slam »*(1).

Mala, rappeur : *« La culture urbaine, c'est la culture qui vient de la rue. Cela recouvre plusieurs pratiques artistiques rap, slam, Rn'b, graph ou pratiques sportives, human beat box, danse, parkour, basket et foot de rue. »*(2)

Sambou Fofana, slameur : *« C'est un ensemble de pratiques culturelles artistiques et sportives, les disciplines sont variées comme la danse, le rap, les graffiti etc.... La culture urbaine est devenue politique à partir des années 90 avec l'arrivée du hip-hop en France. »*(3)

Disiz la Peste, rappeur : *« La culture urbaine est un mouvement qui ne veut pas dire grand chose. C'est une distinction entre la culture urbaine et le hip-hop. On veut associer la culture urbaine aux banlieusards alors que ce n'est pas forcément les banlieusards qui sont au centre de la culture urbaine. N'importe qui peut pratiquer la culture urbaine. »*(4)

La culture et son évolution face aux problèmes de son interprétation

Etudier la culture n'est pas simple à concrétiser, Jean-Claude Robert(5), précise que la culture a une double nature elle est *« à la fois résultat, ensemble de pratiques, mais également instrument d'action sur l'environnement et processus d'auto transformation. »* elle est composée selon ce qu'a noté Lucien Febre, de plusieurs éléments qui évolue selon des rythmes différents, ce qui rend son sens plus complexe à saisir.

Jean-Claude Robert, note que dans l'interprétation de la culture il y a cinq niveaux de problèmes qui sont reliés et qui on attiré son attention :

- Le 1er niveau est le problème de la question des sources et, plus particulièrement, au hiatus qui s'est formé entre l'analyse des traces matérielles d'une culture et son histoire.
- Le 2éme niveau est celui du problème de l'interprétation globale du changement culturel, à la question du contexte général du développement.
- Le 3éme niveau représente le problème de l'insuffisance des modèles pour l'interprétation de la culture.
- Le 4éme niveau est le problème de l'utilisation trop facile des dichotomies, que ce soit de façon explicite ou implicite.
- Le 5éme niveau est le problème de la façon de tenir compte de la composition de la société.

Il propose dés lors d'agencer le concept de culture a celui de territorialité (Raffestin, 1980) afin d'étudier l'interaction entre les différents groupes de la société.

Culture et perception de la ville

« *Chaque individu crée et porte en lui sa propre image mais il semble qu'il y est une grande concordance dans les membres dans un même groupe.*» (Kevin lynch 1999 :8), Lynch veut préciser que tout individu possède en lui un ressenti personnel, qui influe sur sa perception du monde qui l'entoure, mais au même temps Corbin précise qu' « *un paysage est le résultat de la façon d'éprouver et d'appréhender l'espace, une lecture variable selon les individus et les groupes*» (Corbin 2007 : 9).

La perception de la ville donc diffère d'un individu à un autre, pour tout un chacun l'image mentale est construite en combinant plusieurs éléments cognitifs, ce qui nous permet d'avoir une mémoire collective nourrit de deux facteurs importants qui sont le lieu et le vécu en même temps.

Chacun à sa propre culture qui nourrit et influence son vécu, et c'est cette même culture qui affecte le lieu et sa perception. Suite à nos différentes croyances, coutumes et us nous dessinons notre propre perception de l'espace urbain, nous avons des choix particuliers, nous interprétons les odeurs, les bruits, les images, et même les discours chacune de sa propre façon et selon ses idéologies et ses croyances dans lesquelles il a baigné durant son enfance, et qu'il a du hériter de père en fils comme on le dit.

La culture de l'urbain proprement dite donc, est fortement lié a ce que nous sommes réellement, notre vécu et l'espace urbain en général sont les deux facteurs qui instaure en nous la culture du lieu, une culture de l'urbain tout simplement.

Source: Dans les locaux d'El Houma, à Alger. Photo Zohra Ziani
http://next.liberation.fr/musique/2016/08/19/el-houma-quartiers-libres-a-alger_14734

Méthodologie

Plusieurs inégalités se creusent et s'installent et se cumulent, et dans cette dynamique galopante ils accentuent l'accès à la qualité du cadre de vie, cela varie selon les différents territoires géographiques qui structurent l'espace urbain. Il faut noter aussi que les politiques de développement urbain représentent un facteur qui nourrit et renforce ces inégalités notamment au sein de nos villes algériennes.

L'idée consiste à travailler et œuvrer sur un projet pour arriver à réinstaurer l'esprit de culture urbaine dans les villes algériennes ; un défi de taille. Pour mettre en œuvre ce projet ambitieux, le travail sera axé sur l'individu c'est-à-dire essayé de sensibiliser les personnes pour les pousser à avoir des pratiques plus responsables et plus assumés.

Les objectifs sont :

Permettre à tout un chacun de se révéler par des pratiques qui seront réalisés en groupe ;

- Les booster pour travailler sur un projet commun qui consiste à conserver et prendre soin des espaces publics,
- gérer avec prudence les équipements et les infrastructures existantes, afin d'en faire une source de potentialités pour l'économie locale;
- Mieux gérer la propreté des villes,
- la qualité de l'air et de l'environnement,
- les nuisances et les bruits des véhicules,
- la propreté des rues et la qualité des espaces verts.

Analyse et résultats

La ville est l'une des réalisations humaines les plus efficaces et les plus prometteuses afin de construire un avenir plus sure. Si la ville rassemble les individus qui peuvent être à la fois créatifs et productifs elle représente aussi cet espace pour échanger, inventer et innover.

La culture est l'un des facteurs qui peut avoir un impact important sur le renouveau des villes et de leur capacité d'innovation, et de se nourrir et se régénérer.

Les actions du projet proposé visent à promouvoir plusieurs valeurs :
« *L'Autonomie, La Tolérance et la Solidarité, Le respect de l'environnement, L'implication dans les moments de vie collective, Le développement de la curiosité, et des capacités d'imagination et d'expression.* »(6)
Les résultats qui s'en dégagent de ce projet sont que la culture urbaine peut être au service des villes si éventuellement les villes sont centrés sur le facteur humain qui représente un potentiel capable de participer au changement; que se soit par l'intégration d'une population pacifique et tolérante, ou par l'instauration de l'innovation et la créativité au sein des villes; mais en ce qui concerne la qualité de vie et de l'environnement; par la réalisation de ville compactes qui s'adaptent plus à l'échelle humaine en favorisant les rencontres et la vie de groupe et de société grâce à son tissu urbain compact, ainsi que par la préservation des espaces publics et des espaces verts, et surtout par la sauvegarde des identités urbaines.

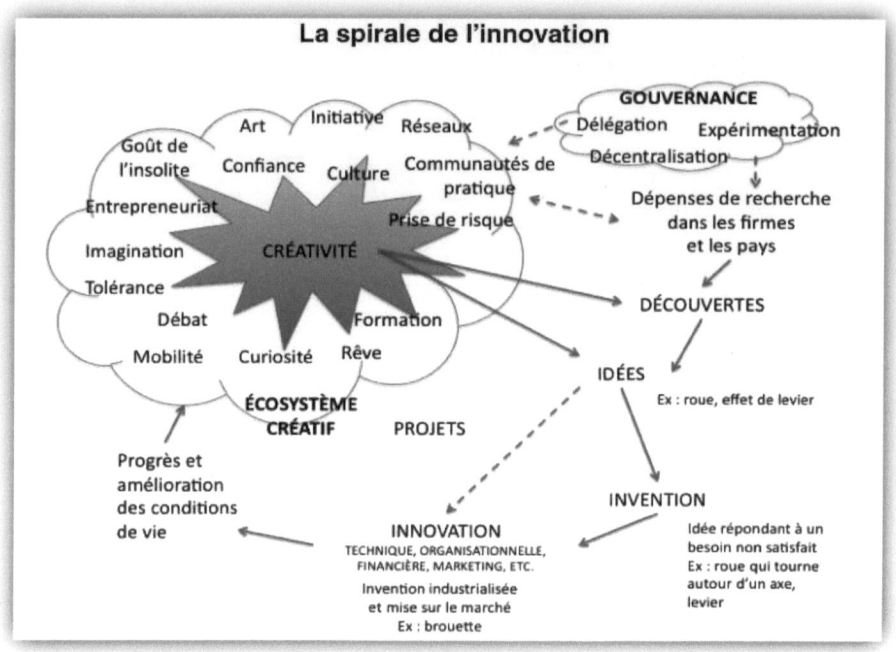

Rapport public : Créativité et innovation dans les territoires, Michel GODET, Philippe DURANCE, Marc MOUSLI, septembre 2010

Culture, espace et acteurs de la ville

Si l'on s'attarde un peu sur la question de l'intégration de la culture dans l'espace physique de la rue et de l'espace public, nous pensons que les urbanistes, architectes, artistes, élus, directeurs de service technique ont un rôle important dans l'amélioration de la culture urbaine dans nos villes algériennes ils ont majoritairement reconnus que la culture devait prendre sa place dans la ville, une place démocratique d'abord, mais aussi un rôle en termes de mémoire et d'image, les débats entre tous ses acteurs ont porté sur les moyens de parvenir à des résultats probants.

Dans cette perspective, nous pensons que c'est la coopération entre les services d'une même collectivité qui doit être placée au cœur des enjeux. Certaines villes européennes notamment en France se sont déjà engagées sur cette voie :

À Rennes, Firminy, Aix-en-Provence ou Sceaux les modalités d'une coopération entre les services de la culture et ceux de l'urbanisme ont été mises en place par l'action d'un « médiateur », conseiller en art urbain ou en arts plastiques, ou grâce à une cogestion de projet par plusieurs services.

La ville, l'urbain et la société

La question de la ville et de l'urbain a toujours suscité de l'intérêt notamment au sein des lettres et des sciences humaines et sociales. Plusieurs travaux émanant de diverses disciplines (histoire, géographie, anthropologie, littérature...) ont rendu compte sur les mutations et les dynamiques qu'a connues la ville durant des décennies et qui actuellement devenus des références incontournables.

En effet, depuis la société industrielle jusqu'à l'ère contemporaine, plusieurs changements culturels en eu lieu, sachant que l'évolution de ces mêmes disciplines constitue une dimension de la réalité urbaine elle-même.

Cette réalité urbaine si complexe a généré une prolifération de plusieurs nouveaux concepts et notions tel que: "ville monde", "ville réseau", "ville intelligente", "ville satellite"... Ces désignations tentent de saisir des phénomènes urbains souvent inédits.

D'autres qualifications aussi apparaissent pour classer et hiérarchiser les villes selon des critères différents : on parle dés lors de la ville « la plus belle », « la plus chère », « la plus dangereuse », « la plus sûre »….etc

Dans le domaine de l'art et de la littérature, certaines villes sont devenues légendaires et leurs noms sont aujourd'hui associés à des noms d'artistes et d'écrivains célèbres: Alger (Assia Djebar), Constantine (Kateb Yacine, Malek Haddad), Tlemcen (Mohammed Dib), Oran (Kamel Daoud), Ghardaia (Moufdi Zakaria)…et beaucoup d'autres.

Les deux notions de « ville » et d'« urbain » entretiennent entre elles une relation assez complexe, mais au même temps qui les unies, il faut s'attarder à étudier les liens qu'elles tissent entre- elles afin de réussir à mettre en lumière les modes de vie que laissent entendre les termes de "citadinité", "urbanité", "métropolité"…

À travers diverses expériences nous pensons que l'univers de la ville représente tantôt une « utopie », et parfois un « fantasme », ou un « espace narratif », …

Les cultures urbaines entre espace et temps

« Nous ne pouvons parler de la notion de cultures urbaines seulement sur le plan géographique elle reste restrictif, les cultures urbaines ne désigne pas les différentes civilisations qui s'affirment en ville, mais elles représentent toutes les formes artistiques, établies ou non, qui s'inspirent de l'univers urbain ou du quotidien immédiatement esthétisé par la création. Ce champ couvre donc bien une esthétique et non un territoire. La définition retenue considère que les «cultures urbaines», plus communément appelées culture hip-hop, intègrent aujourd'hui musique, arts plastiques, danse contemporaine et théâtre.»(7)

Mouvement des cultures urbaines

« Le mouvement des cultures urbaines est aujourd'hui un phénomène international auxquels peu de pays semblent pouvoir échapper. En effet, sur tous les continents sont diffusés en boucle des artistes Hip Hop internationaux tel que Rihana, Sean Paul ou encore Eminem. Si on fait référence au graffiti (Street Art) une ville aussi improbable que Yogyakarta en Indonésie pourrait presque faire passer New York au second plan concernant cette forme d'expression artistique. Des artistes Street Art comme Bansky ou Mr Brainwash ont exposé dans de grandes galeries et certaines de leurs toiles se sont vendues à plus de cent mille dollars. Enfin, lorsque l'on constate qu'un évènement comme les championnats du monde de danse Hip Hop soufflera sa dixième bougie en 2012, avec des participants venus de 30 pays différents, il semble encore difficile de nier la vitalité et la place dans nos sociétés modernes de cette mouvance culturelle.»[8]

Interprété jadis comme « une culture jeune », les jeunes d'hier sont devenus aujourd'hui adultes et que ce phénomène a pris une grande ampleur il devient au fur et à mesure intergénérationnel, qui se lègue et se transmet de génération en génération, toute la société est fortement touchée en le remarque lors de la diffusion de la publicité ou la majorité des codes des cultures urbaines font surface tel que les chanteurs de hip hop , l'art urbain, le street art…etc, pour mieux vendre et exposer les produits, en réalité la culture urbaine est utilisé actuellement comme un outil du marketing urbain.

Les cultures urbaines font partie intégrante de notre quotidien actuellement même si la notion reste floue et difficile à cerner. Nous avons trouvé cet essai de définition sur le site de l'Observatoire National des Cultures Urbaines (O.N.C.U) : *« La locution cultures urbaines, généralement employée au pluriel, recouvre l'ensemble des pratiques culturelles, artistiques et sportives issues de l'espace urbain».* Dans le rapport ministériel commandé en 2007 par le ministre de la culture de l'époque Renaud Donnedieu de Vabres, l'essai de définition n'est pas très précis mais la notion de référence au mouvement Hip Hop y apparaît *« Les cultures urbaines font souvent référence au mouvement hip-hop qui a vu le jour aux Etats-Unis et s'est développé en France vers le début des années 1980. »*

Plusieurs pratiques qui versent dans la culture urbaine visent à interroger tous les rapports qu'entretiennent les individus dans et avec la ville en quelques sortes, ils affirment par leurs manières inhabituelles, parfois minoritaires et jugées la plupart du temps dérangeantes, pour la société et qui démontre que la ville se vit différemment, par une certaine catégorie de jeunes urbains, et qu'il n'y a pas une seule norme même s'il n'existe qu'une seule loi.

La diversité des cultures s'affirme de plus en plus dans un monde plus varié plus tôlèrent plus libre tout simplement.

La culture en ville est un *ensemble de systèmes relationnels* elle peut aussi être considérée comme un *ensemble de compétences* mises en présence qui se rencontrent, se confrontent et posent la question politique du vivre-ensemble.

« La ville est un lieu multi, pluri, cosmo-culturel ». Ces cultures de et dans la ville, cultures urbaines mettent en jeu trois niveaux dont parle Jean Métral (2000) :

- la citadinité,
- la civilité
- et la citoyenneté, les enjeux de la coexistence immédiate et ceux de l'organisation collective, de la cité.

On dénote alors une mise en évidence de cette catégorie citadine, et une forte intégration dans leur environnement qui se dégage de leurs modes de vie.

Conclusion

Pour construire des villes plus créatives et durables il faudra prendre en considération la culture urbaine; qui représente un facteur phare qui permet aux villes d'être plus inclusives et plus tolérantes ; grâce aux activités culturelles qui se déroulent en leur sein, et qui jouent un rôle crucial dans la favorisation de l'inclusion sociale et le dialogue entre les différentes communautés.

Or, aujourd'hui, la « culture urbaine » se mondialise. Face au développement vertigineux des villes à l'échelle planétaire et au détriment des campagnes qui se désertifient. Les progrès de la technologie favorisent la communication (NTICs) et les échanges culturels de manière rapide et efficace.

En réalité le monde est devenu un village planétaire, qui se caractérise dans cette nouvelle ère par une homogénéisation de la pratique culturelle à l'échelle mondiale.

Il faut noter qu'« *Une ville centrée sur l'humain est un espace centré sur la culture* »[1] cette réalité doit être traduite en politiques plus efficaces et en gouvernance urbaine durable.

Les villes sont devenues des laboratoires vivants dans lesquels des défis se construisent et auxquels nous sommes confrontés; elles sont devenues actuellement négociées, gérées et vécues.

Nous devons renforcer les potentiels culturels de nos villes, en particulier le patrimoine qui offre aux habitants un sens et un sentiment d'identité et d'appartenance afin de stimuler le potentiel créatif, et la qualité de vie et enfin la prospérité de nos villes.

---

[1] http://affaires.ma/?p=3568

Chapitre 4

Une ville globale résiliente: mutations morphologiques du front d'eau de Manhattan dans un contexte de risques climatiques.

Introduction
Les ouragans Sandy, Harvey, Irma, et d'autres ont été des évènements climatiques extrêmes particulièrement destructeurs s'enchaînant à un rythme effréné sur la côte est américaine, année après année. Mais il aura fallu des images spectaculaires de New York, ville globale et emblématique, assiégée par les flots, même engloutie à certains endroits symboliques de l'île de Manhattan, pour frapper l'imaginaire collectif :
« *Sandy – a deadly and devastating storm in America's most densely populated region, striking at the heart of the largest and most iconic American city – illustrated how vulnerable all of us are to the consequences of climate change* » (Ovink & Boeijenga, 2018, p. 30). Assujetties aux aléas d'une nature qui se déchaîne et qui s'impose, de grandes villes américaines font face à une forme de résignation. Que ce soit les villes de la côte ouest américaine avec l'imminence d'un séisme majeur dans les prochaines années ou encore la hausse du niveau de la mer couplée à l'intensification du nombre et de la force des ouragans sur la côte est, « habiter la menace » est désormais chose entendue et intégrée. Pourtant, la résistance s'organise: « *American political institutions, even our national mythology, are ill-suited to the indeterminacy and elasticity of nature. […]. It would almost be un-American to concede… that it is we who must adapt to the ocean, not the other way around* » (Dean, 1999, p. 236). Un changement de paradigme, amorcé depuis plusieurs années déjà, se propage abondamment dans les villes soumises à différents types de risques mais c'est assurément dans les villes ayant un front d'eau que cette montée en puissance de la résilience comme élément fondateur des stratégies d'aménagement du territoire et d'urbanisme, vient transformer les modes de planification territoriale plus traditionnels.

Points névralgiques du changement climatique, les fronts d'eau urbains se trouvent au cœur de réflexions déjà bien engagées à l'échelle internationale afin de débattre des transformations à imaginer pour réaménager ces territoires à la fois convoités et menacés. Largement inadaptée à la survenue de chocs, la morphologie des façades littorales se doit d'être repensée et corrigée au profit d'une démarche qui avait été jusqu'ici largement évacuée des programmations urbanistiques et architecturales mises sur pied depuis la seconde moitié du XXe siècle.

L'aménagement des fronts d'eau urbains a effectivement suivi une série de modes d'intervention visant d'abord à mettre sur pied des équipements touristiques, commerciaux, culturels et récréatifs à thématique maritime puis, à insuffler un développement orienté vers l'immobilier résidentiel et tertiaire pour finalement refonder la vocation publique des berges. Les orientations fondatrices de certaines opérations d'aménagement pionnières, devenues des références incontournables en matière de régénération de ces territoires, ont à cet effet guidé d'autres scénarios développés en vue de restructurer de vastes emprises foncières vidées de leurs fonctions portuaires originelles ou simplement sous-exploitées. Plusieurs modèles de reconquête urbaine (Bruttomesso, 1993; Breen & Rigby, 1994; Norcliffe & al., 1996; Baudoin, Collin & Prelorenzo, 1997; Marshall, 2001; Desfor & al., 2011; Hein, 2011; Smith & Garcia-Ferrari, 2012; Brownill, 2013), ou de générations de *waterfronts* (Shaw, 2001; Gras, 2010), ont à ce titre été identifiés au sein de la littérature scientifique.

Bien que la mise en tourisme, l'édification de nouveaux quartiers de prestige et la réactivation de l'espace public fassent encore aujourd'hui partie des préoccupations urbanistiques, l'entrée en scène du nouvel impératif climatique remet depuis peu en question la nature des opérations de reconquête mises sur pied jusqu'ici par les risques de submersion qu'il induit. L'adaptation et le remodelage morphologiques devenant dans ce contexte un impératif incontournable pour le devenir des villes à risque, l'ambition aujourd'hui est donc de proposer une nouvelle génération de transformations par la refonte globale des référentiels en matière d'aménagement des fronts d'eau urbains. Les formes urbaines générées par l'émergence récente d'un nouveau paradigme en phase avec l'atteinte d'un idéal de ville résiliente font l'objet d'une thèse de doctorat, dont ce chapitre expose les premiers résultats.

Le présent chapitre porte un regard particulier sur le front d'eau de l'île de Manhattan dans la ville de New York aux États-Unis. Plusieurs raisons ont justifié le choix de ce cas d'étude. Premièrement, parce qu'un chantier de classe mondiale visant à reconfigurer la pointe sud de l'île avec des aménagements plus adaptés à la montée actuelle des eaux et au risque inhérent de débordement des eaux de tempête est en cours de planification depuis 2015. Orchestré par des représentants de l'expertise néerlandaise et danoise en matière de montée des eaux, ce grand projet urbain – initialement nommé le « *BIG U* », puis renommé la « *Dryline* » – condense littéralement le savoir-faire contemporain en matière de gestion de risques d'inondation en embrassant une démarche fondée sur les capacités d'adaptation des territoires riverains au détriment des mesures de protection extérieures au territoire comme les digues et les brise-lames. Peu mobilisée dans les villes côtières densément peuplées et fortement exposées aux ouragans, cette stratégie adaptative interpelle l'aménagement et l'urbanisme et est ainsi susceptible de remanier et de remodeler de manière notable la trame matérielle du pourtour de l'île de Manhattan.

Deuxièmement, parce que le front d'eau de Manhattan témoigne du lent cheminement des idées en matière d'aménagement littoral en Amérique du Nord. En effet, trois opérations de régénération urbaine emblématiques des différents modèles de reconquête des fronts d'eau identifiés dans la littérature scientifique s'y sont succédées au fil des années. Le développement de grandes opérations d'aménagement au cours des années 1970 a ouvert la voie au développement d'équipements touristiques et commerciaux de type *Festival Market Place* à *South Street Seaport* et d'immeubles d'habitation à *Battery Park City*, tandis que les années 2000 ont été marquées par la mise sur pied d'espaces publics, dont la concentration est particulièrement intense le long de la *East River*. Dans cette perspective, ce terrain d'étude nous permet d'aborder la question du renouvellement des pratiques urbanistiques en lien avec le changement climatique actuel dans un cadre qui offre à l'analyse trois générations de fronts d'eau antérieures à celle qui se déploie présentement. La *Dryline*, en se juxtaposant aux aires préalablement aménagées, pourrait par ailleurs être à l'origine d'une discontinuité dans l'évolution de la forme urbaine de ce territoire et ainsi incarner les prémisses d'un quatrième modèle de reconquête urbaine.

Pour comprendre les tenants et aboutissants de ce changement de paradigme, nous proposons de revisiter les grandes phases de développement du front d'eau afin de mieux retracer la genèse d'une rupture morphologique liée à l'émergence d'un programme urbanistique en phase avec les enjeux climatiques caractéristiques du 21e siècle. Pour ce faire, nous reviendrons d'abord sur les séquences pré-industrielle, industrielle et post-industrielle de l'histoire du front d'eau de Manhattan afin d'apprécier l'importance des rhétoriques d'expansion et de continuité urbaines sous-jacentes à ces différentes étapes de développement. Suite à ce bref parcours historique, nous verrons comment le passage de l'ouragan Sandy a été révélateur de vulnérabilités urbaines, mais aussi catalyseur de transformations de l'espace à l'origine d'un basculement idéologique en matière d'aménagement. Ce faisant, nous examinerons ensuite la manière dont s'opère la recomposition du front d'eau de Manhattan sous l'impulsion d'un nouvel idéal de ville résiliente en insistant plus particulièrement sur le remaniement physique de chacun des modèles de reconquête urbaine mis sur pied depuis les années 1970. Nous apprécierons à ce titre l'émergence d'une nouvelle rhétorique de continuité naturelle générée par l'entrée de l'interface ville/eau dans la pensée aménagiste. Enfin, les prémisses d'une nouvelle génération de fronts d'eau urbains compatible avec les risques climatiques seront présentées, à partir de laquelle le devenir de ces territoires semble dorénavant se dessiner.

Une évolution jalonnée par plusieurs phases de transformation : résultats préliminaires

La configuration physique du littoral de Manhattan a été radicalement altérée au cours des siècles. Ironiquement, la géographie naturelle avantageuse du site – qui constituait à prime abord un atout de taille sur le plan de la défense, de la navigation et des installations portuaires – n'a cessé d'être remaniée par le rythme soutenu des activités de remblaiement (voir figure 1). Entamées dès l'époque coloniale, l'expansion des rives est et ouest de l'île et l'artificialisation des bandes riveraines se sont accentuées au cours des périodes industrielle et post-industrielle, concourant ainsi à effacer l'allure organique du rivage naturel initialement constitué de criques, de marécages, d'étangs et de plages. Ce paysage artificiel hérité s'est ainsi modelé par vagues successives, toutes répondant à différentes logiques, visions et conjonctures auxquelles ses différents états font écho.

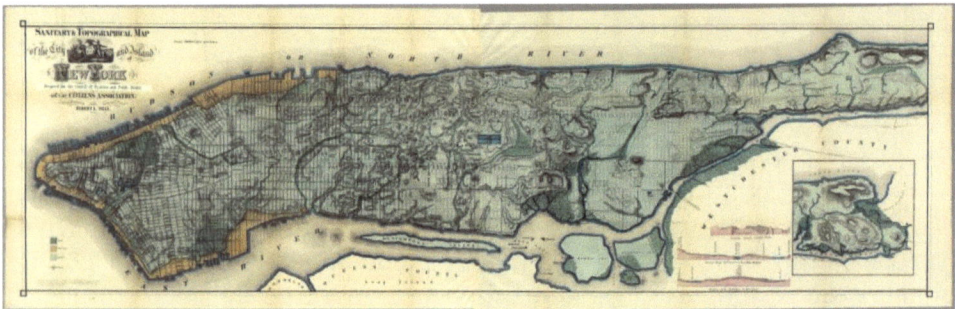

figure 1. Reconstitution topographique et hydrologique de l'île de Manhattan, Egbert Ludovicus Viele, 1865

Le remaniement du front d'eau ne s'est toutefois pas effectué de manière linéaire, sans stagnations, permutations, ni retours en arrière. Bien que les processus d'expansion horizontale et verticale aient marqué de manière prononcée l'histoire de Manhattan, une remise en question de ce paradigme de développement semble aujourd'hui s'effectuer au profit de la restitution d'une morphologie plus organique qui, par émulation, permettrait de renouer avec un élément fondateur participant de l'identité de ce territoire. Ce constat constitue la toile de fond de notre raisonnement et nous permet de poser les jalons d'une réflexion qui, nourrit par une perspective historique, met en lumière le récit – évidemment inachevé – de l'histoire de ce front d'eau et de la réconciliation récente de la ville et de la nature dans laquelle ce territoire semble aujourd'hui basculer.

Une rhétorique de l'expansion horizontale omniprésente

Le sud-est de l'île de Manhattan a été le premier secteur de la ville à être développé. Conduits par la nécessité d'établir des activités commerciales avec leur pays d'attache, les colons hollandais et anglais ont successivement entrepris de moduler les frontières du front d'eau pour accommoder le commerce maritime. Si les premiers n'ont réalisé que de petites modifications locales du rivage en creusant des canaux et en érigeant des quais d'accostage rudimentaires à la hauteur de l'actuelle *Pearl Street* au cours de la moitié du 17e siècle, leurs successeurs ont quant à eux mis en branle un remaniement plus profond de ses contours naturels au moment de la conquête anglaise. Suivant la tradition européenne des villes portuaires de l'époque, un mur de soutènement de pierre supporté par des matériaux provenant du nivèlement des terres, de l'arasement des collines et de l'excavation des sous-sols a en ce sens été mis sur pied (Bone, 2004). Destiné à stabiliser le rivage, l'érection de ce mur a eu pour effet de gagner de l'espace sur la rivière et donc de redéfinir l'allure, les frontières et la superficie du port primitif, le front portuaire s'étant dès lors déplacé à la hauteur de *Water Street* en 1694. En dépit d'une allure arquée épousant de près la ligne de rivage, cette première phase d'expansion ponctuelle de la bande riveraine a ainsi donné naissance au développement d'une ligne de fracture très nette entre le cadre bâti et l'eau, qui ne sera qu'amplifiée au cours des décennies suivantes.

Si l'édification de structures portuaires a été mis en veilleuse pendant la Révolution américaine, les travaux de remblaiement et d'enrochement, tout comme la construction de quais et de jetées ont par la suite repris de plus belle afin d'assouvir les besoins de la nouvelle nation. En moins d'une décennie, la limite territoriale du front d'eau s'est prolongée de deux îlots, atteignant *Front Street* en 1797, puis *South Street* en 1804 (South Street Seaport Museum, 1969; Fletcher, 1975). L'expansion du cœur portuaire, dont les résultats sont encore visibles aujourd'hui, ne s'est néanmoins pas limitée au sud-est de Manhattan. L'arrivée des navires à vapeur dans le port de New York en 1807 et l'ouverture et la mise en service du canal Érié en 1825 ont à leur tour engendré un boom de développement dans la portion ouest de l'île afin d'accommoder une industrie maritime en pleine expansion. Initiée afin de tirer profit de la profondeur des eaux fluviales de l'Hudson, la translation occidentale du centre de gravité des activités portuaires occasionnera une altération extensive du front d'eau, culminant avec la création du *Department of Docks* en 1870.

Chargé du développement du front d'eau de Manhattan, ce département de la Ville de New York nourrissait à l'époque l'ambition d'affirmer la réputation et le statut de métropole portuaire d'envergure internationale au moyen d'un ouvrage de génie civil monumental qui permettrait de rivaliser avec les villes portuaires européennes. Ce climat concurrentiel aboutit à l'érection d'un mur de soutènement continu fait de blocs de béton préfabriqué résistant à l'impact des navires, des courants et des vagues, ainsi qu'à la déformation du sol générée par la surcharge de marchandises. Cette enceinte permis d'ailleurs de doter les structures maritimes utilitaires de façades architecturales magistrales (Raulin, 2006), qui participèrent tout autant au rayonnement du port à l'échelle mondiale. Pendant six décennies, des portions entières de bandes riveraines ont ainsi été remblayées entre la 61e rue à l'ouest, *Battery Park* au sud et la 51e rue à l'est (AKRF, 2007), une entreprise achevée peu de temps avant la Première Guerre mondiale (Bone, 2004). Le front portuaire fut dans ce contexte redessiné et retravaillé de nouveau afin de répondre au besoin d'extension spatiale des infrastructures maritimes. Une nouvelle génération de quais s'est d'ailleurs graduellement greffée à cet ouvrage, empiétant davantage d'espace sur l'eau par l'étalement de structures perpendiculaires au rivage. Au plus fort de l'activité portuaire, des milliers de structures ont été construites, occupant pratiquement chaque parcelle de rivage disponible (Bone, 2004). La densité et le chaos de cette ville horizontale gagnée sur l'eau, qui incarnaient d'après Bone (2004) l'archétype de l'espace urbain maritime, a été maintenu jusqu'au début du 20e siècle, moment à partir duquel a été momentanément freiné le processus de prolongement artificiel du front d'eau et l'urbanisation des rives et des rivières.

Plusieurs facteurs ont vraisemblablement contribué à l'émergence de cet intermède. Si l'ouverture du pont George Washington (1931), des tunnels Holland (1927) et Lincoln (1937), des aéroports LaGuardia (1939) et John F. Kennedy (1948) a eu pour effet de réduire les activités du port par la baisse du trafic de passagers et de marchandises par mer, la généralisation et la croissance du trafic de porte-conteneurs et l'émergence de nouvelles techniques de stockage de marchandises ont quant à elle mis un terme de manière plus définitive aux activités industrialo-portuaires de l'île en engendrant leur délocalisation vers Brooklyn et la baie de Newark au New Jersey au bénéfice d'équipements et de sites plus appropriés (Bone, 2004). Cette seconde vague de migration des activités portuaires a ainsi transformé les espaces conquis sur les rivières en véritable « *no man's land* » constitué de quais et d'entrepôts désertés, jusqu'à ce qu'une nouvelle phase alimentée d'une double logique de régénération et d'expansion urbaines s'installe progressivement. À bien des égards, les signes d'un nouveau chapitre de l'histoire de Manhattan semblaient alors débuter.

La période post-industrielle : entre croissance spatiale et régénération urbaine

Victimes de la première vague de déplacement des activités portuaires, la section sud-est du front d'eau de Manhattan a été la première à connaître des interventions urbanistiques visant à redéfinir et à restructurer son tissu urbain, par vagues successives. Dès les années 1893, une mise en chantier des terrains industriels désaffectés du secteur de Corlears Hook a été entamée afin de construire un parc riverain destiné aux résidants du *Lower East Side*. Teintée par la politique de « *slum clearance* » de l'administration municipale, une large opération de remblaiement a ensuite été lancée dans l'*East River* en 1930 dans l'optique de prolonger le parc existant vers le nord jusqu'à 12th Street en y installant des équipements sportifs de proximité, mais aussi d'accueillir un boulevard urbain d'envergure. « *As a result of the construction of the East River Drive and the Parks, the Park Department and the President of the Borough of Manhattan have reclaimed an historic waterfront and opened a new era for the eastern shore of Manhattan* » (New York City Department of Parks, 1941, p. 3).

Ironiquement, des portions entières du *East River Park* furent retranchées peu de temps après son inauguration en 1939, soit lors de la transformation du boulevard en voie rapide isolée et surélevée dans certaines portions – la *Franklin Delano Roosevelt (F.D.R.) Drive* – entre 1948 et 1966 et du prolongement de *South Street* vers le nord (City of New York, 2015b; NYC Parks, 2017). À bien des égards, cette opération d'expansion urbaine n'aura largement profité qu'à la fonction de transit. L'enclavement du parc, jumelé aux importantes coupures budgétaires en matière d'entretien, ont en effet graduellement déclassé l'espace nouvellement conquis sur la rivière, jusqu'à ce qu'une opération de remise en valeur soit lancée au cours des années 2000 (Gastil, 2002).

Si la ville a longtemps tourné le dos à ses rivières par la présence de structures industrialo-portuaires lourdes ou d'autoroutes surélevées, une logique inverse tend à prendre forme depuis la seconde moitié du siècle dernier. Le front d'eau, qui avait été jusqu'ici une enclave largement isolée, allait passer à l'avant-scène du paysage urbain. L'idée de continuité de la ville sur le front d'eau marque à ce titre le discours urbanistique entériné au sein des plans de réaménagement du *Lower Manhattan* de 1966. Le projet urbanistique de *South Street Seaport* incarne pour la première fois ce principe de désenclavement.

Berceau économique de la ville par ses activités portuaires et commerciales, le secteur de *South Street Seaport* regorge d'immeubles de grande valeur architecturale et patrimoniale. Dès 1967, une proposition à l'effet de consolider et revitaliser cette zone en mariant plusieurs fonctions urbaines allait émerger. Quelques édifices témoins de l'architecture commerciale du XIXe siècle ont ainsi été réhabilités afin d'accueillir un musée, des commerces et des restaurants à thématique maritime, le tout dans l'idée de réanimer l'histoire du lieu. À cette opération de réhabilitation du cadre bâti s'est néanmoins rapidement succédée une logique de rénovation urbaine. Cédés à des intérêts privés, certains morceaux de patrimoine ont ainsi été remaniés, voire même rasés au profit d'une logique de commercialisation et de mise en tourisme intensive de l'espace, dont le paroxysme a pu être atteint par l'érection d'un centre commercial de trois étages sur l'un des quais du secteur. Forte d'un relatif succès commercial, cette logique de régénération urbaine cèdera néanmoins le pas à un processus historique bien rodé. C'est le retour des grands travaux sur l'eau.

Le développement d'une excroissance urbaine ou la conquête d'une nouvelle frontière

La pointe sud de l'île de Manhattan a été particulièrement affectée par les activités de remblaiement en raison de sa localisation stratégique, mais aussi d'un substrat rocheux peu profond contrairement à la portion nord de l'île – le substrat rocheux de ce secteur se situe à 38 mètres, tandis que celui de la pointe sud ne se situe qu'à neuf mètres (Shipler, 1971). Après 30 ans de stagnation, la rhétorique de la conquête sur l'eau fera un retour en force, en revêtant cette fois-ci une forme nouvelle. La verticalité du bâti urbain gagnera en effet sur la trame largement horizontale qu'avait laissé en héritage la période industrielle.

L'un des projets qui illustre ce nouveau référentiel est le développement de *Battery Park City,* où une emprise artificielle de 37 hectares a été fabriquée face au rivage de l'État du New Jersey (Gastil, 2002). Cette nouvelle surface vierge destinée à générer une nouvelle production foncière a été réalisée en plusieurs phases. En 1968, le remblaiement des quais est commencé. Des sections supplémentaires sont adjointes en 1973 et 1974 à l'aide de matériaux provenant de l'excavation des tours jumelles du tout nouveau World Trade Center. Freinée par le ralentissement économique des années 1970-1980, la première phase de construction résidentielle a pris place en 1984, tandis que le projet dans son ensemble n'a été complété qu'une décennie plus tard. Cette excroissance urbaine, projetée à l'avant-scène de la ville et plombant un décor maritime, forme aujourd'hui un espace agglomérant des tours qui percent l'horizon. Ce développement a littéralement mené à la construction d'une ville dans la ville existante, une véritable entité en soi. *Battery Park City* serait par ailleurs devenu, selon Gastil (2002), l'emblème de la redécouverte du front d'eau en permettant à New York de reconstruire son identité de ville riveraine.

Par delà l'ensemble des phases de développement des époques pré-industrielle, industrielle et post-industrielle, un principe commun peut être décelé et ce, en dépit du caractère protéiforme des différents états physiques du front d'eau à travers les âges : la ville s'est imposée à son site naturel. Comme si le front d'eau n'était qu'une nouvelle frontière urbaine conventionnelle à conquérir par de nouvelles fonctions, un morceau de ville à maîtriser comme les autres, à déconnecter du système naturel et de sa perméabilité spatiale avec l'eau. Indifférents à la topographie et à la géographie du site, ces différentes séquences ont mené à la dénaturalisation presque complète du front d'eau de Manhattan. L'adoption, en 1972, du *Federal Clean Water Act*, a néanmoins contribué à atténuer les ravages de l'occupation urbaine sur les rivières.

La destruction et l'épuisement des marais, des marécages et des zones humides, d'ampleur similaire à l'échelle des États-Unis, a inspiré la promulgation d'une législation ferme à l'effet de protéger les milieux naturels. Parmi l'ensemble des moyens mis en œuvre figure l'interdiction de remblayer les berges. Si cette mesure a affecté les développements riverains à travers la nation, elle a particulièrement bouleversé ceux de la ville de New York, dans la mesure où, depuis plus de 300 ans, des terrains ont été gagnés sur les rivières et transformés en superficies exploitables. Des projets comme *Battery Park City* ne peuvent aujourd'hui voir le jour que si une forme alternative de construction soit trouvée. Ce bannissement a néanmoins mené à des opérations de contournement du cadre juridique permettant la poursuite de la conquête urbaine des rivières. Des pieux, auparavant enfouis dans les matériaux de remblais jusqu'au substrat rocheux pour soutenir les immeubles de grande hauteur, sont dès lors tout simplement mis à nu afin de soutenir une plateforme permanente (Lueck, 1989; Bone, 2004). Cela étant dit, bien que ce détournement habile justifie encore aujourd'hui des projets d'aménagement sur l'eau, il apparaît clair que le passage de l'ouragan Sandy a contribué à bouleverser les modes de développement du front d'eau en mettant en lumière un renversement de perceptions et de réflexes aménagistes fort intéressants.

L'ouragan Sandy: entre révélateur de vulnérabilités urbaines et catalyseur de transformation de l'espace

Le 29 octobre 2012, l'ouragan Sandy atteignait la côte est des États-Unis et ravageait la ville de New York, laissant derrière elle 43 morts. La combinaison des vagues, des pluies torrentielles et des vents violents entraîna l'inondation des tunnels de métro, la destruction de nombreux bâtiments et habitations, une panne du réseau électrique et la paralysie des principaux axes de transport, du réseau de transport public, tout comme celle des activités de *Wall Street*. 132 km^2 de terres ont été inondées, soit 17% de la superficie totale de la ville, et des niveaux d'eau allant de 0,7 mètre à 1,4 mètre ont été enregistrés sur la pointe sud de Manhattan (Blake et al., 2013). Le passage de l'ouragan a également eu un impact financier majeur, dans la mesure où le coût total des dommages engendrés à la ville de New York a été estimé à 19 milliards de dollars US et à plus de 50 milliards à l'échelle des États-Unis (PlaNYC, 2013).

L'ouragan Sandy est ainsi apparu comme le déclencheur d'une prise de conscience soudaine de l'exposition de la ville à des évènements climatiques de grande ampleur. Leidner (2014) souligne à ce titre que « *before Hurricane Sandy, the threat of flooding caused by a massive storm was regarded as an unlikely possibility. Parts of the city had been flooded before, but the city always bounced back quickly and was never severely inundated* » (p. 44). Bien que la ville de New York ait en effet connu par le passé plusieurs épisodes de tempêtes extrêmes qui ont provoqué des inondations considérables à l'échelle de la ville[1], l'ampleur des dégâts causés par l'ouragan Sandy a mis en relief de manière prononcée la vulnérabilité de ses 750 kilomètres de rivages et a ainsi justifié une urgence d'agir.

En 2013, le gouvernement américain lança le concours « *Rebuild by Design* » en vue de rendre les zones inondables des états de New York, du New Jersey et du Connecticut résilientes aux impacts du changement climatique. Des 150 candidatures, dix équipes finalistes ont été retenues par le jury afin d'entamer une démarche de planification et de conception concertée, vouée à transformer la morphologie des territoires sinistrés. Du nombre, le cabinet danois BIG et son projet de la *Dryline* s'est vu octroyé la responsabilité de reconfigurer la pointe sud de l'île de Manhattan avec des

---

[1] On pense entre autres au passage du *Great Hurricane* en 1821, d'un ouragan de catégorie deux en 1892, du *Long Island Express* en 1938, de l'ouragan Donna en 1960, de l'ouragan Agnès en 1972, de l'ouragan Belle en 1976, de l'ouragan Gloria en 1985, d'une tempête majeure en décembre 1992 (Tidwell, 2006), de l'ouragan Bertha en 1996, de l'ouragan Isabel en 2003, de l'ouragan Ernesto en 2006 et des ouragans Lee et Irène en 2011 (PlaNYC, 2013; Leidner, 2014).

aménagements plus adaptés à la montée actuelle des eaux et au risque inhérent de débordement des eaux de tempête[2]. Henk Ovink, directeur du concours, mentionne à ce titre que « *Rebuild by Design is not about making a plan, but about changing a culture* » (Rebuild by Design, 2015, p. 10). L'interférence grandissante entre les composantes urbaines et naturelles conduit en effet à composer avec les risques et à transformer cette contrainte en opportunité pour penser de nouvelles formes d'aménagement plus sensibles à l'interface ville/eau. Le début d'une nouvelle ère semble ainsi s'ouvrir, ancrée dans une nouvelle culture de littoralité urbaine.

La mise en œuvre de la « *Dryline* » ou l'émergence d'une rupture morphologique : de la continuité urbaine vers la continuité naturelle

Le développement de la *Dryline* mettra fin à une longue tradition de conquête sur la *Hudson River* et la *East River,* au point où une démarche inverse sera priorisée : la recomposition du front d'eau de Manhattan à travers une symbiose et un dialogue entre l'eau et le cadre bâti. D'objet de conquête, l'eau et son littoral deviennent ainsi, par le truchement de ce grand projet, objet structurant et résilient dans l'espace urbain. Ce basculement idéologique aura pour effet de remodeler la morphologie du front d'eau par l'invention et la mise sur pied de nouvelles formes urbaines hybrides, imaginées et conçues au regard du caractère des quartiers d'insertion et des enjeux qui s'y dessinent – les enjeux étant ici de nature topographique, physico-spatiale, mais aussi socio-économique. Agissant à titre de système de protection intégré, la *Dryline* se déploiera au sein du tissu urbain d'une série de quartiers au moyen d'une séquence de mesures adaptatives. Cinq compartiments d'échelles spatio-temporelles d'implantation et de mise en œuvre variables, eux-mêmes intégrés au sein de deux grands segments d'intervention – *East Side Coastal Resiliency (ESCR) Project* et *Lower Manhattan Coastal Resiliency (LMCR) Project* – seront déployés (voir figure 2).

En plus de protéger la ville en dotant le front d'eau d'aménagements capables de supporter les épisodes d'inondation, cette infrastructure se doublera d'une programmation urbaine au bénéfice de la population. Inspiré de la *High Line* – une ligne ferroviaire aérienne reconvertie en promenade urbaine – la *Dryline* conjuguera de manière habile infrastructure de protection et réactivation de l'espace public en agissant à titre d'équipement de loisir à grande échelle. Par-delà ces ambitions, la mise en œuvre de ce grand projet urbain participera enfin à la

---

[2] Hormis la « *Dryline* », les projets « *Living with the Bay* », « *Hunts Point Lifeline* » et « *Living Breakwater* » ont respectivement été développés pour les arrondissements du Queens, du Bronx et de Staten Island.

(re)production symbolique d'une image de marque quelque peu ébranlée par la catastrophe d'octobre 2012, visant le renforcement du rayonnement mondial de la ville. En plus de perpétuer la reconnaissance de son statut de « ville globale » (City of New York, 2015d), cette opération spectaculaire permettra de répondre au désir de l'administration municipale de faire de son territoire « *a global leader in climate adaptation* » (City of New York, 2018).

Figure 2. Localisation des segments d'intervention

Des cinq compartiments, trois visent précisément à reconfigurer la morphologie caractéristique des modèles de reconquête urbaine identifiés dans la littérature scientifique.

La recomposition du *John V. Lindsay East River Park* : entre recyclage et déformation topographique

La première section de la *Dryline* prend place au cœur du *John V. Lindsay East River Park*. Caractérisé par un vaste chapelet d'espaces publics et d'équipements sportifs de proximité, ce parc est emblématique du paysage instauré par les politiques successives de la Ville en matière de parcs, de mobilité active et d'accès public aux berges (New York City Department of

Parks, 1941; New York City Department of Planning, 1992; City of New York, 2002; New York City Department of Planning, 2011). Initialement conçu par Robert Moses[3] afin d'accommoder la population du *East Village* et du *Lower East Side,* le parc en décrépitude subit une cure de rajeunissement au cours des années 2000 sous l'administration Bloomberg. La vocation sportivo-récréative a, dans un premier temps, pu être consolidée par la remise à niveau des terrains de sport et de l'amphithéâtre existants et l'adjonction de nouveaux équipements. Des terrains de football, de baseball, de soccer, de tennis et basketball, des pistes de course et des modules de jeux parsèment ainsi cet espace de 223 000 m^2. L'extrémité orientale du *John V. Lindsay East River Park* accueille quant à elle une esplanade qui complète le réseau du *Waterfront Greenway* de Manhattan, un parc linéaire continu de 51 kilomètres longeant les berges de l'île. Une voie partagée permettant aux piétons et aux vélos de transiter aisément vers les quartiers riverains assure ainsi, depuis 2015, une continuité longitudinale sur un axe nord-sud.

Une troisième phase de transformation verra le jour au cours de l'année 2019 par la mise sur pied du *East River Resiliency Project*. Les objectifs de ce projet sont multiples : protéger la ville des risques d'inondation; maintenir les usages récréatifs existants; renforcer les connexions et l'accès au *John V. Lindsay East River Park*; rehausser la qualité des espaces ouverts et l'intégrité écologique du parc (City of New York, 2015a). Bien que ce projet n'implique pas de remembrement drastique de l'espace dans la mesure où le parc lui-même demeure un espace ouvert, vierge ou presque de constructions, il propose néanmoins de nouvelles morphologies, qui auront pour effet d'établir une typologie de parc jusqu'ici absente de l'infrastructure actuelle de parcs et espaces verts de la ville.

L'essence du projet consiste en la création d'une berme naturelle vallonnée reposant sur un mur de soutènement de 2,5 mètres érigé en façade des voies de circulation rapides existantes. Descendant en pente douce vers l'eau, cette berme inclinée superposera ainsi un volume non négligeable à la morphologie actuelle du site par déformation topographique. Le « *terracing* » est d'ailleurs au cœur du concept d'architecture de paysage. Mobilisée afin de stabiliser le sol lorsque les dénivelés sont supérieurs à 1:3, cette idée de terrain étagé ondulant en pente douce à travers les installations existantes en créant des poches, des terrasses et des amphithéâtres verts offre ainsi un nouveau découpage de l'espace par l'adjonction d'espaces passifs. La géométrie variable des talus créera en ce

---

[3] Robert Moses est un urbaniste américain ayant œuvré et exercé une influence majeure au sein de la Ville de New York entre les années 1930 et 1970. Figure emblématique et controversée de la modernisation de la ville, il est à l'origine de grands travaux d'infrastructures routières et de la mise sur pied d'un réseau de parcs municipaux encore aujourd'hui inscrits au sein du paysage new-yorkais.

sens de nouvelles possibilités d'usage, tout en offrant de nouvelles perspectives pour l'arrière du parc. L'élévation ponctuelle du parc, qui atteint un niveau a priori non immersible de 4,8 mètres au-dessus du niveau de la *East River* à son point le plus élevé, contribuera néanmoins à la suppression de certaines de ses composantes, bien que la berme prenne majoritairement forme au pourtour des équipements sportifs existants.

En dépit de l'apposition d'un volume paysager considérable, les vides urbains continueront de rythmer l'espace. Ces derniers rempliront désormais une double fonction en agissant à titre d'espace sportivo-récréatif d'une part et de zone tampon d'autre part. Entre fonctions urbaines et fonctions naturelles, ce nouveau paysage terrassé permettra de réactiver l'espace public par le réinvestissement des espaces passifs, tout en ayant pour effet d'augmenter la résilience du parc par le truchement d'arbres et de plantations tolérants à l'eau salée. Perméable, la berme permettra l'absorption de l'eau lors d'une tempête, tandis que le mur de protection permettra quant à lui de rendre la ville étanche. La porosité sera en ce sens admise, mais maîtrisée.

Si le mur de soutènement contribuera à former un véritable rempart dominant la *F.D.R. Drive*, cet effet d'enclavement sera diminué par la recomposition de quatre structures aériennes d'accès qui permettra de raccorder de manière plus organique le parc à ses quartiers d'insertion. Du côté de la ville, un élargissement de l'approche des ponts surélevés sera préconisé, tandis que du côté du parc, les accès prendront la forme de coulées vertes. Un dialogue entre la ville et l'eau sera ainsi créé ponctuellement.

Le parc étendra par ailleurs son emprise spatiale vers le sud, soit vers le *Pier 42*, en poursuivant sensiblement un concept similaire au « *terracing* ». Les surfaces minéralisées, pour la plupart abandonnées, se transformeront en milieux naturels et en espaces de jeu et de déambulation, tandis que l'entrepôt existant fera place à un espace de restauration de l'écosystème naturel, voué à recréer les conditions originelles du secteur. Une brèche sera ainsi ouverte au sein de la structure du quai afin de faire place à un marais qui agira à titre d'espaces de stockage des eaux de tempête par sa capacité d'absorption.

En somme, ce segment de la *Dryline* vise à restituer, d'une certaine manière, la morphologie naturelle de la section est de l'île par le truchement de zones d'expansion des eaux aménagées en parc urbain. Devenu un espace flexible et adaptable, le parc permet en effet d'accommoder temporairement la présence naturelle de l'eau, tout en conservant ses fonctions urbaines en l'absence d'épisodes d'inondation. Cette symbiose entre l'urbain et le naturel ne s'étend toutefois pas de manière uniforme à l'ensemble du front d'eau, les autres segments proposant quant à eux une approche plus nuancée.

La création d'un corridor de protection multifonctionnel à *South Street Seaport*

Le deuxième compartiment de la *Dryline* vise à reconfigurer le *Financial District*, dont *South Street Seaport* fait partie. Destination touristique de premier plan à l'échelle de la ville, ce secteur historique subit une transformation notable de son espace depuis quelques années déjà sous l'impulsion de plusieurs interventions. Supporté par l'agence de développement économique de la Ville, un développeur du nom de Howard Hughes impose un nouvel agenda de développement ancré dans une logique post-touristique. Si des édifices à vocation résidentielle se sont ajoutés au cadre bâti existant, des aménagements éphémères destinés à drainer à nouveau les new-yorkais vers le front d'eau ont quant à eux eu pour effet de réactiver deux artères majeures du secteur, à savoir *Water* et *Fulton Streets* (NYCEDC, 2014). Parallèlement au développement de ces espaces publics privatisés, la *New York City Economic Development Corporation* (NYCEDC), le *Department of City Planning*, le *Department of Transportation* et le *Department of Parks and Recreation*, assistés par le cabinet *SHoP Architects*, ont quant à eux recomposé la morphologie de l'esplanade riveraine par une séquence de transformations entamées en 2004 (City of New York, 2004). L'esplanade a notamment été considérablement élargie pour prendre d'assaut l'espace localisé sous le tablier de l'autoroute surélevée. La mise sur pied d'équipements publics sportifs et récréatifs comme des terrains de basketball et de pétanque, des équipements d'entraînement, ou encore un parc à chien, a ainsi participé à la réappropriation citoyenne de l'espace, tout en assurant la connectivité avec le quartier d'insertion par la reconversion d'un espace largement sous-exploité. L'ajout de mobilier urbain en bordure de la *East River* a quant à lui permis de rehausser l'expérience piétonne.

Les réflexions entourant le *Lower Manhattan Coastal Resiliency Project* contribuent à leur tour à repenser ces espaces récemment inaugurés afin de considérer les risques climatiques. Point central à l'ensemble des actions envisagées est l'idée d'ériger un corridor de protection multifonctionnel intégré au tissu urbain existant afin de rendre la ville étanche à l'eau. Multiforme, ce corridor impliquera l'inclusion d'éléments fixes et éphémères au sein des passages et des espaces résiduels libres de toutes constructions, majoritairement localisés sous le pallier de l'autoroute surélevée parallèle à *South Street*. On y prévoit dans un premier temps l'implantation de pavillons commerciaux et récréatifs conçus de manière à résister à l'invasion des eaux de tempête par le biais d'un basilaire renforcé, à l'instar du *Industry Kitchen* inauguré en 2015. Cette nouvelle typologie architecturale incarne une protection verticale capable de résister à des niveaux d'eau allant de 3,6 à 4,8 mètres grâce à la présence de larges baies vitrées renforcées, jetant ainsi les bases d'une nouvelle culture architecturale spécifique aux zones inondables. Des vannes mécaniques et coulissantes intégrés aux nouveaux pavillons pourront être actionnées et déployées en cas de crise et ainsi offrir une barrière de protection aux différents interstices, sans pour autant bloquer la circulation et les corridors visuels vers le front d'eau au niveau de la rue. Un certain nombre d'espaces résiduels seront par ailleurs remodelés en vue de mettre sur pied des plateaux au sein duquel seront intégrés des structures de protection ascendantes.

En somme, la reconfiguration de l'espace localisé sous le palier de l'autoroute contribuera au prolongement de tissu urbain vers la *East River*. Le changement morphologique résidera dans l'adjonction d'un cadre bâti à la fois résistant et résilient, puis dans la superposition de structures rigides mobiles et temporaires qui, combinés, créeront une ramification horizontale de protection permettant de conserver la trame des rues, des îlots, des lots et du cadre bâti historique de *South Street Seaport*. Le corridor ainsi imaginé deviendra quant à lui flexible, réversible et adaptable au gré des perturbations et assurera la poursuite des usages en amont lors d'un évènement extrême. Bien que cette multifonctionnalité simultanée annule le conflit entre protection et fonctions urbaines, ce type de structure, largement artificielle, limite de manière importante l'osmose entre l'urbain et le naturel en érigeant une frontière physique entre la ville et l'eau qui agira à titre d'élément de rupture dans le paysage. Le comblement d'un certain nombre de vides sous la *F.D.R. Drive* par le truchement d'un front bâti aligné de même gabarit accentuera par ailleurs de manière notable la fracture que constitue l'autoroute surélevée dans le tissu urbain.

Bien que le *Pier 17* et les édifices qui le composent constituent une masse volumétrique d'importance localisée devant le corridor de protection multifonctionnel actuellement en cours de réflexion, la transformation morphologique de leurs structures en a été dissociée et exclue en raison de baux les rattachant à des tiers (Arcadis, 2014). Des interventions ont néanmoins été amorcées. Largement endommagé par le passage de l'ouragan Sandy, le centre commercial a notamment été démoli et reconstruit sur son empreinte originelle. Si le design architectural retenu rappelle l'héritage industriel du secteur, il évoque également l'histoire plus récente du secteur en s'adaptant à la survenue d'une onde de tempête. Un penthouse mécanique a d'abord été érigé, bien que la plate-forme surélevée sur laquelle réside la structure soit localisée à un mètre au-dessus de la zone de crue centenaire (City Planning Commission, 2013). L'insertion de gigantesques portes de verre descendantes vouées à sceller les niveaux inférieurs du complexe offre ensuite une protection contre l'invasion graduelle ou soudaine des eaux. Cette étanchéité offre néanmoins une perméabilité visuelle intéressante grâce à la transparence de vitrines (ShoP Architects, 2018). Le rapport à l'eau est par ailleurs accentué par l'aménagement d'un espace évènementiel flexible et ouvert sur le toit de la structure commerciale.

Battery Park City ou la résilience naturelle et artificielle d'une excroissance urbaine

Le troisième compartiment de la *Dryline* prend place au sein de *Battery Park City,* un quartier conquis sur la rivière Hudson à l'extrémité sud-ouest de l'île. C'est à l'image d'une ville nouvelle que *Battery Park City* a été édifié. Modelé à partir d'un ensemble de principes et de directives en matière de design urbain destinés à régir sa morphologie et son expression architecturale (Russel, 1994), ce quartier a été pensé à la manière d'une extension du *Lower Manhattan* destinée à absorber une pression urbaine grandissante. Un prolongement de l'échelle de la trame urbaine – la grille de rue, son orientation et le lotissement ont été reproduit dans la portion nord du quartier – peut à ce titre être observé, dans lequel s'insère un complexe de bureaux central, flanqué de part et d'autre par deux grands ensembles résidentiels s'étendant au sud jusqu'à *The Battery*, et au nord jusqu'à *Chambers Street.* La mixité fonctionnelle de ce quartier en fait ainsi un milieu de vie à part entière. Si le tissu urbain demeure encore aujourd'hui le témoin de cette vision de développement, la superposition d'une nouvelle idéologie spatiale tendra à exercer un renversement notable de perspective.

Les efforts déployés pour la reconfiguration de *Battery Park City* s'articulent autour d'un double processus de planification. Compte tenu d'un déficit de financement, une agence étatique ayant le pouvoir d'émettre des obligations est entrée en scène. Créée en 1968 en vertu des lois de l'État de New York afin de financer, développer, construire, entretenir et exploiter un projet de développement mixte sur ce site, la *Battery Park City Authority* a initié un processus de planification destiné à mettre en œuvre un agenda de redéveloppement compatible avec les risques climatiques, s'alignant ainsi aux objectifs du *Lower Manhattan Coastal Resiliency Project*.

Six ans après la catastrophe, la transformation urbanistique et architecturale de ce quartier a été engagée : les équipements électriques de plusieurs édifices ont été relocalisés en hauteur; les terrains sportifs ont été restaurés; le *Harbor House* – un édifice historique localisé à la limite méridionale du quartier – a été réhabilitée de manière à rendre son sous-sol perméable et ainsi réduire la pression hydrostatique liée à une invasion des eaux; l'éclairage de rue a été mise à niveau de manière à ce que les structures soient résistantes à l'eau. Complété par d'autres interventions majeures au cours des prochaines années, ce compartiment partagera éventuellement des principes communs aux deux précédents.

Un réseau ramifié de barrières à la fois permanentes et temporaires sera dans un premier temps intégré à la forme urbaine existante. Une ligne de protection fixe et sinueuse d'une hauteur de cinq mètres ponctuée de barrières camouflées dans le sol suivra le tracé de rue et les différents lots situés à la frange ouest du quartier. L'esplanade longeant le quartier sur un axe nord-sud, tout comme les parcs riverains qui clôturent les limites septentrionale et méridionale du quartier pourront ainsi être inondés sans dommages, tandis que le cœur de *Battery Park City* sera gardé au sec en temps de crise. Cela étant dit, si les barrières rétractables permettront de conserver des corridors visuels et physiques assurant le passage vers la rivière Hudson en l'absence de conditions climatiques extrêmes, les structures fixes et imposantes contribueront à créer une véritable coupure spatiale, voire une ligne de fracture très nette entre la ville et l'eau.

Particulièrement vulnérables à l'invasion des eaux, ces mêmes extrémités connaîtront un traitement particulier. La voirie de la section nord sera dans un premier rehaussé, de sorte que les voies de circulation puissent conserver leur fonction de transit en périodes d'inondation, tout en agissant à titre de protection intégrée de par leur élévation. Les basilaires des édifices seront ensuite remodelés de manière à être hermétiques à l'eau, tandis que des barrières de protection fixes et éphémères érigées sur les rues Warren, West et Murray entoureront les plateaux sportifs. Finalement, si le parc Rockefeller conservera sensiblement la même forme, celle du parc Wagner sera, à l'instar du *East River Park*, considérablement reconfiguré et de nouvelles morphologies seront proposées.

L'idée de berme naturelle sera reprise pour le parc Wagner. La pente du terrain, actuellement quasi absente, sera rehaussée de manière à ce que le parc puisse accueillir les eaux excédentaires en période d'inondation, sans pour autant atteindre la voirie méridionale de *Battery Park City* grâce à un dénivellement de cinq mètres. Pour ce faire, la forme et les caractéristiques architecturales du pavillon existant seront considérablement repensées. Actuellement scindé en deux sections, le cadre bâti sera ramifié afin de créer une protection continue sur laquelle s'appuiera la berme naturelle inclinée vers la rivière Hudson. Si ce dernier reprend une typologie architecturale semblable aux pavillons de *South Street Seaport* par sa réversibilité, l'insertion d'un réservoir de rétention des eaux de tempête sous le rez-de-chaussée en fait un élément distinctif notable. De part et d'autre du pavillon seront apposées des colonnes permanentes destinées à soutenir des barrières de protection ascendantes camouflées dans le sol pouvant être déployées de cas de tempête. Ces barrières éphémères assurent ainsi un accès optimal au parc, tout comme les corridors visuels lorsque rétractées.

Hormis les changements topographiques mentionnés précédemment, l'emprise spatiale du parc sera accentuée et un nouvel espace segmenté en différentes sections verra le jour. Une portion de l'aire gazonnée actuelle fera ainsi place à un secteur boisé, à un pré salé, puis à une zone humide se prolongeant graduellement dans l'Hudson River. La nouvelle morphologie proposée répond à une idée de « renaturalisation » du front d'eau, les conditions naturelles originelles du site agissant à titre de bassins de rétention naturels. La reconfiguration globale du parc contribuera ainsi à supprimer 770 m^2 de surfaces minérales et à diminuer l'empreinte du cadre bâti de 158 m^2, pour plutôt augmenter les surfaces perméables de 232 m^2 et favoriser l'implantation de 891 m^2 de zones humides. L'ajout d'une passerelle surélevée transitant au-dessus de la zone humide nouvellement créée jusqu'au *Pier A* permettra non seulement une liaison directe entre l'esplanade du parc Wagner et la plaza de la jetée, mais aussi une expérience immersive pour les usagers.

Vers une redéfinition du rapport de la ville au littoral : les prémisses d'un nouveau modèle de reconquête urbaine

Les cours d'eau entourant l'île de Manhattan sont constitutifs de son code génétique, ils participent à l'évolution des territoires qu'ils circonscrivent. Perçue en quelque sorte comme le sixième arrondissement de la ville (NYC Planning Department, 2011), cette masse d'eau a en effet historiquement façonné l'identité de Manhattan et modelé son paysage au fil du temps. Si la morphologie des pourtours de l'île a été largement définie par la nature des activités portuaires qui prenaient place sur la *Hudson* et la *East Rivers* au cours de la période industrielle, l'influence des rivières sur la forme urbaine du front d'eau a plutôt été oblitérée dans la phase post-industrielle. Provenant davantage de « l'intérieur » de l'île, les activités touristiques, commerciales, tertiaires et récréatives caractéristiques de cette période ont plutôt mené à la conquête ou à la reconquête de nouvelles frontières urbaines, où l'eau a été exploitée comme aménité visuelle et fond de décor scénique.

Le contexte actuel de changement climatique remet depuis peu en question cette rhétorique de continuité et d'expansion urbaines, dans la mesure où l'eau tend à s'inviter d'elle-même dans l'espace urbain sans nécessairement y avoir été conviée, dans le but ultime de reprendre ses droits en quelque sorte. Un renversement d'influence s'exerce, au point de faire contrepoids au front d'urbanisation. L'eau, un élément historiquement très fort, s'affirme de nouveau et se voit réattribué son caractère structurant au sein de la forme urbaine du front d'eau de Manhattan d'une manière inusitée. Une morphologie alternative en phase avec l'atteinte d'un idéal de ville résiliente se dessine et permet de renouer les liens avec un fait géographique à l'origine même de la fondation de la ville. Un dialogue approfondi s'installe à nouveau. La redécouverte et la réintroduction contrôlée de l'eau dans la ville participe dans une certaine mesure à la réactualisation de son identité.

La mise sur pied d'un système de protection intégré restructurera le tissu urbain existant en laissant pénétrer de manière contrôlée l'eau sur le front d'eau de Manhattan. Les trois compartiments présentés dans le cadre de ce chapitre illustrent différentes approches qui prendront la forme de configurations spatiales, urbanistiques et architecturales diverses, favorisant chacune un rapport renouvelé à l'eau. Différents degrés d'imbrication entre la ville et l'eau peuvent à ce titre être décelés. Le *John V. Lindsay East River Park* et le *Wagner Park* témoignent pour leur part d'une symbiose entre l'urbain et le naturel par la création de formes urbaines hybrides et métissées. La réhabilitation de la nature dans l'espace urbain par le truchement de marais, marécages et autres zones humides laisse lentement place à des fonctions plus urbaines au fil de l'ascendance topographique du terrain. Cette hybridation entre la ville et la nature se distingue des autres sections du front d'eau, où l'apposition de structures de protection permanentes ou temporaires au sein du tissu urbain existant limite considérablement cette idée de continuité naturelle des eaux et renforce l'horizontalité du front d'eau en le ceinturant.

Au-delà de cette variété morphologique, la configuration physique projetée des compartiments fait ressortir un dénominateur commun à cette diversité. Pensée comme la matière première du projet, l'eau fait partie intégrante de la forme urbaine. Plus qu'une ligne de séparation, le front d'eau s'épaissit, se dilate, pour devenir une interface où se confondent les limites urbaines et naturelles. Ce paysage multifonctionnel devient ainsi un espace à part entière se distinguant du reste de la ville en accommodant la nature et la ville à divers degrés d'intensité et de manière simultanée. Le remodelage morphologique qui s'exerce, en interpellant davantage les éléments en trois dimensions – cadre bâti, éléments architecturaux, mobilier urbain, végétation, entre autres. – aux dépends des éléments en deux dimensions comme les îlots, le cadastre, le parcellaire et la grille de rue, devient plus visible, tangible, lisible. Ces formes s'enchaînent ainsi en un langage qui participe à la diffusion d'un nouvel idéal urbain en phase avec l'émergence d'une véritable ville résiliente, avec une image du front d'eau de Manhattan qui semble véritablement se renouveler. Apparaît ainsi un investissement de sens nouveau à travers une telle configuration physique. Les compartiments décrits précédemment sont la manifestation d'une durabilité, d'une vision innovatrice, évolutive, en chantier permanent.

La recomposition des trois modèles de reconquête urbaine par le truchement de la *Dryline* fait aussi émerger les prémisses d'une nouvelle génération de fronts d'eau urbains par la rupture morphologique qui l'alimente. Les risques climatiques, en brouillant les frontières entre la ville et l'eau, contribuent en effet à la refonte des référentiels en matière d'aménagement et d'urbanisme en impliquant l'entrée d'une nouvelle logique d'interface ville/eau. Les nouvelles configurations physiques qui en émanent participent à la redéfinition des rapports entre la ville et son littoral et donc à l'émergence d'une nouvelle littoralité urbaine.

Deuxième partie

Les formes d'adaptation dans certaines villes

Chapitre 5

Adaptation des villes au changement climatique, le génie ancestral à la rescousse, cas des inondations de la Vallée du M'zab, Algérie

Introduction

Cette contribution s'insère dans une suite logique du débat autour des effets attendus du changement climatique sur le mode de vie des individus à travers le monde. La production de l'espace oasien en Algérie comme ailleurs, est un exemple édifiant de ce que le géni humain a pu offrir comme moyens d'adaptation aux conditions naturelles des plus extrêmes. Dans ce contexte, l'étude du cas des inondations du 01/10/2008, survenues dans la Vallée du M'Zab, située à 600 km au sud d'Alger, est un bon exemple de l'impact néfaste de la transgression du milieu naturel et du patrimoine culturel et architectural ancestral sue la société humaine d'aujourd'hui. En effet, le mercredi 1er octobre 2008, des pluies diluviennes se sont abattues sur les Hauts-Plateaux entraînant une crue exceptionnelle des oueds. Ces cours d'eau se sont déversés dans l'Oued M'zab dont le niveau a atteint 8 mètres de hauteur par endroits. Le bilan des pertes humaines s'est élevé à 33 morts et 50 blessés, près de 600 logements endommagés, des routes coupées et des infrastructures lourdement touchées. Ces inondations ont également causé des dégâts aux surfaces agricoles et au cheptel ovin. Huit communes sur les 13 que compte la wilaya (Ghardaïa, Bounoura, El-Atef, Daia Ben Dahoua, Guerarra, Bérianne, Metlili et Sebseb) ont été touchées par ces intempéries, a précisé le wali (http://www.algeria.com/). Cette catastrophe nous interpelle sur la nécessité de trouver un terrain d'entente entre la modernité et la tradition. D'ailleurs, c'est grâce à cette cohabitation intelligente, que les villes de « l'archipel » urbain de la vallée dont la fondation remonte au Xème siècle ont pu survivre et prospérer. C'est depuis que l'urbanisation de la vallée « ne se fait plus selon le schéma historique connu par son occupation rationnelle et cohérente de l'espace » (Md CHERIF ADAD, M. TOUFIK MAZOUZ, 2013) que la catastrophe ait lieu. L'intervention autoritaire de l'Etat avec ses instruments d'urbanisme uniformes et standards, irrespectueux des spécificités socioculturelles locales est pour beaucoup dans les transformations nuisibles et préjudiciables au système oasien. A travers cet exemple nous essaierons d'interroger notre passé pour baliser l'avenir. Quels sont les enseignements utiles à tirer de ce passé ? Comment valoriser ce patrimoine ?

Les villes du Nord du pays ne sont-elles pas des Ghardaïa de demain ? Comment les prémunir du changement climatique menaçant ?

Le climat de la Terre est-il en train de changer ? Sans équivoque, la réponse est oui. Une série d'observations tend à confirmer cette conclusion et permet de mieux comprendre la rapidité de ces changements. C'est également sur les données tirées de ces observations que l'on se penche pour tenter de répondre à une question encore plus difficile, à savoir, quels sont les impacts de ces changements climatiques sur nos milieux?

En effet, L'Algérie de par sa situation géographique, s'inscrit dans un contexte d'instabilité particulièrement cyclo-génique qui se manifeste par des crues, des inondations et de ravinements.

Dans l'étage bioclimatique, auquel nous appartenons, nous relevons des épisodes pluvieux courts, mais intenses, irréguliers et imprévisibles; une grande variation de la température, des sols pauvres en matières organiques.

Figure 1 : Répartition des zones climatiques dans le monde

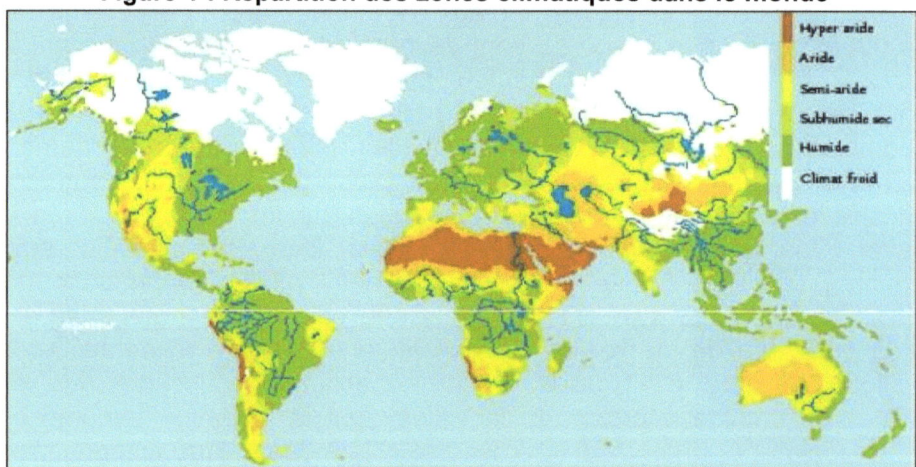

Source : Google (la climatologie.free.fr)

Aussi, selon les travaux du groupe d'experts intergouvernemental sur l'évolution du climat (GIEC), d'ici 2020, l'Algérie ferait face à une diminution de 6 à 13% de sa pluviométrie et à une augmentation de 0,8° à 1.1°C de sa température ambiante.

Ces changements auront des conséquences importantes sur les écosystèmes, sur les activités productives, sur la population, ainsi que sur les établissements humains et les espaces urbains (GIEC, 2015).

Selon ces mêmes études, les rythmes pluviométriques connaitront des changements :
- ❖ La pluie de période de retour 10 ans devient quinquennale (hausse de 20% de la pluie) ;
- ❖ La pluie de période de retour 20 ans devient décennale (hausse de 18% de la pluie) ;
- ❖ La pluie de période de retour 50 ans devient vingtennale (hausse de 15% de la pluie) ;
- ❖ La pluie de période de retour 100 ans devient cinquantenier (hausse de 13% de la pluie), (Mostefa Kara, 2008).

I- Les événements historiques qui confirment l'exposition de l'Algérie aux changements climatiques en particulier les inondations

Durant les dernières années, l'Algérie a enregistré en moyenne une catastrophe tous les deux ans susceptibles de perturber le fonctionnement de nos collectivités (Tableau 1)

Tableau 1 : Les événements historiques des inondations en Algérie

Date de l'évènement	Dégâts causés
20 octobre 1993	22 décès et 14 blessés OUEDRHIOU (à Chlef)
Octobre 1994	60 décès et des dizaines de disparus au cours de dix jours d'inondations signales dans plusieurs régions du pays
22 octobre 2000	plus de 24 décès des inondations à l'ouest algérien
10 novembre 2001	733 décès, 30 000 personnes sans-abris à Bab El Oued, Alger
1er octobre 2008	personnes sont mortes, 84 personnes ont été blessées Ghardaïa
09 octobre 2008	six décès et huit autres blessées dans la wilaya D'Aïn Defla
01 octobre 2011	11 personnes sont mortes dans la ville d'EL BAYADH

Source : Haridi, 2013.

Dans le domaine de la multiplicité de ces catastrophes naturelles, dont les évènements marquants nous rappellent toujours la confusion et les attentes du citoyen, l'Etat est interpellé à apporter, dans l'urgence, des réponses à ces situations inopinées (Photo 1).

Photo1 : Illustrations des dégâts provoqués par quelques inondations survenues en l'Algérie

Source : Algérie360.com

En effet, Il y'a lieu de s'inquiéter, car chez nous, ce phénomène demeure menaçant et mérite d'être pris au sérieux, surtout, si l'urbanisation se poursuit selon les modes et les rythmes actuels, un accroissement rapide de la population manifestement inappropriés, contribuera forcément à augmenter la vulnérabilité du site au risque d'inondation.

Devant cette évidence, tout en considérant les incertitudes, plusieurs scénarios sont possibles :
1) Ne rien faire et réagir après coup ;
2) Couper la source du problème et espérer ;
3) S'adapter aux changements anticipés.

Dans ce contexte, nous présentons un bon exemple d'adaptation aux changements climatiques, une adaptation à la nouvelle donne climatique par le génie humain, en s'inspirant de l'exemple de la Vallée du M'Zab se matérialisant par une bonne organisation spatiale, économique et sociétale.

II-Présentation générale de la zone d'étude

La Vallée du M'Zab, classée patrimoine de l'humanité par l'UNESCO en1982, a conservé depuis le XIe siècle pratiquement le même mode d'habitat et les mêmes techniques de construction, commandées tant par un contexte social et culturel spécifique que par la nécessité d'une adaptation à un milieu hostile, dont le choix répondait à une nécessité historique de repli et un impératif de défense.[1]

Si l'Algérie officielle a dû attendre l'avènement de son indépendance, pour ratifier une vingtaine de conventions et protocoles internationaux conclus dans le domaine de l'environnement et du développement durable portant sur la protection des ressources biologiques naturelles; la protection de l'atmosphère, la lutte contre la désertification, le contrôle des déchets dangereux, dans la vallée du M'Zab, ceci est déjà un fait établi depuis très longtemps, où son architecture a toujours été conçue d'une manière parfaite, simple et fonctionnelle adaptée à l'environnement.

Photo 2 : La vallée du M'Zab

Source : algérie360.com

---

[1] La chronologie de fondation de la vallée de Mzab revient à l'année 909 , c'est-à-dire à la défaite de l'empire de l'Etat des Rostémides , devant les fatimides, installé à Tiaret en 707 Les rostémides alors sont allés trouver refuge à Ouargla et fondèrent la ville d'Issedraten, En 1075, Issedrten fut détruite par les troupes d'El Mansour, Les Ibadites ou les M'zab alors prévoyants avaient choisi une région encore plus isolée du Sahara,la Chebka du M'Zab. L'aridité de cette région est telle qu'on a pu l'appeler "Le désert dans le désert", toujos, Traqués et pousuivis ils ont voulu mettre entre eux et leurs persécuteurs une zone infranchissable. Le M'Zab dont l'aridité découragerait l'agresseur, apparut alors pour les Ibadites comme la forteresse inexpugnable du trésor de leur foi menacée.

II-1-Situation géographique

Située dans la wilaya de Ghardaïa, à 550 km au sud d'Alger. Elle s'étend sur environ 8 000 kilomètres carrés, entre 32° et 33°20′ de latitude Nord et 0°4′ et 2°30′ de longitude Est. Elle abrite approximativement 363 598 habitants (estimation 2008).

Le M'Zab est un plateau rocheux découpé par un réseau d'oueds et de ravins sous forme de filet appelé couramment « Chebka », dont l'altitude varie entre 300m et 800m, l'oued M'zab traverse ce plateau du Nord-Ouest vers le Sud-est Sa vallée servit de refuge aux musulmans Ibadites qui y édifièrent cinq villes entre l'année 1016 à 1053.

Figure 2 : Situation géographique de la vallée du M'Zab en Algérie

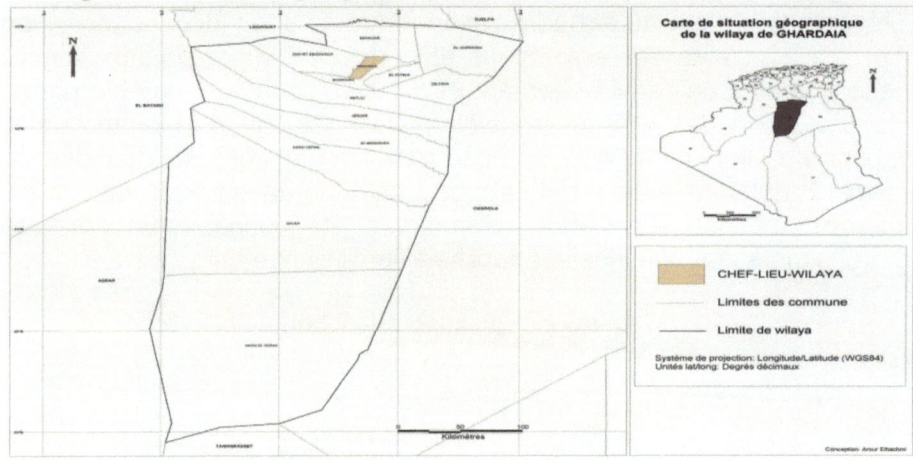

Source : Algérie360.com

Ce relief qui date du Crétacé Supérieur, se présente sous la forme d'une vaste étendue pierreuse et de roches brunes et noirâtres.

Photo 3 : La vallée du M'zab

Source : Asal.dz

Cette wilaya se caractérise par trois principales zones géographiques :

• le Grand Erg Oriental dont les dunes peuvent atteindre une hauteur de 200 m.
• la Hamada, un plateau caillouteux.
• la vallée du Mzab, c'est dans le creux de l'Oued Mzab que sont construites les cinq cités du Mzab.

Les Escarpements rocheux et les oasis déterminent le paysage dans lequel sont localisées les villes de la pentapole du M'Zab et autour duquel gravitent d'autres oasis (Berriane, Guerrara, Zelfana, Metlili et beaucoup plus éloignée au Sud El Menea).

II-2-Les villes du M'Zab

A l'origine, le M'Zab formait un ensemble de 5 oasis, constituant la Pentapole du M'zab s'étendant sur 72Km^2 qui comprend les ksour de Ghardaïa, de Bounoura, de Beni-Izguen, d'ElAtteuf, de Melika, de Berriane et d'El Guerrara. Chaque ville présente le modèle de maisons quasi-identiques minimalistes organisées en cercles concentriques autour d'une mosquée et d'un marché.

Photo 4: Les villes de la vallée du M'Zab

Source : Chabi, 2009.

Les villes du M'zab, même si elles possèdent chacune une particularité, présentent toutes un plan pyramidal et concentrique qui s'organisent autour de la mosquée et de son minaret. Elle traduit un ordre social bien déterminé et renvoie une image de cohérence et de rigueur.

Figure 3 : Schéma de la ville de Ghardaïa

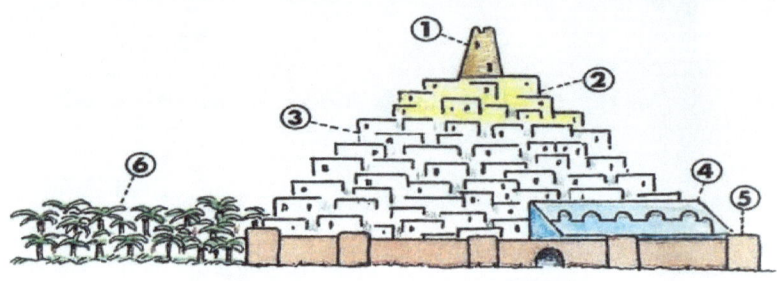

① La mosquée
② Le quartier des *tolba* (savants en religion)
③ Les quartiers d'habitation
④ Le marché
⑤ Les remparts
⑥ La palmeraie

Source : Amouri Abdellali, 2008.

La vallée du M'Zab est caractérisée par un mode d'urbanisation intimement lié au concept du Ksar qui est le mode d'implantation agglomérée, sur un piton autour d'une mosquée ; Les maisons groupées autour de la mosquée sont sur une altitude de 470m, orientées Est et Sud, ses caractéristiques sont :
- Surface au sol d'environ 60 à 100m2 ;
- Surface du logement de 100 à 150m2 ;
- Nombre d'étages RC+1, en partie en terrasse.

Photo 5 : Vue d'ensemble des maisons de la ville de Ghardaia

Source: Bensaha Hocine, 2013.

La forme urbaine de la ville de Ghardaïa est traditionnelle et particulière, caractérisée par des parcours menant à la mosquée, ponctués par des carrefours, considérés comme des lieux de rencontre.

Tous les 100 mètres, nous trouvons une rue dans le sens des courbes de niveaux et une rue tous les 50 mètres dans le sens contraire (Chabi Med, 2012).

L'installation du ksar dépend directement de la disponibilité des ressources en eau, condition qui assure la création de palmeraies, qui fonctionnent tels des microclimats indispensables à l'installation humaine.

La taille du ksar et l'importance de son espace bâti sont fonction des capacités nourricières du terroir. Quand le terroir est capable de se développer pour recevoir le croît démographique, le ksar se démultiplie, certains écrits relatent qu'une fois que la croissance démographique dépasse les capacités de la mosquée, il convient d'en édifier une autre et de fonder une nouvelle ville autour d'elle. Cette règle a été le principe constant du développement urbain au fil des siècles, (Ougouadfel,H.,1994).

II-3-Les caractéristiques climatiques et géologiques de la vallée de Ghardaia

L'analyse climatique permet de situer le climat de la vallée du M'Zab dans une zone désertique à climat chaud et sec, caractérisé par les données suivantes :
- Température de l'air : Eté très chaud et sec avec des températures maximales pouvant atteindre 46 °C et une moyenne de 35 °C et Hiver doux avec une température moyenne de 10.6 °C, et une température nocturne qui varie entre 5 et 9 °C ;
- Humidité : L'hiver est caractérisé par un taux d'humidité entre 33% et 65% et l'été une saison très sèche, dont le taux d'humidité varie entre 20% et 30% ;
- Précipitations : La saison de pluies s'étend de septembre à janvier, dont les précipitations varient entre 50 et 70 mm, mais pouvant avoir un caractère orageux et violent comme les inondations de l'hiver 2008. Il faut une pluie de plusieurs heures pour provoquer la crue de l'oued, ceci n'arrive qu'une fois tous les deux ou trois ans ;
- Vents: En Hiver, les vents froids et humides sont de directions Nord, Ouest ou Nord-ouest avec une préférence Ouest-nord-ouest dont la fréquence est la suivante :
- 6 à 15 m/s : 20 %, 1 à 5 m/s : 60 %, Calme : 20 % (Chabi Mohamed, 2009) ;
- La géologie: Le plateau est façonné par des collines dures du Turonien, Il est raviné dans tous sens par l'érosion fluviale et sillonné par un réseau complexe d'oueds, l'altitude moyenne 500m.

Photo 6 : Le Plateau du M'Zab

Source : Aitkaci Ali (2008).

II-4-Les eaux de surface :

Les eaux de surface sont rares, l'écoulement de l'oued M'zab est intermittent, il se manifeste à la suite des grandes averses où les dégâts sont souvent catastrophiques. Dans ce site aride , justement les Ibadhites ont opéré au creusement progressif de quelques milliers de puits traditionnels atteignant la nappe phréatique et par un système ingénieux qui assure la retenue, la canalisation et le partage des eaux de crues.

Ce système d'irrigation a été mis en place, il y'a plus de 7 siècles par les deux savants : CHIEKH BA M'HAMED ABOU SAHABA et CHIEKH HAMOU OULHADJ: Le système de partage des crues se trouve située au fond de la palmeraie.

Photo 7 : Barrage traditionnel(Ahbas)

Source : Algérie360.com

Les eaux de crues sont canalisées depuis le bassin versant d'Oued M'Zab qui s'étend en amont sur plusieurs centaines de Kms de manière naturelle jusqu'au lieu appelé oued Laadira et oued M'zab.

II-4-1 : Les Digues

De véritables digues en sable épaisses qui s'étendent sur toute la largeur de l'oued, suivant un plan incliné permettant un bon moyen de mesure du niveau de l'oued et sa vitesse de crue.

Photo 8 : Les Digues

Source : Ait KaciAli (2008)

Ce fameux système d'irrigation a pour but de :

- Collecter les eaux qui ruissèlent accidentellement sur les pentes qui bordent les palmeraies ;
- D'arrêter l'eau et la forcer de s'étaler par des barrages de retenues collinaires ;
- D'amplifier l'infiltration au profit des nappes phréatiques.

Malgré cette symbiose qui a perduré depuis des siècles entre l'urbanisme, le climat et l'environnement grâce au génie humain, ressentie et matérialisée par la morphologie fortifiée des Ksours de Ghardaia, basée sur l'installation sur des pitons rocheux surplombant la vallée, à l'abri des crues de l'oued, une conception morphologique qui se justifie par la nécessité de faire face aux conditions bioclimatiques avec toutefois des maisons d'été au niveau de la palmeraie, qui permettent de profiter d'une fraîcheur au moment où la cité est « surchauffée » (Côte, 2002).

Malheureusement, cette vallée si prestigieuse a été victime d'une catastrophe naturelle. En effet, le 1er octobre 2008, des intempéries sur la vallée du M'Zab, ayant duré 48 h, ont occasionné 31 morts, 50 blessés, la destruction de 300 à 500 maisons et généré des milliers de sans-abri.

Photo 9: L'Oued M'Zab en crue

Source : images de Google Algérie360.com

L'effondrement d'une retenue collinaire construite en 2005 au niveau de l'oued Laadhira, dans la région de Djaref (à 20 km du chef-lieu de wilaya), serait à l'origine de cette catastrophe.

Les fortes pluies ont engendré l'accumulation des eaux sur deux kilomètres. La pression de l'eau a provoqué une brèche (une ouverture de 70 mètres) dans le barrage et le déferlement de près de 900 m3/seconde sur Ghardaïa », précisons que l'oued en question alimente Oued M'zab qui traverse le centre-ville de Ghardaïa.

Figure 4 : Effondrement des deux extrémités de la digue Nord de la commune de Ghardaia

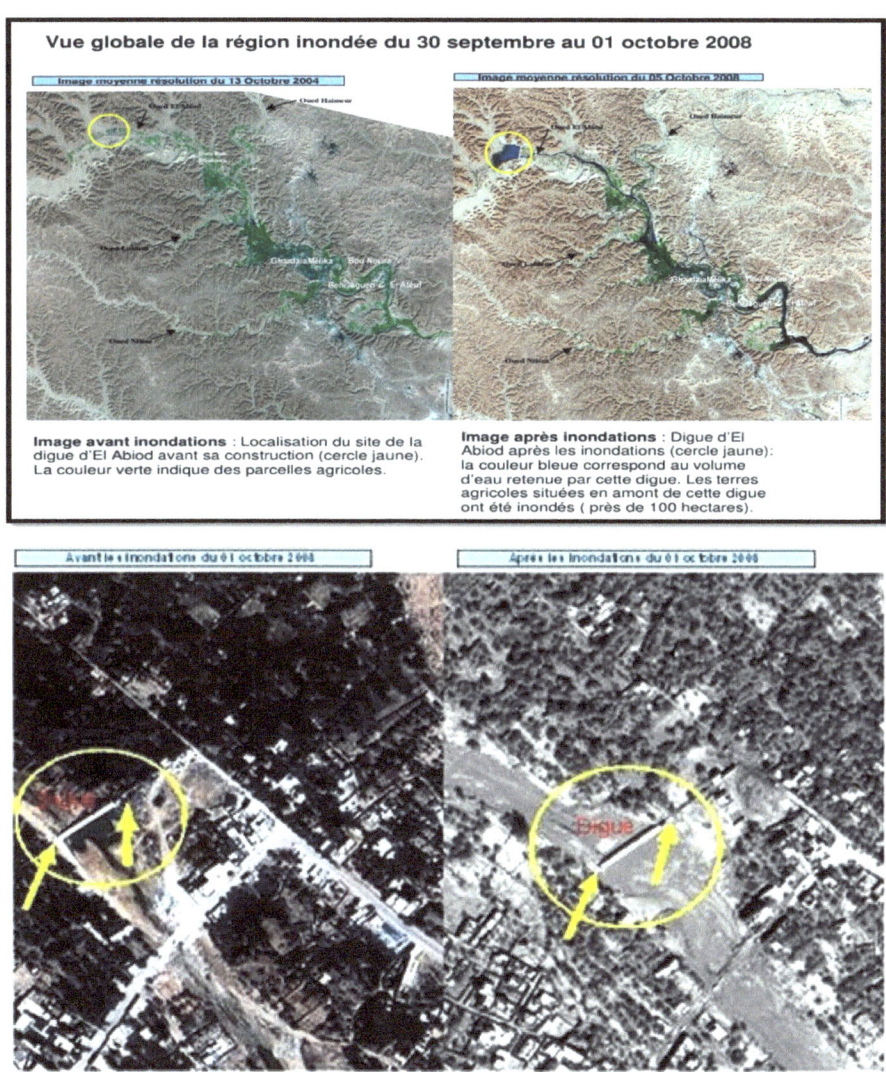

Source : Chabi Mohamed, 2009

Finalement, La vallée du M'zab a été victime de sa topographie et surtout d'une urbanisation accélérée et inadaptée.

II-5-La carte d'occupation du sol

La carte d'occupation du sol révèle que sur une surface de 3261,88 hectares, 67% est occupée par l'urbanisme, les zones agricoles ne représentent que 33% de la surface totale(Bensaha Hocine,2013).

Figure 5 : Occupation du sol dans la vallée du M'zab (2008)

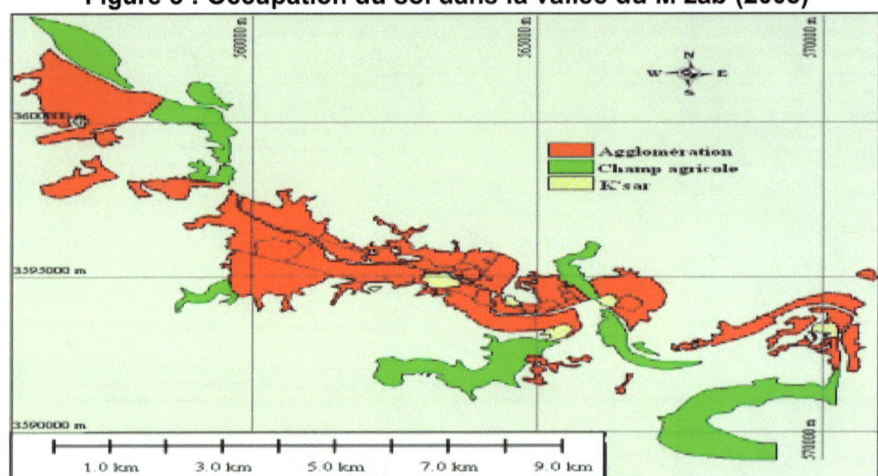

Source : Benha Hocine, 2013.

L'urbanisation de la vallée, déjà entamée en période coloniale, continue après l'indépendance avec un rythme accéléré. Le développement intense de tissu urbain, se fait principalement sur la ligne de croissance (l'oued) dans les deux directions. Donc, l'urbanisation est linéaire en bandes. Les cimetières et l'oued sont les seuls éléments qui font obstacle à cette urbanisation.

II-6-L'Evolution de l'urbanisation de la vallée du Mzab

L'urbanisation de la vallée du Mzab est passée par plusieurs étapes :

II-6-1-La formation de la pentapole

La structure initiale implantée dans la vallée du M'zab, constitue une unité autonome : d'une part, le ksar (cité), très concentré et renfermé dans ses remparts, d'autre part, la palmeraie, espace d'agriculture doté d'un système complexe de puits et de structures hydrauliques.

II-6-2- L'urbanisation du fond de la vallée

Elle est l'œuvre du XXe siècle et le fruit de la croissance démographique. La Pentapole comptait 18000habitants au début du siècle, elle en compte 405015 habitants actuellement, Elle y' a abouti par un mouvement d'urbanisation spontané, progressif par la population autochtone.

II-6-3-Une seule agglomération en bande

Elle y'a abouti par la réalisation des pouvoirs publics de quelques cités d'habitations, soit en logements collectifs ou individuelles. Leur petite taille et une certaine recherche architecturale font qu'elles ne dénotent pas dans le tissu urbain général.

II-6-4-La montée sur les plateaux

L'agglomération se trouve dans une saturation du fond de vallée, Il n'est pas possible de tirer plus sur l'urbanisation en longueur le long de la vallée, mais il faut tenir compte par les pouvoirs de sauvegarder ce qu'il reste de la palmeraie.

Figure 6 : L'urbanisation de la vallée du Mzab selon les périodes de construction

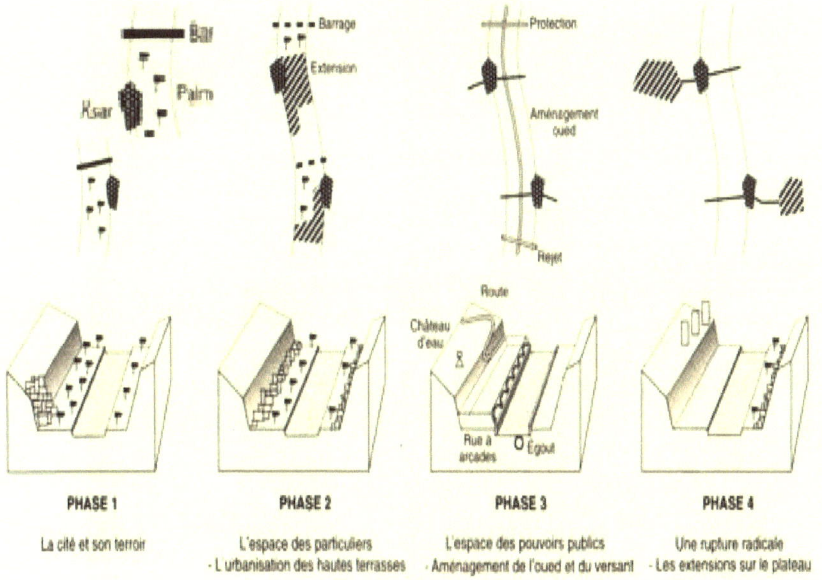

Source :Ait kaci Ali (2008).

III-Le projet de Ksar de Tafilelt

Ghardaïa a connu ainsi, une tentative opérationnelle de prise en Charge de la problématique de l'urbanisation anarchique de la vallée du M'zab devenant préjudiciable à ce patrimoine universel auquel se rattache la ville de Ghardaïa par une nouvelle conception des nouveaux Ksours comme c'est le cas de la ville nouvelle de *ksar de Tafilelt* qui représente une leçon d'urbanisme où l'adaptation aux changements climatiques est le principe de base.

Figure 7 : Situation géographique de la ville nouvelle de Ksar de Tafilelet

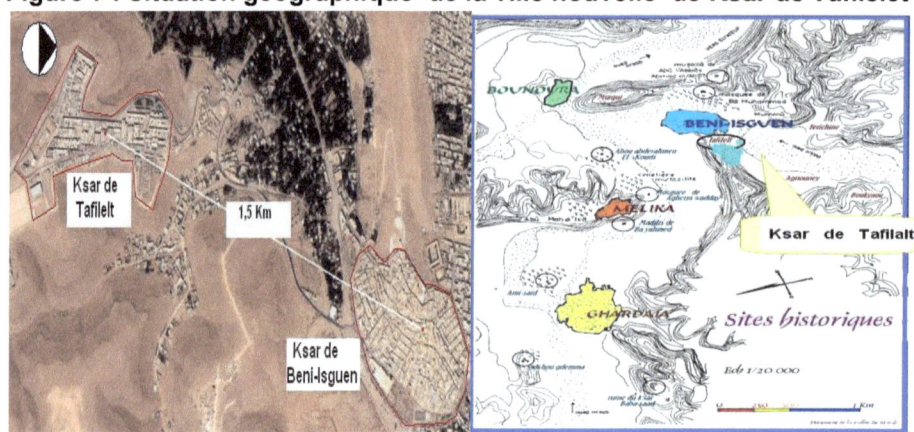

Source : Asal.dz

La ville nouvelle est considérée comme étant l'extension de l'ancien ksar de Beni-Isguen, comme le montre la photo satellite, le ksar de Tafilelt est un ensemble bâti sur une colline rocailleuse, surplombant le ksar de Beni-Isguen, comptant 870 logements, est doté de placettes, rues, ruelles, passages couverts, aires de jeux et des structures d'accompagnement, telles que bibliothèque, école, salle de sport et des équipements cultuels et de loisirs, ainsi qu'un parc des espèces animales et végétales des zones désertiques en cours de réalisation.

Ce futur parc comprendra des espaces verts, une station d'épuration des eaux usées, une station d'énergie solaire, un laboratoire scientifique et une salle de conférences.

Photo 10: Site d'implantation de la zone de verdure de Tafilelt.

Source : Chabi,2009

III-1-Adaptation du Ksar de Tafilelt aux principes du développement durable :

Ksar de Tafilelt, se veut une expérience humaine architecturale et urbanistique très particulière visant l'adaptation d'une architecture durable, alliée à l'environnement et aux spécificités socio-économiques (Tableau 2)

Tableau 2 : Les impacts du Projet ksar de Tafilelt

Nature d'impact	Impact immédiat	Impact lointain
Social	Cohésion sociale : Retrouver l'équilibre entre l'homme et le lieu	Arrêt de la migration des jeunes vers le Nord ; dynamisation du mouvement associatif ; transmettre aux générations futures les valeurs civilisationnelles
Economique	Réduction du coût du logement de 1/3 du coût courant	Atténuation de la crise du logement
Environnemental	Construction sur une roche compacte	Préservation de l'équilibre fragile de l'écosystème

Source : Ait kaci Ali (2008).

III-1-1- La compacité urbaine

Nous abordons ici, le paramètre de compacité comme donnée essentielle du développement durable. C'est dans ce contexte que Ksar Tafilelt a été réalisé en faveur de programmes de logements groupés de faible hauteur et de fortes densités, qui utiliseraient rationnellement l'espace.

L'analyse de l'occupation du terrain (79.670 m²) de Tafilelt montre que le logement en occupe 56%. Les habitations sont accolées autant que possible les unes aux autres notamment dans la partie centrale, de manière à réduire les surfaces exposées à l'ensoleillement (Figure 8.)

Figure 8: La compacité du ksar de Tafilelt.

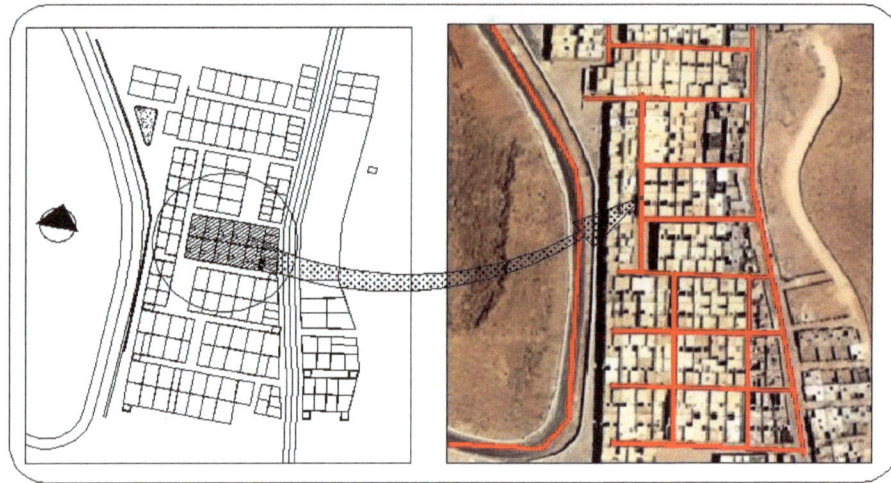

Source : Daas Nawel (2012).

L'occupation totale de la parcelle (C.E.S= 1)² implique que pour une superficie des parois de l'enveloppe (murs extérieurs et plancher-terrasse) évaluée à 329,62 m², seul 140.62 m² sont en contact avec l'environnement extérieur, soit 42 % de l'enveloppe globale. Le ksar de Tafilelt peut alors être considéré comme une organisation urbaine compacte, en comparaison avec les principes de la ville durable, selon Chabi Mohamed, 2009.

---

[2] CES : Coefficient d'emprise au sol

Conclusion

Depuis quelques années, l'espace saharien en général et du M'Zab en particulier a été le théâtre de mutations sociales et spatiales prégnantes. Même si elles ont répondu à des objectifs différents, l'entrée dans "l'ère urbaine" a profondément reconfiguré les territoires sahariens et a fait émerger des tensions multiformes.

Ces dernières qui relèvent de dimensions environnementales, économiques et sociales, ont remis en cause les équilibres et les fonctionnements traditionnels de ces territoires. Cette menace suggère une maîtrise de l'urbanisation anarchique en prenant exemple sur le mode d'urbanisation des anciens ksour (réinterprétation, relecture, analyse...) ou des nouveaux comme c'est le cas du *ksar de Tafilelt*, qui demeure selon ses concepteurs une expérience humaine en matière d'urbanisme et d'architecture, très particulière par ses approches sociale, urbanistique, écologique et patrimoniale.

En fin de compte, La thématique du changement climatique en Algérie, n'est pas prise en compte d'une manière explicite. Si l'objectif de l'adaptation est confirmé par les plans, il est perçu comme peu pertinent ou au stade embryonnaire, pour cela, exploiter les faiblesses d'aujourd'hui et les transformer en potentialités de demain, voilà un vrai défi. Que Ghardaïa essaye de relever.

Chapitre 6

L'impact du changement climatique sur la morphodynamique de la lagune littorale de Kélibia (Nord Est de la péninsule du Cap Bon-Tunisie) Scénarios d'érosion et de submersion à l'horizon 2100

Introduction
Comme l'annonce le troisième rapport d'évaluation du GIEC (2007), ces processus sont susceptibles d'être considérablement accentués par les changements climatiques qui se traduiront par une hausse du niveau et de la température de surface de la mer, par des modifications dans la salinité et l'acidité de l'eau, le régime des vagues et la circulation océanique ainsi que par des changements dans la fréquence et l'intensité des tempêtes. Dés lors, l'ensemble des milieux naturels ainsi que de nombreux secteurs et activités du bord de mer seront affectés par le changement climatique.

Dans ce papier, d'une part il s'agissait d'identifier et estimer des indicateurs de vulnérabilité à l'érosion et à la submersion marine pour les côtes à lagune, face au changement climatique à échéance des années 2100. D'autre part, le rôle aggravant que peut avoir le facteur d'occupation humaine du littoral sur cette vulnérabilité a été étudié. Et enfin, l'impact de l'aléa submersion marine sur cette côte basse en général et sur la lagune en particulier. Cette recherche est basée sur l'étude d'une lagune qui se situe dans une côte sableuse basse fortement anthropisée, dans la quelle on trouve une lagune temporaire, celle de Kélibia. La lagune de Kélibia se situe sur la pointe nord-est de la péninsule du Cap Bon, se présentait dans le temps comme une seule entité couvrant une zone humide d'environ 60 ha. Aujourd'hui cette lagune est divisée par une route en deux sous-entités (Figure.1).

Le site est vu par la population locale comme répulsif et d'ailleurs c'est le cas de tous les milieux côtiers humides, parce que sa végétation halophile abrite des espèces de moustiques nuisibles pour les habitants riverains de ces sites. C'est pour cela qu'ils ont servi comme lieu de décharge. La Sebkhet Kélibia a été partiellement remblayée et envahie par le bâti et se trouve aujourd'hui entourée de tous les côtés par les quartiers urbains. La superficie de la lagune se limite actuellement à 16 ha seulement. La diversité et le nombre des activités humaines qui se développent aux voisinages de cette zone humide lui confèrent une vulnérabilité d'un niveau et d'une nature spécifiques.

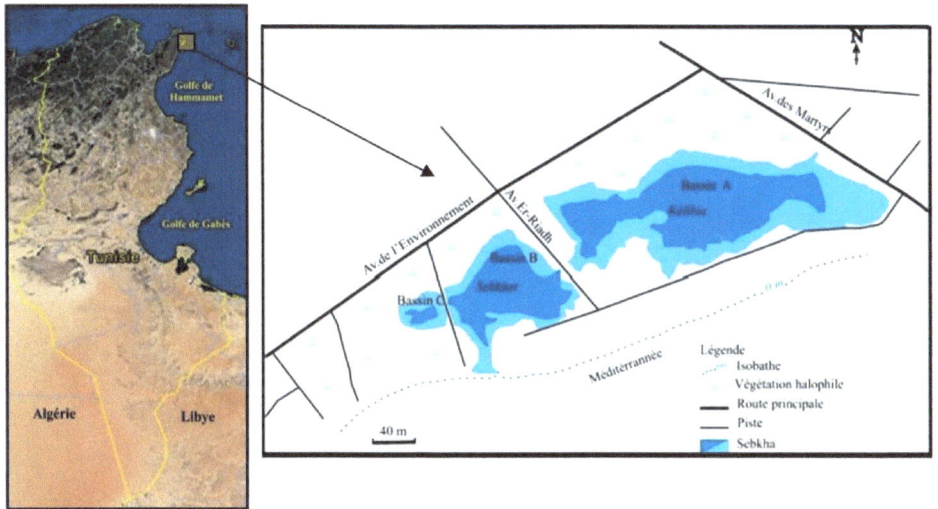

Figure 1 : Localisation du site d'étude.

1. Cote basse sableuse favorable à l'érosion et à la submersion

Sur la côte Est du Cap Bon, le rivage est bordé par une topographie basse et monotone. Le lido est souvent formé de deux parties : la plage et les dunes bordières de faible altitude. Ainsi, la largeur du lido est variable, de quelques mètres à Kélibia, elle n'excède pas 330 m dans sa partie la plus large. Les altitudes sont faibles, au maximum de 4m NGT ; la partie haute du cordon ne comporte pas d'avant-dune, mais est souvent occupée par des nebkas buissonnantes couvertes d'oyats (*Ammophila arenaria*), (Bourgou, 1982). La côte de Kélibia, souvent très basse, est marquée surtout par ses plages sableuses et la lagune de forme allongée longeant le littoral qui sont d'origine sédimentaire. Cette lagune est déjà profondément influencée par la présence de la mer ; les eaux marines les envahissent à l'occasion de la saison des tempêtes. Son rôle est grand pour la dynamique sédimentaire du rivage, mais surtout elles fonctionnent comme un pare-chocs lors des tempêtes contre les grosses vagues.

Les observations fréquentes de la zone d'étude nous a permis de démonter que des accumulations dunaires de la façade orientale du Cap Bon, ont subi différentes formes de déséquilibre et de dégradation. L'avant dune est souvent la première victime (Oueslati, 2004). Dans plusieurs segments côtiers comme a Kélibia et Korba elle, a carrément disparu suite à son envahissement par le bâti (photo 1et Figure 2).

Photo 1 : Construction sur l'avant-dune, immédiatement à l'est de la passe qui relie la Sebkha à la mer (été 2015).

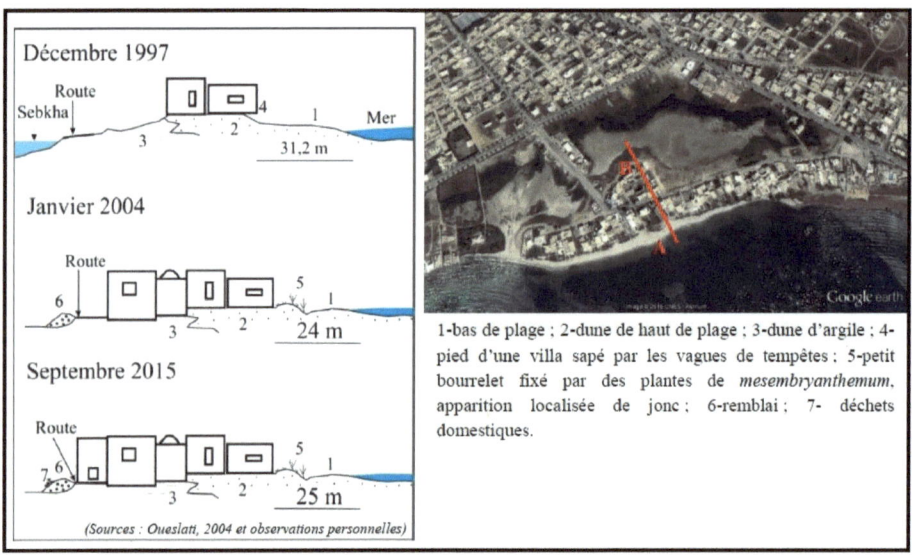

Figure 2 : Impact des constructions sur l'évolution de la position du rivage à Kélibia (300 m à l'Ouest de l'hôtel Palmarina.

2. Aperçu sur l'évolution morphodynamique de la lagune de Kélibia au cours de ces dernières décennies

La sebkha constitue le réceptacle des eaux pluviales, de ruissellement de l'espace urbain en amont et occasionnellement des eaux marines à la suite du déferlement des vagues au delà du cordon dunaire. Nous disposons d'un seul levé topographique et bathymétrique au 1/5000, pour chaque site, réalisé dans le cadre d'une étude d'aménagement élaborée par l'APAL en 2002 - 2003.

Ces levés nous a permis d'établir les cartes de la topographie des fonds données ci-après, et simuler les niveaux d'eau dans chacune des deux sebkhas. Les données topo-bathymétriques ont été converties dans un système de référence commun avec les autres données. Elles ont ensuite été interpolées afin de produire des couches matricielles (raster) comparables entre elles pour les deux lagunes retenues dans cette étude.

Les données bathymétriques ont été traitées à l'aide du module *Spatial Analyst*. L'interpolation a été réalisée à l'aide du logiciel ArcGIS. La modélisation est basée sur un algorithme de pondération par l'inverse de la distance (IDW). Les levés bathymétriques de la Sebkhet Kélibia ont montré que fond de la lagune se situe à la côte -0,10 NGT et que les berges les plus élevées se situent à la côte +1,20 NGT (APAL/SIRUS, 2003). La superficie et le volume de chaque aire sont présentés dans le tableau 1 ci-dessous.

Tableau 1 : Superficies et volumes de la Sebkha de Kélibia selon les différents niveaux marins.

Niveaux	Bassin A	Bassin B	Bassin C	Superficie Totale	Volume du bassin A	Volume du bassin B	Volume du bassin C	Volume Total
Zéro	3,30	1,45	0,20	4,95	3300	1450	200	4950
0,70	5,07	2,35	0,75	8,17	35490	16450	5250	57190
1,0	9,15	5,46	2,00	16,66	27450	16380	6000	49830
					66240	34280	11450	111970

Source : (APAL/SIRUS, 2003).

L'examen des images satellitaires prises à des dates antérieures à 2000 montre que les deux bassins sont presque entièrement pleins pendant une bonne période de l'année. Les faibles profondeurs de la Sebkha font que la topographie du fond est généralement plate.

La reconstitution de l'évolution du fond de la sebkha, à partir des images satellitaires, des levés topo-bathymétriques, extraits Google-Earth, depuis 2003 jusqu'à nos jours (Figure 3), montre une tendance vers le comblement que vers le creusement. Les principales zones de comblement sont situées dans la partie Est de la sebkha, secteur où se concentrent les apports en eau urbaine de la ville, les eaux de ruissellement qui se véhiculent dans l'avenue des Martyrs pour rejoindre la sebkha de l'Est. Aux apports liquides s'ajoute l'action inconsciente de remblaiement (matériaux de construction, déchets ménagers, plastiques, débris d'arbre), (Photo 2).

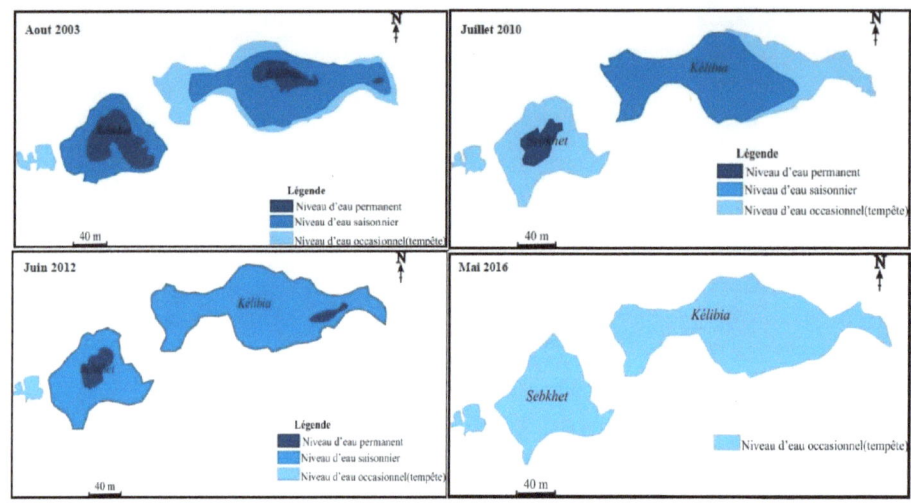

Figure 3 : La variation du niveau d'eau dans la sebkha de Kélibia

Photo 2: Comblement volontaire et inconscient des berges sud-est de la Sebkhet Kélibia par toute sorte d'ordures (cliché : Brahmi, 2015).

3. Etude de l'évolution du trait de côte au cours des soixante dernières années

3.1. Approche méthodologique

La hausse du niveau marin apparait comme l'un des facteurs essentiels de l'évolution récente des côtes de la Tunisie. Ceci explique en grande partie leur fragilité en favorisant en particulier l'avance de la mer sur le continent (Oueslati, 1993). Pour mesurer le déplacement de la ligne de

rivage sur la côte de notre zone d'étude, les images MSS 1975), TM (1987), ETM+ (2000), ASTER
(2002 et 2010), OLI-TIRS (2014 et 2015) et les cartes topographiques (1/50000 et 1/25000) ont été analysées en utilisant un logiciel SIG, complétées pour l'année 2002 par les levés bathymétriques et les mesures de largeur de plage effectuées sur le terrain en 2014. Les cartes topographiques et les images satellitaires ont été corrigées et géoréférencées dans le même système de projection qui est le système UTM - zone 32S; Datum WGS1984 selon une méthodologie classiquement employée en photo-interprétation littorale. Cette méthode repose sur l'application de modèles de correction polynomiaux calculés à partir d'amers (points invariables tels que des croisements de routes, bâtiments, jetées, digues) communs aux différents clichés et au document de référence (Durand et Heurtefeux, 2006). Les cartes et les images ont été géoréférencées grâce au logiciel de traitement d'image ENVI 4.7. Une fois ce travail achevé, la vectorisation du trait de côte a été dessinée manuellement par photo-interprétation sur écran et les mesures d'évolution ont été effectuées sous le logiciel SIG ArcView 3.2. Pour chaque mesure, la limite choisie pour représenter le trait de côte a été la ligne de rivage instantanée, c'est-à dire l'interface mer/terre visible sur chaque document cartographique. La faiblesse du marnage sur les côtes de la péninsule limite les risques d'inexactitude.

3.2. Cartographie de l'évolution du trait de côte de 1950 jusqu'au 2015

L'analyse montre que, pendant la période s'étalant de 1950 à 2015, le site à montré un recul très important. La distance gardée par rapport à la ligne de rivage jusqu'aux années 1950 était de 1250 m (Oueslati, 2010), depuis les années 70 ; il avait la naissance des zones de résidence au bord de la mer. "*Une nouvelle tendance s'est surtout manifestée à travers l'extension, souvent très timide, des villes littorales par l'étalement de leur espace bâti en direction de la mer* " (Oueslati, 2010) et par le développement du port de pêche. Des créations hôtelières ont vu le jour et depuis le début des années 1980, le rivage a reculé de dix à quinze mètres (Oueslati, 2010).

4. Approche méthodologique de la cartographie prévisionnelle de la submersion marine

La méthodologie repose, d'une part, sur la création d'un référentiel topographique fin du site et d'autre part, sur la détermination des niveaux d'eau susceptibles d'être atteints à la fois en fonction des surcotes éventuelles, et des valeurs d'élévation du niveau marin prévues pour la fin du 21ème siècle. La méthode suivie s'articule généralement autour de trois points (Cariolet et al. 2012). Elle consiste dans un premier temps à estimer l'aléa submersion en quantifiant les niveaux d'eau extrêmes à la côte pour une période de retour donnée (généralement de 100 ans).

Cette estimation tient compte des différents paramètres agissant sur la déformation du plan d'eau à la côte, notamment la surcote (élévation due à une baisse de la pression atmosphérique et action des vents) et l'élévation de l'eau à la côte due à l'agitation marine.

Dans un second temps, cette hauteur d'eau est superposée à la topographie du lieu étudié afin de délimiter la zone potentiellement submersible. L'estimation du risque est enfin réalisée en tenant compte des éléments socio-économiques et environnementaux directement menacés (Solomon and Forbes, 1999 ; Meur-Férec ET AL., 2008 ; De Pippo ET AL., 2008 ; Vinchon ET AL., 2009 cités par Cariolet et al., 2012). Cette démarche constitue le socle méthodologique pour la cartographie du risque de submersion réalisée au niveau de la côte basse à lagune.

L'impact des surcotes correspondantes en termes de submersion a été estimé à l'aide d'un modèle numérique de terrain (MNT). Ce MNT a été construit par compilation des différentes données topographiques au format numérique sous le logiciel ArcGis. Après avoir identifié les enjeux liés à l'élévation du niveau de la mer, nous avons dressé une cartographie prévisionnelle des risques de submersion et analysé les impacts potentiels de ce phénomène.

4.1. Les enjeux liés à l'élévation du niveau marin pour la lagune de Kélibia

La menace de l'élévation du niveau de la mer pèse essentiellement sur la survie du site et pose des véritables problèmes de gestion plusieurs grands enjeux. A partir des cartes d'occupation des sols, des cartes topographiques (1/25000), des plans de gestion de la Sebkhet Kélibia, des images Google Earth et des travaux de terrain, les enjeux ont été vectorisés sous Arc Gis. Ces espaces à risque sont variés et étendus: construction de front de mer, plages sableuses, ouvrages de protection, infrastructure hôtelière, infrastructure routière, biodiversité…etc.

Notre objectif est d'essayer de comprendre les modifications qui pourraient résulter suite à une submersion marine et surtout les pertes susceptibles de se produire en considérant les différents scénarios d'élévation du niveau marin considérés. Les enjeux peuvent être regroupés en deux principales catégories : enjeux environnementaux et enjeux socio-économiques.

4.1.1. *Enjeux environnementaux*

La plage, les limites du Domaine Public Maritime, la biodiversité et les legs d'un cordon dunaire fortement anthropisé constituent les enjeux environnementaux les plus menacés par la montée du niveau de la mer. L'érosion marine constitue la menace la plus importante. En effet, elle est favorisée par des facteurs naturels et accélérée par les interventions humaines imprévisibles (aménagement du front de mer, rejets terrestres). L'enjeu est également écologique. En effet, en cas d'élévation du niveau de la mer, la submersion éventuelle de la Sebkhet Kélibia risquerait d'entraîner la disparition la végétation halophile qui représentait et représente encore un relais pour certaines espèces d'oiseaux migrateurs protégées en Méditerranée. Cet écosystème humide côtier sera menacé par les changements des conditions de vie liées à la pénétration des eaux marines.

4.1.2. *Les enjeux socio-économiques*

Pour faire apparaître les enjeux (humains, économiques et autres) de la zone, il suffit de superposer le M.N.T. avec la carte d'occupation des sols. Les espaces à risque sont variés et étendus : construction de front de mer, des routes plages sableuses, hôtels, des écoles, cafés, restaurants, espaces récréatifs, des ouvrages de protection contre l'érosion …etc. L'objectif est d'essayer de comprendre les modifications qui pourraient résulter suite à une élévation du niveau marin et surtout les pertes susceptibles de se produire en considérant les différents scénarios. En plus des effets directs sur la morphologie du cordon littoral, l'élévation du niveau marin aura des conséquences indirectes sur de nombreux secteurs sur la population et l'économie du secteur étudié.

Il s'agit essentiellement des secteurs suivants: la population concentrée sur la frange littorale, les infrastructures hôtelières, l'infrastructure routière, entre autres. L'enjeu est aussi économique. Il concerne la stratégie de défense à adopter face à l'élévation du niveau de la mer. Doit-on opter pour une défense lourde par des brise-lames, des épis et des enrochements, avec les coûts importants ou pour une défense plus douce (Anselme et *al.* 2008).

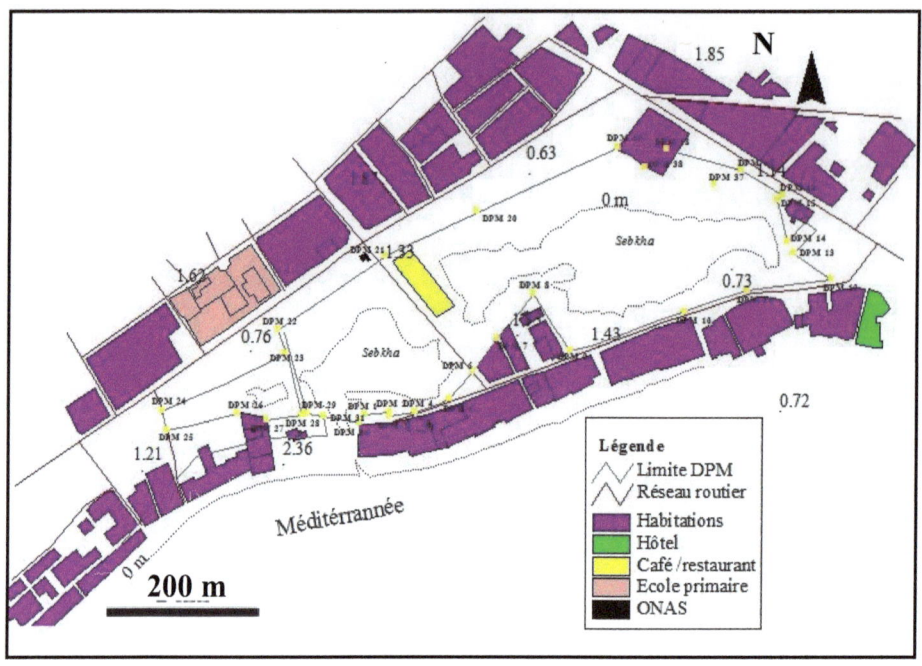

Figure 4 : Les enjeux sensibles à une élévation du niveau marin sur la côte à lagune de Kélibia.

5. Scénarios de submersion marine dans la lagune de Kélibia

Les hypothèses d'élévation du niveau de la mer pour la Tunisie sont de 0.38 m pour le scénario minimum de risque, 0.50 m pour le scénario volontariste et de 0.55 m pour le scénario de maximum de risque (GIEC, 2007). Le niveau de référence altimétrique considéré est le zéro du Nivellement Général de la Tunisie (NGT).

5.1. Prévision de l'évolution du trait de côte par submersion

L'analyse de la position future du trait de côte repose sur l'utilisation des données topographiques fournies par les cartes topographiques et les levés de terrains acquis par GPS lors des campagnes réalisées en 2012 et 2014 dans le cadre des travaux de thèse de doctorat. A partir des données ainsi obtenues, la méthode utilisée pour évaluer l'évolution de la face externe du cordon littoral est la méthode de la submersion passive; elle consiste simplement à simuler une translation du niveau marin selon le scénario de maximum de risque, c'est à dire une translation de 55 cm du niveau de la mer (niveau annuel moyen) et de 1.48 m (niveau maximal lors des grandes tempêtes). Sur la face externe du cordon, la cartographie prospective du trait de côte fait apparaître un recul important.

Ainsi, le cordon littoral reculerait en se roulant sur lui-même sur plusieurs dizaines de mètres, voire plus de 70 m par endroits. Si l'on examine maintenant en détail l'évolution future, il apparaît que le recul prévu est très inégal selon les secteurs du cordon. Ainsi, le recul le plus important s'observerait dans le secteur Sud Ouest du cordon (au Sud de la passe qui relie Sebkhet Kélibia à la mer); secteur déjà souffrant d'une érosion accélérée.

Dans ce cas, et dans l'impossibilité d'une migration, c'est l'érosion qui s'accélèrera et la plage pourra finir par disparaître (IHE, 2000). En conséquence, le blocage du cordon de la possibilité de reculer parallèlement à lui-même, accélérerait l'érosion de la plage (Figure5).

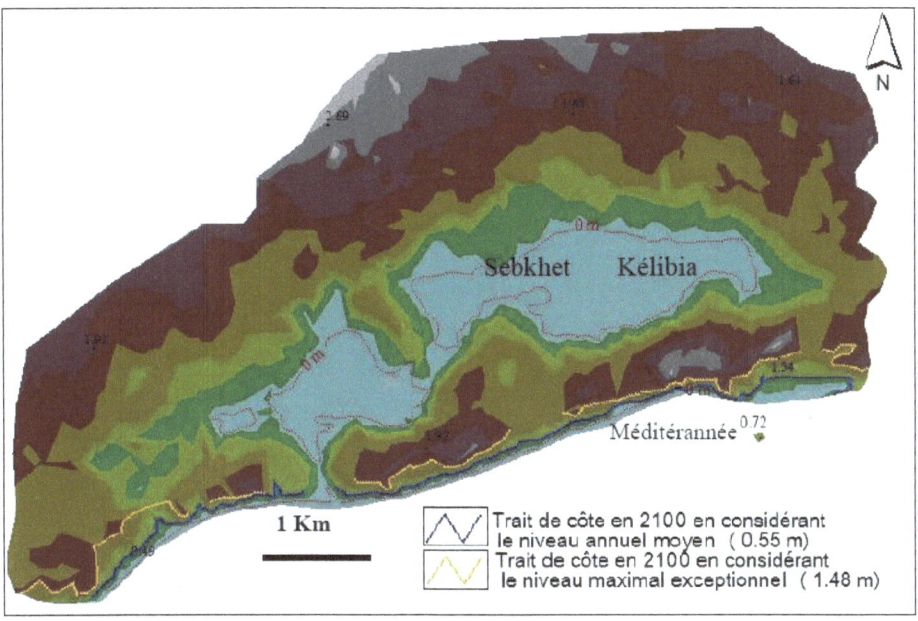

Figure 5: Evolution future du trait de côte dans la côte de Kélibia à l'horizon 2100.

5.2. Cartographie de la submersion marine de la lagune de Kélibia: situation sans événement exceptionnelle

Les niveaux d'eau susceptibles d'être atteints à la côte de Kélibia dépendent en premier lieu des hauteurs prévues pour la marée astronomique. Celles-ci sont calculées pour le golfe de Hammamet, au niveau des côtes de Sousse, pendant l'année 1976-1977 (LCHF, 1978). D'après ces enregistrements marégraphiques, la marée au Golfe de Hammamet est de type semi-diurne dont l'amplitude moyenne annuelle est de l'ordre de 0,45 m et l'amplitude moyenne mensuelle est comprise entre 0,23 m et 0,17 m. L'amplitude maximale journalière observée pour 1976 a été de 0,45 m. Les amplitudes minimales exceptionnelles sont de l'ordre de 0,05 à 0,10 m. La côte maximale mesurée en 1976 a été de +0,58 m NGT et la côte minimale a été de −0,41 m NGT.

Ainsi, la connaissance des différents types des niveaux est indispensable pour pouvoir étudier le degré de vulnérabilité et l'ampleur des impacts potentiels de l'élévation accélérée du niveau de la mer. Les caractéristiques hydrographiques du golfe de Hammamet ont été identifiées par I.H.E. (2000; Ingénierie de l'Hydraulique et de l'Environnement) comme suit: (Tableau 2).

Tableau 2 : Caractéristiques hydrographiques actuelles du Golfe de Hammamet en "m NGT" (Source : IHE, 2000).

	Valeur
Niveau moyen annuel	0,00
Niveau maximal des vives eaux ordinaires	0,15
Niveau maximal des vives eaux extraordinaires	0,23
Le niveau maximal exceptionnel dû à des grandes surcotes induites par le vent	0,83
Niveau maximal exceptionnel dû à des grandes surcotes induites par des coups exceptionnels de vent	0,93

Dans la côte de Kélibia, les houles dominantes sont généralement de la direction Est. Le manque d'informations sur le régime des houles conduit à prévoir les houles pour le large. Les caractéristiques de la houle dans le Golfe de Hammamet, estimées par "*Hidrotécnica Portuguesa*" en 1996 (APAL/MEAT, 2001) en fonction de la période de retour, sont indiquées dans le tableau 3.

Le tableau montre que la hauteur maximale calculée de la houle au large, varie de 3,1 m pour une houle annuelle à 6,9 m pour une houle centennale, alors que la période varie de 7,1s à 13,2s pour les mêmes périodes de retour. Notons que les hauteurs des houles sont calculées au large où la profondeur d'eau est importante. Près des côtes, par contre, la profondeur devient faible à cause du phénomène de déferlement et les hauteurs des houles subissent des réductions importantes.

Tableau 3 : Caractéristiques de la houle du Golfe de Hammamet (APAL/MEAT, 2001).

Période de retour (ans)	1	5	10	25	50	100
Hauteur significative maximale (m)	3,1	4,3	4,9	5,7	6,3	6,9
Période de puissance (secondes)	7,1	9,4	10,3	11,5	12,4	13,2

Les niveaux marins permanents, récurrents et exceptionnels de la côte du Golfe de Hammamet, selon les différents scénarios de l'IPCC ont été identifiés par I.H.E. (2000) dans le Tableau 4. Nous essayerons d'introduire les données des différents scénarios adoptés, sur la base des données fournies par la communication initiale de la Tunisie à la Convention Cadre des Nations Unies sur les Changements Climatiques (C.C.N.U.C.C., octobre 2001) dans le Modèle numérique de terrain simulé.

L'intérêt de la modélisation numérique pour la délimitation des zones submersibles était la possibilité d'inclure le niveau marin extrême et définir ainsi un seuil où la zone pourrait être inondée. Il faut bien évidemment que le référentiel soit le même pour les points levés et le niveau marin extrême (N.G.T). Ceci nous a permis donc de faire apparaître, en dégradation du bleu, les zones submersibles.

Tableau 4 : Niveaux marins caractéristiques futurs dans le Golfe de Hammamet (m NGT) (*Source : I.H.E., 2000*).

	Degré de fréquence	Etat actuel	Etat futur à l'horizon 2100		
			Scénario volontariste	Scénario de référence	Scénario maximum de risque
			38 cm	50 cm	55 cm
Niveau moyen annuel	Niveau courant	0,00	0,38	0,50	0,55
Niveau maximal des vives eaux ordinaires	2 fois/mois	0,15	0,53	0,65	0,70
Niveau maximal des vives eaux Extraordinaires	2 fois/ans	0,23	0,61	0,73	0,78
Niveau maximal exceptionnel dû à des grandes surcotes induites par le vent	1 fois/10 ans	0,83	1,21	1,33	1,38
Niveau maximal exceptionnel dû à des grandes surcotes induites par des coups exceptionnels de vent	1 fois/50ans	0,93	1,31	1,43	1,48

La submersion de la lagune de Kélibia ne serait possible dans le premier scénario (situation sans tempête) que dans un seul cas ; il faudrait que le niveau de la mer dépasse le niveau maximal des vives eaux ordinaires et à travers la passe actuelle encore ouverte, sans ouverture d'autres brèches dans le cordon littoral (Figure 6). Les superficies submersibles de la lagune sont présentées dans le Tableau 4.

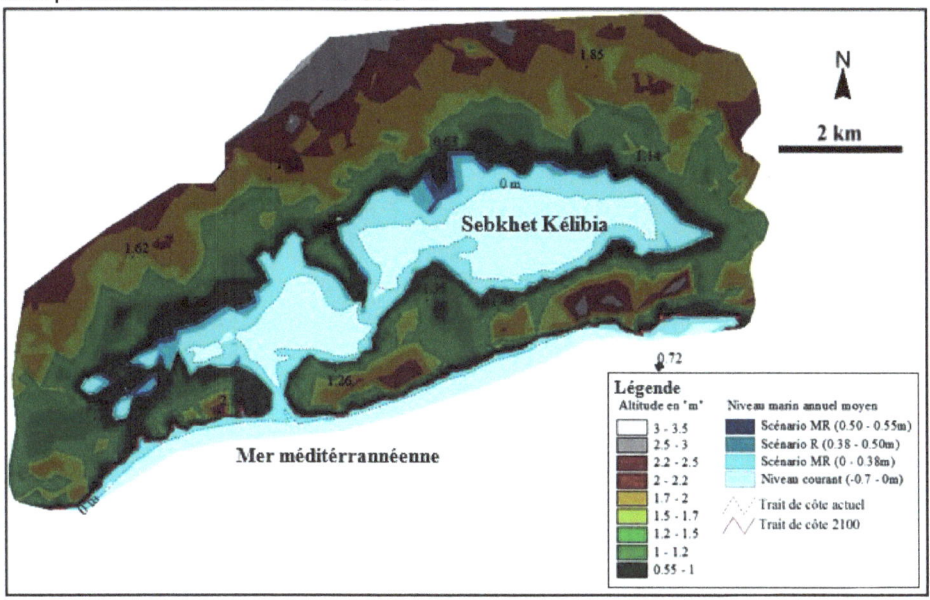

Figure 6 : Les surfaces inondables dans la lagune côtière de Kélibia selon le niveau marin annuel moyen à l'horizon 2100 (*Source : Lèves topographiques par GPS; Scénarios de l'IPCC, 1997; IHE, 2000*).

Tableau 5: Les superficies submersibles à Sebkhet Kélibia en considérant le niveau annuel moyen (*Source : Calculs personnels*).

	Etat actuel	SC_V	SC_R	SC_MR
Superficie actuelle (ha)	13.27	16.98	18.18	18.80
Superficie ajoutée (ha)	-	3.71	1.2	0.62

5.3. Cartographie de l'aléa submersion marine à la lagune de Kélibia: situation avec événement exceptionnel

La submersion marine dans ce cas est liée à une élévation du plan d'eau due à la combinaison de processus physiques liés à des phénomènes météorologiques et astronomiques. La hauteur d'eau moyenne à la côte par rapport au niveau de référence comprend: l'élévation du niveau de la mer, le niveau de la marée, la surcote atmosphérique créée par le vent qui pousse les masses d'eau vers la côte et à la dépression qui a un effet de baromètre inverse, la surcote due aux vagues ou *set-up* qui est une élévation locale du plan d'eau vers la côte due au déferlement des vagues (Figure 7). En plus de ce niveau moyen s'ajoute le jet de rive ou *swash* (masses d'eau projetées vers le haut de l'estran par le déferlement des vagues), (Pedreros et *al.* 2010). Bien que le phénomène de surcote soit exceptionnel (en situation de tempêtes) et de courtes durées, il génère une alimentation, certes intermittente, de la lagune de Kélibia par l'eau de mer pas seulement à travers le grau existant, mais par l'ouverture de plusieurs brèches tout au long du cordon littoral qui sépare la lagune de la mer.

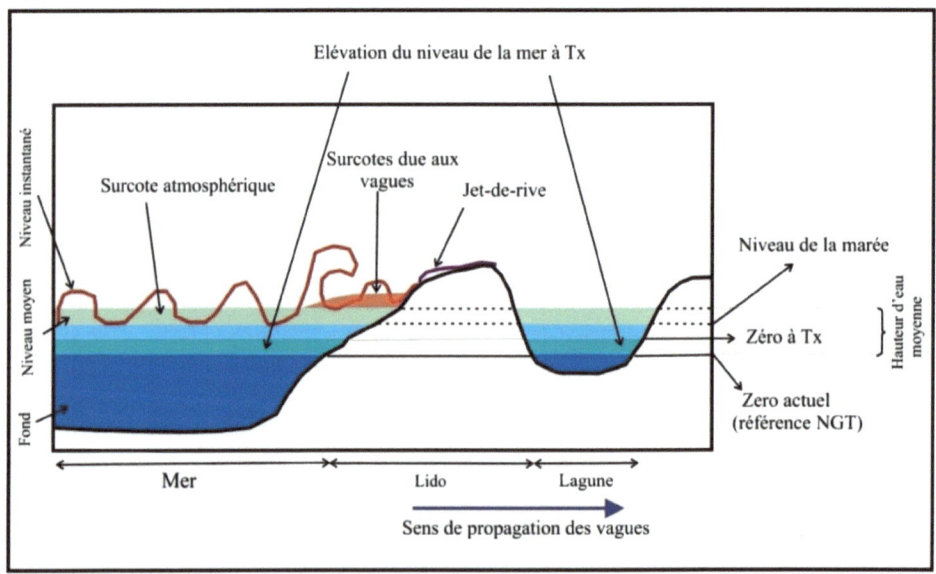

Figure 7: Les surfaces inondables dans la lagune côtière de Kélibia selon le niveau marin annuel moyen à l'horizon 2100 (*Source : Lèves topographiques par GPS; Scénarios de l'IPCC, 1997; IHE, 2000*).

La Sebkha de Kélibia comme l'ont constaté plusieurs auteurs sur des littoraux similaires : Durand et Heurtefeux (2006) pour les étangs de Vic et de Pierre Blanche en France, Egis Bceom International/IAU-IDF/BRGM (2009) pour le grand Tunis, Ennesser et *al.* (2010) pour les villes méditerranéennes de l'Afrique du nord; Pedreros et *al.* (2010) etc., l'ouverture épisodique de brèches lors des tempêtes aurait un impact morphogénique essentiel.

En effet, le phénomène d'une accélération de l'élévation du niveau marin et d'un renforcement des tempêtes accroîtraient le risque de morcellement du cordon littoral qui sépare la Sebkha de la mer. En outre, les pertes de matériel sédimentaire pour la plage augmenteront, dans la mesure où, lors d'une tempête, une grande partie des matériaux déplacés par les vagues dans les étangs par submersion ou par ouverture d'une brèche, ne peuvent être récupérées par la suite. Tout ceci constitue un facteur d'accélération du recul de la plage (Figure 8).

En 2100, avec des scénarios d'élévation du niveau marin respectivement de +38 cm et +50 cm et +55 cm par rapport à aujourd'hui, les risques de submersion seraient naturellement très importants. La submersion de la lagune serait possible dans les trois scénarios, où le niveau de la mer dépasse la hauteur minimale du cordon littoral, soit plusieurs brèches se produisent dans le lido même pour le scénario volontariste.

Nous avons pu localiser sur la Figure 3 ces ruptures potentielles. Nous avons considéré que les brèches pouvaient se produire partout dans le cordon littoral et il aurait une fragmentation de ce dernier.

La Sebkhet Kélibia se situe à une côte très basse et un stock dunaire très pauvre. Par une éventuelle élévation accélérée du niveau de la mer, le risque d'érosion est important. Elle serait accompagnée d'une érosion marine menaçante. On s'attendait à la disparition de la plage. L'érosion marine sera accélérée et. A la Sebkhet Kélibia, avec une hypothèse d'élévation du niveau de la mer de +0,55 m à l'horizon 2100, les terres situées à moins de 1m NGT d'élévation seraient submergées au moins deux fois par an et les terres situées à moins de 1,59 m seraient submergées au moins une fois par 50 an en 2100.

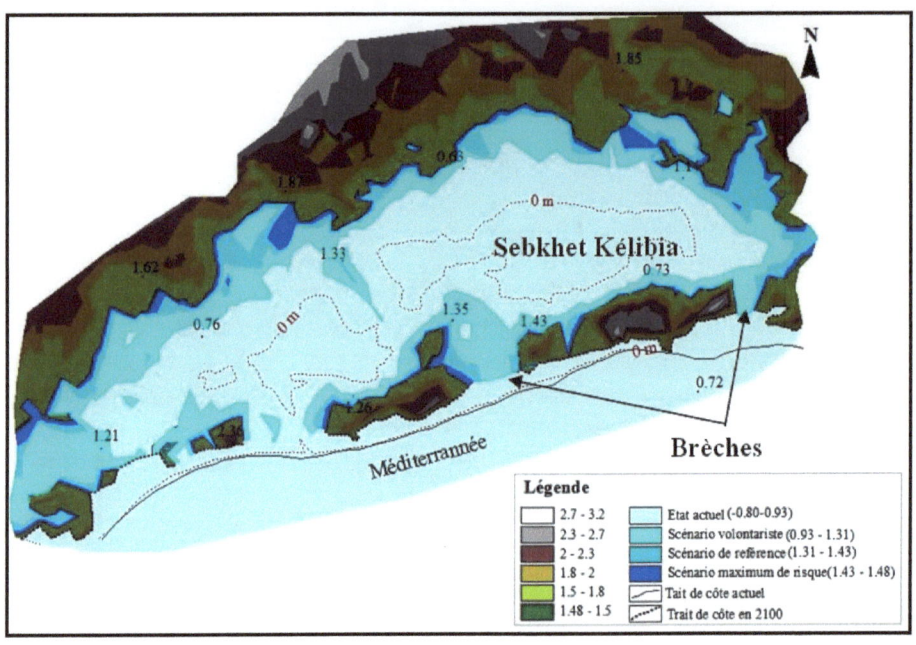

Figure 8: Cartographie de la submersion marine en situation de tempête cinquantennale et évolution future de la lagune de Kélibia.

6. Impacts environnementaux et socio-économiques de la submersion de la Sebkhet Kélibia

Pour évaluer les impacts de la submersion marine, il suffit de superposer la carte d'aléa submersion avec la carte des enjeux (humains et économiques...). La cartographie effectuée montre que l'élévation du niveau marin dans la Sebkha de Kélibia pourrait avoir des conséquences importantes. Les plages seront condamnées obligatoirement à disparaître. Dans ce cas, et dans l'impossibilité d'une migration vers le continent, c'est l'érosion qui s'accélèrera et la plage pourra finir par disparaître. L'élévation du niveau marin à la Sebkha de Kélibia serait accompagnée d'une érosion marine menaçante. On s'attendait à l'érosion du cordon dunaire séparant la mer de la sebkha fortement anthropisé (Fig.9). Dans les secteurs fortement aménagés, elle serait accélérée par différentes interventions humaines imprévoyantes (enrochements, murs de protection, épis, entre autres).

La ville de Kélibia qui a connu, depuis la construction du port au début des années 1980, une extension rapide de l'urbanisation du coté sud du port aux dépens de la lagune subirait les conséquences néfastes de la submersion. Les constructions et les habitations qui sont implantées sur le cordon qui sépare la mer de la sebkha ont généré une perte importante des plages.

Ce phénomène risque d'être accentué avec une éventuelle submersion marine et il menace sérieusement toutes les habitations, les constructions hôtelières réalisées sur le cordon existant. La sebkha se transformerait en une lagune (Fig.10). Dans cette conjoncture, et dans l'impossibilité d'une migration, c'est l'érosion qui s'accélèrera et la plage finira par disparaître.

La question du changement climatique s'accompagne inévitablement de problématiques de santé publique. La lagune de Kélibia n'échappe pas à cette règle. La submersion marine entraine la dégradation de la qualité des eaux souterraines et par la même, des systèmes d'évacuations et de filtrations. D'autre part, la modification des écosystèmes a des conséquences sur le cycle d'espèces végétales allergisantes ou les modes de transmission des maladies à transmission vectorielle. En effet, les eaux quasi-stagnantes des marais et des sebkhas sont des hauts lieux de reproduction des moustiques. Les œufs de ces derniers éclosent suite à la chute du taux d'oxygène, provoquée par une immersion (Eche, 2009).

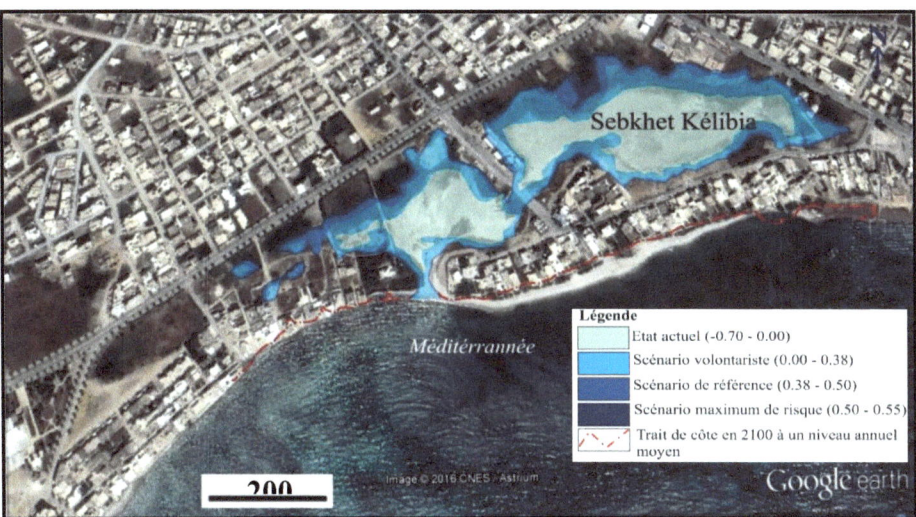

Figure 9 : Le risque de submersion marine à Sebkhet Kélibia en cas d'une élévation du niveau marin par mer moyenne.

Scénario volontariste (1.04 - 1.42 m)
Scénario de référence (1.42 - 1.54 m)
Scénario maximum de risque (1.54 - 1.59 m)

Figure 10 : Le risque de submersion marine à Sebkhet Kélibia en cas d'une tempête cinquantennale.

7. La prise en compte du risque de submersion marine dans les plans d'aménagement des Sebkhas littorales

Dans le cadre de la stratégie établie par le MEAT(Ministère de l'Environnement et l'Aménagement du Territoire) pour la mise en œuvre d'un programme de réhabilitation des zones humides littorales, il a été confiée à l'APAL (Agence de Protection et d'Aménagement du Littoral) le suivi d'un programme qui vise la sauvegarde et le rétablissement de l'équilibre des écosystèmes des zones humides littorales, afin qu'elles continuent à jouer leurs rôles et contribuer au développement socio-économique de l'ensemble de la frange littorale du pays (Geoidd / Ceta / Betbel, 2002). Dans une première tranche, le programme de l'APAL a concerné un ensemble de Sebkhas littorales entre autres la sebkha de Kélibia. Le programme a été achevé en 2001 pour la sebkha de Kélibia.

Le rapport final de chaque étude propose trois scénarios de réhabilitation dans lesquels ont été présentées les mesures de protection, d'aménagement et de valorisation qui découlent du contexte général analysé.

On peut être surpris en premier lieu par l'absence de prise en compte explicite de l'élévation du niveau marin dans ce secteur extrêmement vulnérable (Brahmi, 2017). Les mesures connues indiquent pourtant la perte de 2m/an des plages en moyenne entre 1996 et 2004 à Kélibia. On peut signaler que jusqu'à présent cette nouvelle notion d'élévation du niveau marin n'a été prise en compte dans les nouveaux projets d'aménagement; *"qu'au niveau des deux projets relatifs à l'aménagement du lac Sud de Tunis et de ses berges et du port de plaisance Marina-El-Hammamet"* (IHE, 2000).

La prise en compte de la variation du niveau de la mer devrait être intégrée dans tout projet d'aménagement des lagunes côtières. Il faut :
 - Connaître le niveau moyen actuel de la mer;
 - Estimer l'élévation future moyenne et exceptionnelle;
 - Evaluer les impacts de l'élévation accélérée du niveau marin sur le projet (IHE, 2000) à plusieurs échelles de temps (décennale, cinquantennale et centennale).
 - De même, le retrait par rapport à la côte devrait être étudié d'une manière très approfondie. Cette action doit aboutir à la révision des délimitations réalisées au niveau du DPM (Domaine Public Maritime) dans les secteurs les plus sensibles à l'élévation accélérée du niveau marin. Le retrait en milieu urbain devrait faire l'objet d'une étude approfondie cas par cas. Il faut que le recul du trait de côte ne fasse pas déplacer le problème d'un endroit à un autre (IHE, 2000). Pour les secteurs très sensibles comme le cas du segment côtier qui se situe au Sud de Sebkhet Kélibia, il sera peut-être possible d'étudier le cas de faire reculer les habitations qui ont été implantées sur le cordon qui sépare la mer de la Sebkha.

Il est recommandé de revoir le retrait de 100 m prévu par la réglementation et de laisser le maximum d'éloignement par rapport au tracé du DPM pour préserver les dunes littorales. Or, si on ignore les conséquences d'une telle élévation et lorsque les problèmes se posent, ils sont alors beaucoup plus difficiles à résoudre. D'où la nécessité de procéder à des études approfondies basées sur des mesures préventives exactes avant que les problèmes se posent (Brahmi, 2017).

En récapitulant, trois objectifs s'imposent devant le risque de submersion actuellement constaté et qui peut être éventuellement accéléré à l'horizon 2100; "connaître-exploiter-préserver". Connaître le milieu naturel et son état d'équilibre: or, les études académiques sur la lagune côtière de Kélibia et les documents cartographiques disponibles à ce jour sont encore rares, souvent incomplets et témoignent bien la nécessité d'études plus approfondies.

Une meilleure connaissance des phénomènes naturels régissant l'évolution du système littoral et des conséquences des interventions humaines permettent de mieux exploiter le milieu naturel, de bénéficier de ces ressources, tout en préservant ses fonctions. En fait, il s'agit de trouver un équilibre entre les trois piliers du développement durable le social, l'économique et l'environnemental.

8. Discussion

La cartographie prévisionnelle du risque submersion marine reste très critiquable puisqu'elle simplifie considérablement un phénomène très complexe, dont on ignore encore pratiquement tout des conséquences morphodynamiques. Toutefois, elle repose sur une hypothèse fondamentale, certes non vérifiable, mais qui correspond à un phénomène déjà observé par plusieurs chercheurs en réponse à une élévation du niveau marin.

Par ailleurs, la prise en compte dans les prévisions du paramètre "élévation du niveau marin", s'avère délicate. En effet, l'appréciation des conséquences d'une variation marine sur la position du rivage et la morphologie littorale exige l'existence de documents cartographiques adaptés à la valeur de cette élévation. Or les cartes topographiques disponibles et couvrant l'ensemble du littoral ont toujours une équidistance des courbes de niveau supérieure à 5m (10m pour l'échelle 1:50000 ; 5m pour l'échelle 1:25 000) ou donnent dans le meilleur des cas quelques courbes intercalaires de 2,5 m. Ceci constitue une première contrainte majeure, car il devient impossible de modéliser le terrain des espaces compris entre le niveau marin actuel et l'altitude qui correspond au niveau supposé pour les trois scénarios (0,38m ; 0,50m et 0,55m). Mais d'autres paramètres sont également à prendre en compte comme la largeur du cordon dunaire ou de l'ouvrage de protection, son état (dégradé ou non), sa hauteur, et le niveau de la plage en pied d'ouvrage (si les fondations apparaissent, il existe un risque de déchaussement de l'ouvrage par le bas), la subsidence détectée sur le littoral, la nature du terrain, le niveau de la nappe phréatique, les formes d'occupation des sols et surtout une élévation du niveau de la mer (Chouari, 2009). Evidemment, une telle démarche reste très hypothétique puisqu'elle revient à ignorer totalement les effets dynamiques d'une accélération de la hausse du niveau marin (augmentation de la fréquence et de la force des tempêtes, modifications éventuelles des transits sédimentaires, du profil de la plage). Il fallait prendre en compte dans la prévision à la fois l'évolution passée du rivage et la hausse supplémentaire du plan d'eau induite par l'accélération du rythme d'élévation du niveau marin (Durand et Heurtefeux, 2006).

Conclusion

L'étude du risque de submersion marine sur la lagune de Kélibia montre que si l'élévation du niveau marin suit les estimations faites par l'IPCC, les conséquences pourraient devenir catastrophiques pour ce site Ramsar. A l'heure actuelle, le site ne peut pas être submergé dans des conditions normales, c'est-à-dire sans surcote. En 2100, avec des scénarios d'élévation du niveau marin respectivement de +38cm, +50cm et +55cm par rapport à aujourd'hui, le risque de submersion serait naturellement beaucoup plus important. La submersion de la lagune se traduirait par :

- La disparition de la plage ; dans l'impossibilité d'une migration vers le continent ;
- La submersion des habitations et des constructions hôtelières réalisées sur le cordon littoral ;
- La dégradation de la qualité des eaux souterraines, des systèmes d'évacuations et de filtrations ;

Ainsi, la cartographie des espaces submersibles pourrait être affinée par la réalisation d'une modélisation dynamique fine des épisodes de submersion. En outre, la mise en place d'un suivi morphodynamique s'avérerait très utile pour gérer le risque et conserver l'écosystème. Cependant, la cartographie prévisionnelle du risque submersion marine reste très critiquable puisqu'elle simplifie considérablement un phénomène très complexe, dont on ignore encore pratiquement tout des conséquences morphodynamiques. Cette cartographie étant toutefois à relativiser dans la mesure où les surcotes sont des évènements de fréquence de retour aléatoire.

Chapitre 7

Transfert de risques de catastrophes et de technologies propres devant le changement climatique : une approche durable et sécuritaire pour les villes moyennes latino-américaines

Introduction
Les catastrophes ont été classifiées selon leur origine en naturelles, socio-naturelles et anthropiques. La première de ces catégories est référée aux évènements sur lesquels l'être humain n'a aucune intervention, la deuxième fait mention aux imprévus naturels mais augmentés par l'action humaine, tandis que la troisième est liée à des actions directes des personnes.

Dans les deux premières catégories, 1202 événements d'origine géophysique et climatique ont été quantifiées entre 1990 et 2016 en Amérique latine, selon la base des données CEPALSTAT (CEPAL, 2017). Dans cette région de la planète, des catastrophes d'origine naturelle et socio-naturelle ont engendré près de 314 000 morts, au temps qu'environ de 187 millions de personnes ont été affectées. Ce type de données nous permet d'observer les besoins que les gouvernements ont de renforcer les politiques pour la génération des mécanismes financiers et technologiques afin de minimiser les effets économiques provoqués par ces phénomènes dévastateurs.

Ce travail sur le transfert de risques de catastrophes et de technologies propres devant le changement climatique nous permet de présenter une approche durable et sécuritaire pour les villes moyennes latino-américaines. Ce document, dont l'objectif général est celui de rendre compte de la pertinence d'un agenda commun entre les communautés scientifiques qui travaillent les politiques de Réduction des risques de catastrophes (RRC) et celles d'Adaptation au Changement climatique (ACC), peut être considéré comme une première étape d'une recherche en cours. Nous présentons une base théorique dans laquelle nous traitons des concepts de transfert de risques de catastrophes (TRC), changement climatique (CC), transfert de technologies propres (TTP) et résilience (Re).

En plus, nous essayons de trouver les caractéristiques qui définissent les villes moyennes latino-américaines puis montrerons que la capitale de l'état mexicain de Durango a été choisie comme notre étude de cas.

Cette première phase méthodologique est une exploration documentaire à travers le suivi des sources biblio-journalistiques, car nous nous sommes concentrés sur le cadre théorique et les critères adoptés pour choisir une étude de cas. Dans une future deuxième partie, nous allons nous dédier à la description du travail sur le terrain et les résultats définitifs de cette recherche.

Nous finissons ce texte avec des conclusions pour l'Amérique latine produites par l'analyse théorique-documentaire de l'évolution des politiques publiques liées au TRC et au TTP. Dans une région du Monde dans laquelle les efforts pour promouvoir la culture de prévention et la protection financière sont relativement récents, la société n'envisage pas la nécessité de contracter une assurance pour protéger son patrimoine. Cependant, notre travail peut être utilisé comme un outil pour identifier les zones inondables plus sensibles à Durango ou dans d'autres villes de taille moyenne, compte tenue l'importance de la prévention pour réduire les impacts des catastrophes.

Base théorique et conceptuelle

Les catastrophes d'origines naturelles font références aux tremblements de terre, aux éruptions volcaniques et aux déplacements de masses sèches, tandis que les socio-naturelles font rappels aux tempêtes, aux inondations, aux déplacements de masses humides, aux températures extrêmes, aux sécheresses et aux incendies. Les catastrophes anthropiques peuvent être technologiques ou socio-organisationnelles.

La Commission économique pour l'Amérique latine et les Caraïbes (CEPAL, 2017) remarque que, pour la période mentionnée ci-dessus, les pertes humaines causées par des catastrophes liées aux mouvements de l'écorce terrestre sont de 228 008. Celles-ci sont supérieures au nombre de morts par causes atmosphériques, qui est de 85 693. Cependant, notons que le nombre d'évènements géophysiques (162) est moindre que celui d'évènements climatologiques (1 040), ainsi que la quantité de personnes affectées : 16 338016 par des tremblements de terre, éruptions volcaniques et déplacements de masse sèche contre. 170 003 796 par des tempêtes, inondations, déplacements de masses humides, températures extrêmes, sécheresses et incendies, c'est à dire des risques socio-naturels (RSN). En faisant partie d'une recherche doctorale en cours, nous nous intéressons dans ce document aux RSN.

Dans ce chapitre nous parlons de la relation théorique et conceptuelle entre TRC, TTP, CC et Re. En ce sens, il faut mentionner que les risques et les catastrophes sont associés au CC. Olcina (2008:19) signale que le risque est un état naturel de l'être humain depuis le début de son Histoire. L'auteur ajoute que nous sommes « une société de risque » qui fait « des territoires au risque ». Le risque est un effet de l'imprudence de l'homme au moment d'effectuer des actions sur le territoire. Cardona (2001:106) remarque que les catastrophes sont la preuve d'une vulnérabilité composée par l'exposition physique, la fragilité sociale et le manque de la résilience des communautés qui ne sont pas en mesure d'affronter l'agent vulnérable.

L'auteur indique que l'exposition physique est une condition de susceptibilité des établissements humains compte tenue sa localisation dans la zone d'influence des phénomènes dangereux et par sa fragilité physique. En autre, la fragilité sociale peut être considérée comme la prédisposition qui découle comme résultat du niveau de marginalité et de ségrégation sociale des communautés et de leurs conditions désavantageuses, ainsi que de la faiblesse relative à des facteurs socioéconomiques. En plus, le manque de Re fait référence aux limitations d'accès et de mobilisation des ressources des congrégations humaines, leur incapacité de réponse et leurs déficiences pour absorber l'impact.

Nous nous permettons d'ajouter que le risque ne peut jamais être complètement éliminé, seulement il peut être géré. Les effets d'une catastrophe peuvent être délimités —phase *ex post*—, si les étapes *ex-ante* des conditions risque ont été appliquées (identification, réduction et protection financière). Alors, le risque socio-naturel peut être mieux compris en fonction de la somme de la menace plus la vulnérabilité. L'équation de la figure 1 essai d'expliquer cette relation.

$$RSN = M + V (ExPh + Fs + MRe) = X; X \text{ n'est jamais zéro (0)}$$

RSN : Risque socio-naturel.

V : Vulnérabilité

ExPh : Exposition physique

Fs : Fragilité sociale

MRe : Manque de Résilience

Figure 1. Équation pour indiquer que le risque socio naturel (RSN) est en fonction de la somme de la menace (M) plus la vulnérabilité (V) et que le RSN ne peut être jamais 0 (zéro). Élaboration : les auteurs.

Pour Lavell (2001:35), le risque est constitué par des variables dont le produit est dynamique et changeant. Donc, le risque est constitué au-delà de la simple somme ou de la multiplication de la vulnérabilité et la menace. Le risque est composé par l'interaction dynamique de la vulnérabilité et la menace, compte tenu que celles-ci ne peuvent pas être comprises de manière indépendante lorsqu'on parle de risque. Dans cette perspective, il y a des conceptions différentes pour mesurer le risque, malgré que, généralement, dans la littérature spécialisée, le risque va apparaître comme le résultat de la menace par la vulnérabilité
[R = M **x** V].

Cardona (2001:106) ajoute à l'équation antérieure, comme des éléments de la variable vulnérabilité, les niveaux d'exposition physique, fragilité sociale et manque de résilience, ce qui permet de présenter l'équation de la forme
[R = M **x** V (Exph + Fs + MRe)].

Pour l'approche de l'ACC définie par l'IPCC (2012), la vulnérabilité existe parce que, devant les risques, ne se développent pas des politiques d'adaptation. Ceci est montré par l'équation
[V = R − (capacité d'adaptation)].

Nous considérons qu'il est important de mentionner que l'équation
[RSN = M + V (ExPh + Fs + MRe) = X]
présentée à la figure 1, est une contribution de l'ensemble de cette recherche doctorale en cours (Rivas, Aparicio & Páez, 2017), car il s'agit d'une première approximation qui contemple le risque socio-naturel comme l'addition de la menace plus la vulnérabilité et ses composantes. Cette équation aussi contraste avec celles qui considèrent mathématiquement le risque comme un produit, compte tenu que le risque n'est jamais éliminé, bien qu'il puisse exister des variables avec la valeur égale à zéro, sauf le risque socio-naturel.

Le transfert risques de catastrophes (TRC)

Le concept de TRC est communément associé au paiement d'une prime d'assurance à une personne physique ou morale, publique ou privée, auprès d'une institution financière. Dávila (2008:77) mentionne que le transfert de risque référé aux catastrophes comme « l'application des mécanismes financiers pour la gestion du risque résiduel (non réduite) dans des scénarios spécifiques, lesquels sont principalement définies selon le capital exposé ».

L'auteur indique qu'une protection financière inclut des mécanismes de transfert et de rétention de risque, tous deux doivent être fournis par les gouvernements comme une façon d'assurabilité et de disponibilité de ressources financières pour faire face aux situations d'urgence, ainsi que pour la réhabilitation et la reconstruction post-catastrophe (Yamin et al., 2013:5). Au moment de parler des menaces mondiales, comme le CC, Beck (2002) affirme que le risque pourrait être estimé à l'aide des statistiques sur le taux d'accident, des formules de compensation généralisée, en plus de l'échange d'argent pour les dommages.

Cardona et al. (2005: 20) considère l'identification des risques, la réduction des risques, la protection financière et la gestion des catastrophes, comme les étapes du TRC. Selon le Système Économique Latino-Américain et Caribéen (SELA, 2010:9), les trois premières étapes sont liées à des actions de catastrophe *ex-ante* et le quatrième est lié au moment de l'adversité *ex-post*. Tout d'abord, l'identification des risques implique l'évaluation objective des risques, des perceptions individuelles et représentations sociales. En outre, la réduction du risque comprend la prévention et la mitigation de la vulnérabilité autant physique que sociale, ainsi que l'adaptation au CC. Aussi, du point de vue de l'investissement économique et publique, la protection financière est liée au TRC et à la rétention du risque, compte tenu les ressources fiscales, les crédits, les crédits contingents, les bonus de catastrophe, et les assurances, parmi d'autres. Finalement, la gestion des catastrophes correspond à la préparation, l'alerte, la réponse, ainsi que à la réhabilitation et la reconstruction après l'occurrence de la catastrophe.

Certain, le TRC ne peut pas être séparé du CC. Après la Deuxième Guerre Mondiale, les préoccupations pour protéger l'environnement ainsi que pour faire face aux dommages causés par des évènements socio-naturels sont restées dans plusieurs agendas internationaux. Par exemple, en 1972, des jeunes scientifiques rédigent le *Rapport Meadows* ou *The Limits to Growth* (Les limites à la croissance) (Meadows, Meadows & Randers, 2012).Cependant, la grande contribution envers la conscience de la relation entre la société, la nature et l'économie était le Rapport Brundtland en 1987, dans lequel est utilisé pour la première fois le concept de Développement durable.

À la fin du XXe siècle et les deux premières décennies du XXIe siècle, de nombreuses expériences sur TRC apparaissent autour de la planète. Par exemple, nous pouvons mentionner la Stratégie et Plan d'action de Yokohama pour un Monde plus sécuritaire, en 1994, le Cadre d'action de

Hyogo pour 2005-2015 pour construire la résilience des Nations et des communautés face aux catastrophes, le Cadre d'action de Sendai pour la

réduction des risques de catastrophe 2015 – 2030, les sommets des Nations Unies pour le développement durable (1992, 2002 et 2012), en plus de l'Agenda pour le développement durable 2030 (figure 2).

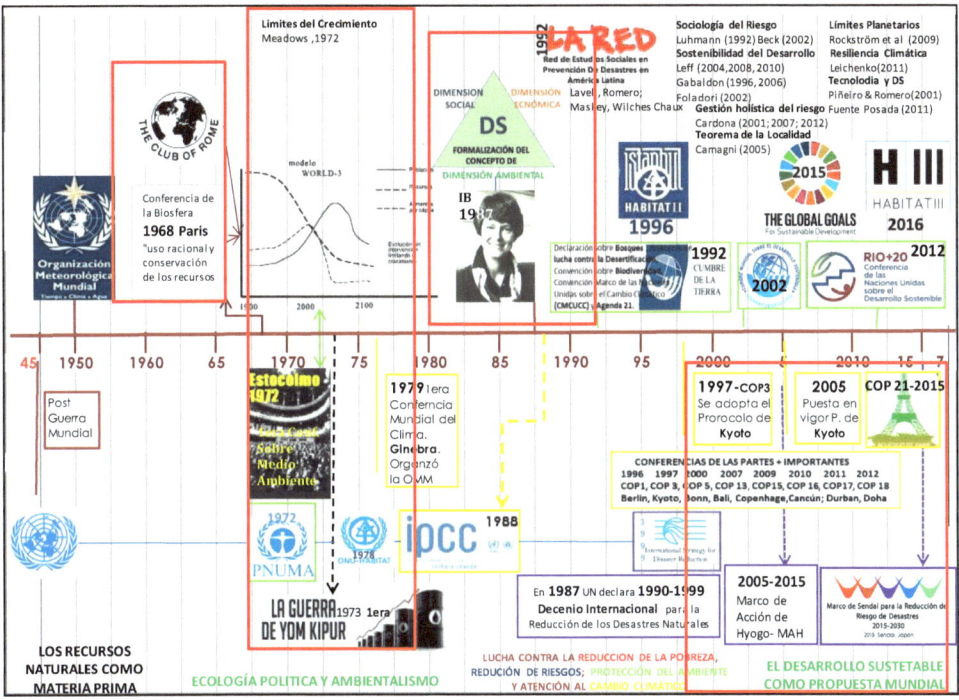

Figure 2. Ligne du temps : Environnement / Changement climatique -risque-habitat-développement. Élaboration : les auteurs

Le changement climatique (CC)

Le climat de la planète a toujours changé et continuera à le faire. Des auteurs comme Olcina (2008: 42) remarquent que la surface de la Terre est actuellement plus chaude qu'il y a trois décennies, compte tenu la réduction de la couverture de glace et de neige, en plus de l'augmentation du niveau de la mer dans certains secteurs planétaires. Le concept de CC est lié au présent et aux futurs scénarios où les émissions de CO_2 provoquent un réchauffement plus grand chez les composantes du système climatique terrestre. Rusticucci (2013) mentionne que les facteurs anthropiques ont facilité l'augmentation de la moyenne de la température mondiale entre 1951 et 2010.

L'action humaine a amené des conséquences comme le réchauffement de l'atmosphère et des océans, des changements dans le cycle hydrologique global, la réduction de la neige et de la glace, l'augmentation de la moyenne du niveau de la mer, ainsi que des changements atmosphériques extrêmes.

Beck (2002: 232) a classé le CC comme une menace mondiale. Il ajoute que « les risques sont des hybrides créés par l'homme ». En ce sens, les écosystèmes et les territoires peuplés dans le Monde entier ont souffert ou ils sont affectés par certains événements liés au CC, tels que les températures congelées, les vagues de chaleur, les inondations et la désertification des sols. Le développement industriel et technologique fait partie d'un mode de vie fortement influencée par la consommation.

Romero & Maskrey (1993) remarquent que les catastrophes ne sont pas naturelles, elles sont un problème non résolu par le développement dans le Monde entier. Les effets de certains phénomènes naturels ne sont pas nécessairement catastrophiques. Une catastrophe s'est produite uniquement lorsqu'un phénomène naturel influe sur les conditions de vie d'une communauté. Au même temps, le risque est inévitable, mais il peut être réduit. Nous nous permettons de mentionner que l'actuelle « hypothèse » du changement climatique due au Gaz à Effet de Serre (GES) est incontestable, malgré quelques détracteurs comme Durkin (2006) qui, dans son documentaire *The Great Global Warming Swindle* (Le réchauffement climatique, une escroquerie), indique le contraire.

Au sein des communautés scientifiques qui travaillent sur l'adaptation au Changement Climatique (ACC), Cardona (2012: 13) mentionne qu'il y a une considération théorique fondamentale référée à la relation ou l'intersection entre l'ACC et la Gestion intégrée du risque (GIR).

En ce sens, pour les Nations Unies (UN, 2015: 2) l'adaptation est « un processus d'ajustements au climat actuel ou attendu, ainsi que à ses effets. Dans les systèmes humains, l'adaptation vise à modérer un préjudice ou exploiter leurs opportunités bénéfiques. Dans les systèmes naturels, l'intervention humaine peut faciliter des ajustements au climat attendu et ses effets ». Nous nous permettons de considérer l'ACC comme la somme d'actions pour réduire la vulnérabilité, en réduisant les causes.

Le transfert de technologies propres (TTP)

La technologie propre est également connue sous le nom de Mécanisme de Développement Propre (MDP). En outre, le Protocole de Kyoto, dans son article 12, reconnaît ce mécanisme comme un instrument de convergence des intérêts existants entre les pays industrialisés et les pays en développement pour atténuer les effets du CC (UN, 1998:11). Pour contribuer à l'atténuation et l'ACC, le document parle de la restructuration de l'industrie vers l'utilisation d'énergies alternatives et les réductions certifiées des émissions du GES.

Le MDP est considéré comme un instrument pour le développement durable mondial. Sur le pilier économique, il y a une considération de frais pour l'obtention de droits sur les émissions de CO_2. Sur le plan environnemental, les pays sont tenus d'obtenir de l'énergie propre et de préserver leurs ressources naturelles. Sur le soutien social, compte tenu que le MDP a commencé dans les pays développés, il y a des contributions pour l'investissement, le transfert de technologie et la création d'emplois. Selon Graizbord (2011:40), les transferts de technologie pourraient être, d'une part, des pays industrialisés aux pays en développement à travers des financements, des échanges scientifiques ou des alliances de coopération. De plus, ce transfert pourrait servir pour la création de laboratoires, le développement de prototypes et la construction de réseaux de chercheurs. Aussi, la gestion des connaissances technologiques pourrait être transférable aux nombreuses sociétés dans le monde entier.

Le TTP fait partie de la production d'énergie durable. Les Objectifs de développement durable numéros 7 et 12 font mention sur le compromis des nations pour assurer l'accès à une énergie moderne, durable, sécuritaire et abordable pour tout le monde (UNDP, 2015). Les technologies propres aideront à réduire la vulnérabilité devant les risques de catastrophes, ainsi qu'à améliorer l'ACC. Selon Gutman & López (2017: 21), la Production durable, ou *Production verte*, cherche le plus grand bien-être humain, ainsi que la justice sociale. En même temps, cette production cherche une importante réduction des risques environnementaux et la protection écologique.

Le TTP doit être fait sous des normes environnementales strictes et sous des pratiques de responsabilité sociale. En outre, le TTP implique une transformation des entreprises en termes de processus et de produits, en cherchant à contribuer à une meilleure performance environnementale.

Le respect de l'environnement inclut l'utilisation d'énergies renouvelables et de carburants propres, ainsi que la création de réseaux de transport en commun et d'infrastructures des bâtiments en faisant une utilisation efficace de l'énergie et de l'eau pour réduire la production de GES, en plus d'une gestion intégrée des déchets solides, dangereux et spéciaux.

Résilience (Re)

La résilience peut être comprise comme la capacité des êtres humains de s'adapter positivement à des situations défavorables devant les catastrophes. Ce qui réfère à la Re devant le changement climatique, elle est considérée comme la capacité d'un système lequel, une fois qu'il connait ses faiblesses, a développé des stratégies pour absorber et se remettre à point après l'impact d'un événement hydrométéorologique qui peut, éventuellement, être propulsé par les effets du CC (ONU, 2015; IPCC 2012; Cardona 2001). Il faut mentionner que les travaux sur la Re commencent à se développer en psychologie et en psychiatrie depuis les années 1990 (Becoña, 2006).

Cutter et al. (2008:2) définissent la Re communautaire dans le cadre de la GIR comme la capacité d'un système humain à réagir et à récupérer devant une catastrophe. L'auteur considère les conditions inhérentes au système qui lui permettent d'amortir des impacts et de faire face à l'événement, ainsi que de développer des processus d'adaptation ultérieures. Oswald et al. (2013: 12) mentionnent que les impacts du CC ont produit une double vulnérabilité, environnementale et sociale, laquelle a amené à des familles paysannes et à des communautés entières à faire face à un dilemme de survivance. Nous pouvons noter que ce dilemme implique la génération d'une culture de prévention des possibles conséquences des risques de pertes humaines et économiques associées à des phénomènes naturels. Pour notre travail, il faut prendre en compte qu'une ville résiliente est « un réseau durable de systèmes physiques et des communautés humaines » (Godschalk, 2003: 136).

Selon Aguiar & Acle-Tomasini (2012: 55), la résilience est un processus interactif entre les gens et leur environnement lorsqu'une communauté est confrontée à une situation de risque. Ce processus est plus évident dépendamment des ressources disponibles pour faire face à l'adversité.
Trujillo (2006) souligne que des actions pour favoriser l'inclusion sociale de la résilience doivent être promues pour profiter de la vitalité, de la capacité et de l'énergie pour participer activement dans le présent et pour construire un projet de vie. L'auteure fait référence à l'ouragan Katrina en Nouvelle Orléans 2005, lequel a impacté de nombreuses personnes de différentes cultures.

La coordination des agendas de politiques publiques RRC et ACC
Nous avons indiqué que l'objectif général de ce travail est de rendre compte de la pertinence d'un agenda commun entre les communautés scientifiques qui travaillent les politiques de Réduction des risques de catastrophes (RRC) et celles d'Adaptation au Changement climatique (ACC). Dans cette partie du texte, nous faisons un survol sur le processus historique qui parle de la Coopération internationale au Transfert de risque de catastrophes, dans lequel les deux agendas mentionnés apparaissent. En plus, nous faisons mention du concept de la ville sécuritaire devant le CC, ainsi que du cas Mexicain en matière de RRC.

De la Coopération internationale au Transfert de risque de catastrophes (TRC)

Revet (2011) signale qu'à partir du XVIIIe siècle, il y a eu l'idée de la coopération, considérée comme une aide internationale pour assister les pays touchés par des catastrophes. Après le tremblement de terre de Lisbonne (1755) et celui de Caracas (1812), autant le Portugal comme le Venezuela ont reçu de l'aide alimentaire et de l'argent de la part des communautés d'autres pays. La formalisation de la coopération internationale en cas de catastrophes est notée dans la mise en œuvre de l'Union internationale de secours née 1927 et entrée en vigueur en 1932, signée par dix-neuf pays de la Ligue des Nations, malgré que sa durée fût courte en raison de la Seconde Guerre Mondiale.

On soulève la question suivante : Comment passer de l'approche de l'aide ou du secours lié à la gestion de la catastrophe (phase *ex–post*) à des politiques *ex–ante* pour la génération de mécanismes financiers, afin de minimiser les effets économiques adverses qui tronquent le développement et la durabilité des Nations?

À la fin du XXe siècle, les deux agendas mentionnés sont apparus. Du côté de la RRC, la même auteure remarque qu'à partir de la catastrophe causée par le cyclone et les inondations au Pakistan, en 1971 est créée *l'United Nations Disasters Relief Organization (UNDRO)*.

Il faut mentionner qu'en 1987 il y a un changement de paradigme au niveau mondial, légitimé par l'Informe Brundtland. Il s'agit d'une réflexion sur le modèle de développement basé sur la croissance économique et la globalisation néolibérale.

En 1991, *l'UNDRO* est redimensionnée car ses attributions sont liées uniquement à des autres situations d'urgence. En 1998, *l'UNDRO* devient *l'Office for The Coordination of Humanitarian Affairs (OCHA)* avec l'assistance permanente de *l'InterAgency Standing Committee*, laquelle comprend des organismes des Nations Unies tels que la Croix-Rouge et d'autres organisations humanitaires internationales. L'*OCHA* a créé le Programme de préparation devant les catastrophes de la Commission Européenne (DIPECHO). Dans ce sens, Revet, mentionne aussi qu'il y a d'autres organisations liées au thème de la gestion des catastrophes, dirigé par les pays européens, comme *l'Euro-Atlantic Disaster Response Coordination Centre* et l'Organisation du traité de l'Atlantique Nord (OTAN), dont l'attention inclut toute sorte de catastrophes, compte tenu que les menaces terroristes, les risques naturels et les catastrophes technologique sont placés au même niveau. D'un point de vue conceptuel, cette approche d'aide–secours est liée à la gestion des catastrophes pendant l'étape *ex–post* (Rivas, Aparicio & Páez, 2017).

Parallèlement, à partir de 1990, deux plateformes d'action intéressées à la RRC ont commencé à gérer le côté financier de la catastrophe. La première de ces plateformes est située dans le contexte des programmes internationaux, lorsque l'ONU a déclaré la période de 1990 à 2000 comme la Décennie internationale pour la réduction des catastrophes (DIPCN), tandis que la deuxième, en 1992, est référée la création d'une organisation pour étudier le concept de la catastrophe. Le groupe était nommé *La Red de Estudios Sociales en Prevención de Desastres en América Latina*, communément connu comme LaRED. Cette évolution conceptuelle signifiait un changement de paradigme. D'une part, la DIPCN mettait en évidence la contribution de la science et la technologie dans la réduction des dommages causés par les catastrophes et l'importance de l'éducation des populations (Revet, 2011:542). D'autre part, LaRED, avec sa production scientifique, situait la discussion sur la Gestion intégrale du RC, ce qui explique que la gestion de la catastrophe soit considérée comme l'étape *ex-post*. Aussi, la gestion de la catastrophe est la conséquence de ne pas gérer les étapes nous appelons *ex-ante*.

Du côté de l'ACC, nous avons mentionné ci-dessus des exemples tels que la Stratégie et Plan d'action de Yokohama pour un monde plus sécuritaire de 1994, le Cadre d'action de Hyōgo pour 2005-2015 pour construire la résilience des Nations et des communautés face aux catastrophes, le Cadre d'action de Sendai pour la réduction des risques de catastrophe 2015 – 2030, les sommets des Nations Unies pour le développement durable (1992, 2002 et 2012), en plus de l'Agenda pour le développement durable 2030.

Lobo (2012) montre des différents instruments de TRC utilisés autour du Monde dans le secteur public, entre 2006-2010, comme des réponses à des phénomènes inquiétants, ainsi qu'une attention aux questions de protection de la santé et de crédits pour l'infrastructure (figure 3). Dans l'image, nous nous permettons de faire ressortir certains moments que nous considérons comme importants dans le cadre de cette recherche liés à des pays en voie de développement, tels que le Mécanisme d'assurance des risques catastrophiques des Caraïbes (CCRIF) de 2007, les micro-assurances contre le risque de catastrophes - MiCRO-, et le Kore W, mis en place en Haïti au cours de 2011. Il faut remarquer l'expérience mexicaine liée à l'émission du premier bonus catastrophique souveraine du Monde en 2006, en plus de la figure du Fonds des catastrophes naturelles (FONDEN) de 2009.

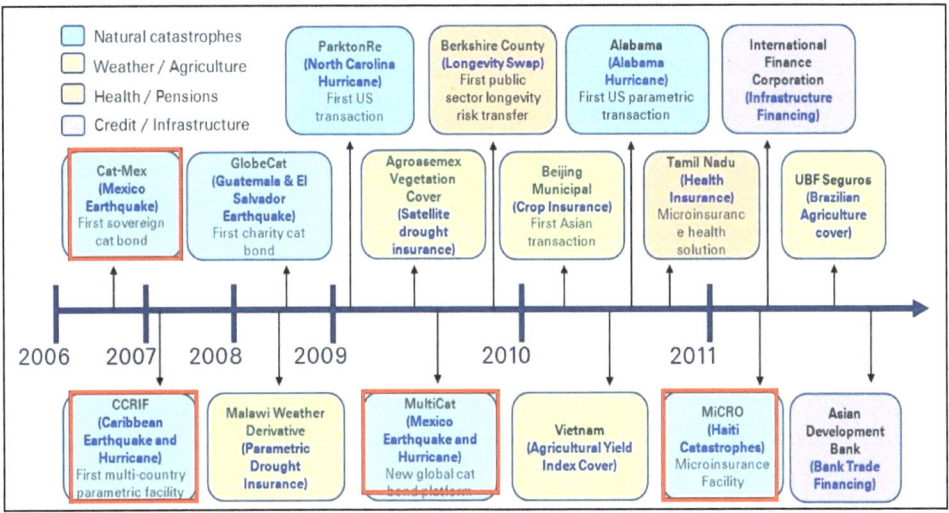

Figure 3. Principaux instruments de TRC utilisés dans le monde dans le secteur public 2006-2010En cadre rouge, nous montrons des instruments de rétention et de transfert des risques pour la gestion des risques liés aux phénomènes climatiques dans les pays en voie de développement. Source: Lobo (2012), avec annotations des auteurs.

La ville sécuritaire latino-américaine devant le Changement Climatique : la ville intermédiaire

Le développement durable n'est pas seulement un problème limité aux adaptations écologiques d'un processus social, il s'agit d'une stratégie multidisciplinaire pour laquelle des sociétés considèrent la viabilité économique et la faisabilité écologique (Carabias & Provencio, 1992).

En ce sens, une ville durable peut être définie comme un système écologique, dans lequel les habitants aspirent à un métabolisme circulaire, au temps que la consommation est réduite et la réutilisation des ressources est favorisée. Ce système implique le recyclage de matériaux, la gestion d'énergie non renouvelable et la conservation des ressources d'énergies renouvelables, mais sans négliger la justice sociale. Par conséquent, les villes écologiquement durables ont tendance à être plus productives, compétitives, innovantes et prospères. Ces villes sont capables de maintenir un juste équilibre entre croissance économique et environnement, en facilitant le développement intégré et la résilience (ONU & Habitat, 2016).

Des auteurs comme Jeffery (1971) ont lié le concept de ville sécuritaire avec la prévention du crime par le biais de design de l'environnement (*Crime Prevention Through Environmental Design CPTED*). L'auteur mentionne que les environnements physiques peuvent inhiber ou motiver les comportements criminels. En d'autres termes, les espaces publics peuvent promouvoir la coexistence, l'intégration sociale et la vitalité de la ville pour la rendre plus sécuritaire devant la violence urbaine. Cependant, dans ce travail, la notion de *ville sécuritaire* est liée à la problématique du CC. Donc, la sécurité dans l'espace urbain est liée à la capacité d'adaptation et de résilience développées par les communautés contre les risques de catastrophes hydrométéorologiques. De ce point de vue, l'ONU a mis en place la Campagne Global 2010-2015 pour rendre les villes plus résilientes (UNISDR, 2012). Grâce à un manuel pour les chefs de gouvernements locaux, cette organisation intergouvernementale a décrit l'importance des règles locales pour inclure dans les agendas politiques des programmes de développement durable, de prévention et de résilience face aux risques. Une ville sécuritaire inclut la protection des communautés et la réduction des risques en cas de catastrophe, autant que l'amélioration des conditions socio-économiques et environnementales.

On remarque qu'en études urbaines il y a une tendance pour documenter sur les grandes agglomérations, les métropoles et les grandes villes. Cependant, Bellet & Llop (2004) mentionnent que la plus vaste présence urbaine dans le Monde est reliée aux villes intermédiaires. Les auteurs considèrent, pour définir ce genre d'espaces, leur relation avec les zones rurales environnantes et les autres zones urbaines, au-delà de leur grandeur démographique ou de leur dimension territoriale. Carrión (2013) détermine l'existence de trois types de villes intermédiaires. Tout d'abord, les villes rurales ou celles qui articulent le réseau urbain avec la ruralité. Ensuite, les villes moyennes ou celles qui intègrent le système urbain au sein d'un pays. Troisièmement, les villes de frontière, régionales ou métropolitaines qui articulent les villes globales. Rodríguez & Villa (1998:56) mentionnent qu'un grand nombre d'institutions dans les pays d'Amérique latine ont tenté de définir leurs villes de taille moyenne. Comme critère commun, ce genre d'établissements humains ont des populations entre 50 000 et 1 000 000 d'habitants (Bellet & Llop, 2004 ; Carrión, 1994 ; Rodríguez & Villa, 1998). Pour certain, il y a des dynamiques différentes entre les centres urbains considérés dans cette tranche de population. Au Mexique, selon les institutions officielles (SEDESOL & CONAPO, 2012), le Système urbain principal (SUN) est intégré par l'ensemble des villes avec plus de 15 000 habitants, qui sont fonctionnellement liées. À l'intérieur de cette classification, les villes intermédiaires mexicaines sont considérées comme celles dont la population varie entre 500 000 et 999 999 personnes.

Si on veut définir des villes durables et sécuritaires de taille moyenne en Amérique latine, on doit considérer une place avec une qualité de vie urbaine et environnementale. Dans le cas des villes intermédiaires, elles sont plus attractives, car elles ont une position stratégique par rapport aux grandes villes (Carrión, 2013). Ces établissements humains sont plus faciles à gérer en termes d'insécurité, de congestion routière et de pollution. En plus, ces villes sont plus attractives en termes économiques et social, car leur taille stimule les investissements. Parallèlement, les fonds stimulent la création d'emplois qui consolident l'environnement de vie des habitants actuels et attirent de nouveaux migrants. Nous pourrions mentionner que l'échelle des centres urbains moyens permet aux personnes et aux autorités d'établir des réseaux de gestion harmonique en cas de catastrophes naturelles. Les expériences sur la gestion des risques dans ce genre de villes pourraient servir pour l'élaboration des meilleures stratégies dans les grandes métropoles.

Sélection de l'étude de cas

Pour sélectionner l'aire de travail, nous considérons qu'il faut faire des commentaires sur le Mexique en fonction du TRC et du TTP, pays qui a commencé avec des politiques de bonus catastrophiques pour répondre aux dommages causés par les tremblements de terre et les ouragans. Ces informations nous permettront de justifier le choix de la ville de Durango, comme étude de cas, compte tenu de sa localisation stratégique en fonction de captation d'énergie solaire.

Le cas Mexicain en termes de TRC et de TTP

Nous avons mentionné que, depuis 2006, le Mexique est le premier pays libre qui possède un bonus de catastrophe pour des risques de tremblements de terre.

Pour le TRC, il faut ajouter que le FONDEN a une base de données unique au Monde, elle est considérée comme un outil de visualisation "impressionnante" pour spatialiser les risques dans le pays, selon les mots de Hector Ibarra Pando, Officier financier Senior de la Banque Mondiale (Banco Mundial, 2012). Le FONDEN considère des ressources d'urgence ainsi que des ressources de reconstruction, dans un budget d'environ 800 millions de dollars US. Le FONDEN aussi est en mesure de recevoir des contributions extraordinaires, en plus d'avoir un programme de réassurance catastrophique. Ce fond considère aussi des bonus de catastrophe d'environ 135 millions de dollars US, ainsi qu'un budget de fond résiduel du gouvernement fédéral d'un maximum de 1 490 millions de dollars US (Hofliger, 2014).

Dans le cas du TTP, il s'agit des mécanismes identifiés pendant la phase *ex-ante* de la gestion intégrale du RC. Ces mécanismes contribuent à réduire une partie des facteurs qui produisent le CC, en plus de permettre aux scenarios futurs d'être alignés avec le Panel Intergouvernemental pour le Changement Climatique (IPCC, 2013). Comme exemples du TTP, nous pouvons parler des énergies propres (hydroélectriques, nucléaire) et des énergies renouvelables (solaire, thermique, solaire photovoltaïque, éolienne, géothermique, biomasse), du développement industriel et de la génération de transport sans l'utilisation de la combustion de fossiles, des politiques de mobilité non-motorisée, de la gestion intégrale des déchets solides, ainsi que de l'économie d'énergie (bâtiments avec un design et une ingénierie intelligents).

La Commission Économique pour l'Amérique latine et les Caraïbes (CEPAL, 2017) a dévoilé des chiffres sur le développement des technologies vertes pour l'année 2005 et pour la période 2010-2015, à l'échelle mondiale et pour l'Amérique latine. Dans cette dernière période, partout dans le Monde, se sont développées, en moyenne, 600 à 615 projets d'énergie propre, dont 3 311 en Amérique latine (0.55% du total mondial). Au cœur de cette région de la planète, en première place, le Mexique possède 1 258 des actions mentionnées, suivi du Brésil avec 1049, c'est-à-dire 39% et 32% des projets latino-américains, respectivement. Nous nous permettons de faire mention du Venezuela, pays qui occupe la sixième place avec 46 projets (1.4% du total latino-américain).

En termes d'énergie propre au Mexique, le pays compte d'importantes installations, telles que des centrales à cycle combiné, d'énergie hydraulique, d'énergie éolienne, d'énergie photovoltaïque, d'énergie nucléaire, d'énergie géothermique et d'énergie à partir de méthane. L'État de Durango, lieu d'intérêt de cette recherche, a des importantes infrastructures en termes de génération d'énergie photovoltaïque et à cycle combiné (CIMAV-Durango, 2018).

Dans tout le pays, Durango est l'entité qui a les meilleures conditions de rayonnement solaire et de température nécessaires pour la production d'électricité. Notamment, la ville de Victoria de Durango, capitale de l'État, a des conditions favorables pour la production d'énergie photovoltaïque (CIMAV-Durango, 2016). En plus, parmi d'autres expériences à Victoria de Durango en termes de technologies propres, nous pouvons mentionner l'existence d'une décharge de déchets solides exploitée par la municipalité, ainsi qu'une concession privée qui produit de l'électricité à partir du Biogaz: 11 388 MW par année avec le traitement de 800 m³ de biogaz (SENER & Banco Mundial, 2015).

L'étude de cas : Victoria de Durango

Nous nous permettons de rappeler que ce travail fait partie d'une recherche doctorale qui inclut l'étude des politiques de TRC et de TTL, en fonction du concept de ville sécuritaire ici présenté. Pour sélectionner une ville latino-américaine de taille moyenne, nous avons cherché un endroit bénéficiant d'un emplacement stratégique pour attirer des gens et des activités économiques. En outre, nous avons essayé de trouver un centre urbain vulnérable devant le CC, mais en même temps, un endroit où certaines actions pour faire face ont été élaborées.

Plus connue comme la ville de Durango, Durango de Victoria est stratégiquement située dans le nord du Mexique. Cette ville se trouve à l'intersection entre les autoroutes nationales 40 et 45. L'autoroute 40 est le principal axe mexicain est-ouest. À l'est, cette autoroute démarre à la ville de Matamoros, à côté du Golfe du Mexique et à la frontière avec les États-Unis d'Amérique, et son parcours se termine au Pacifique Mexicain, à la ville de Mazatlán. L'autoroute traverse d'importants centres urbains comme Reynosa, Monterrey, Saltillo et Torréon. En outre, l'autoroute 45 relie la capitale du pays, la ville de Mexico, avec la frontière états-unienne à la métropole binationale Ciudad Juarez–El Paso, en passant par les villes de Chihuahua, Zacatecas, Aguascalientes, Guanajuato et Querétaro (figure 4).

Figure 4. *Emplacement de l'État et la ville de Durango dans le territoire mexicain. Carte élaborée par les auteurs*

Victoria de Durango est un centre urbain intermédiaire avec 586 904 habitants en 2017 ; en 2030, les données officielles estiment qu'il y aura une population de 656 180 personnes (CONAPO, 2018). Cette ville se trouve à l'intérieur de la municipalité de Durango, dont la superficie totale est de 9 306 km^2. La surface urbaine est de 98.556 km^2, ce qui représente seulement 1.06% de la superficie municipale.

En plus, Durango joue un rôle comme un centre de service à l'échelle régionale, intégrée par les cinq Microrégions de l'État (Ayuntamiento de Durango 2016:13) (figure 5).

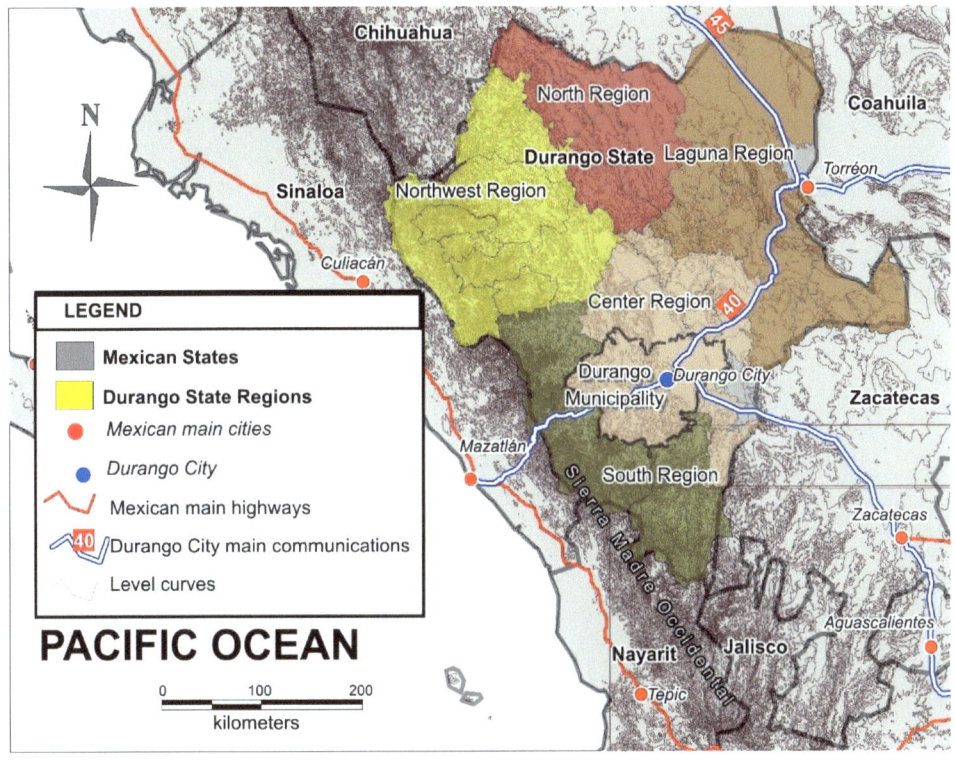

Figure 5. Microrégions de l'État de Durango et emplacement de la ville de Durango. Carte élaborée par les auteurs.

Physiquement, ce centre urbain est situé dans la plaine de la province physiographique des chaînes de montagne appelée la *Sierra Madre Occidentale*, laquelle sert de barrière aux masses d'air en provenance de l'océan Pacifique. Ces altitudes sont situées à l'ouest de la ville, et au cours de la saison des pluies, nombreux cours d'eau atteignent cet endroit. La principale source d'eau est la rivière Guadiana, qui pénètre la zone urbaine avec le nom d'*Acequia Grande* (Grand fossé) (Arrieta, 2013).

Tout au long de son histoire, la ville de Durango a souffert d'inondations graves, ainsi que de sécheresses et de gels. Le modèle 3D présenté à la figure 5 peut nous donner une idée de ce contexte.

Pour poursuivre avec cette recherche, nous avons choisi ce centre urbain, car il est défini par plusieurs critères comme une ville intermédiaire. D'une part, Victoria de Durango ne peut pas diagnostiquer la quantité et la qualité de son eau. En termes de quantité, sa population est vulnérable aux variations climatiques, compte tenu que parfois les gens souffrent de la pénurie d'eau et d'autres fois la ville souffre des inondations. En termes de qualité, l'eau n'est pas adaptée à la consommation humaine, en raison de certains niveaux de fluorure et d'arsenic. D'autre part, l'État et la municipalité de Durango ont passé des législations sur le CC et la gestion des risques de catastrophes. Par exemple, les gens qui paient leurs impôts fonciers sont couverts par une assurance habitation contre les vols, incendies, inondations ou tout autre dommage (Maldonado, 2017).

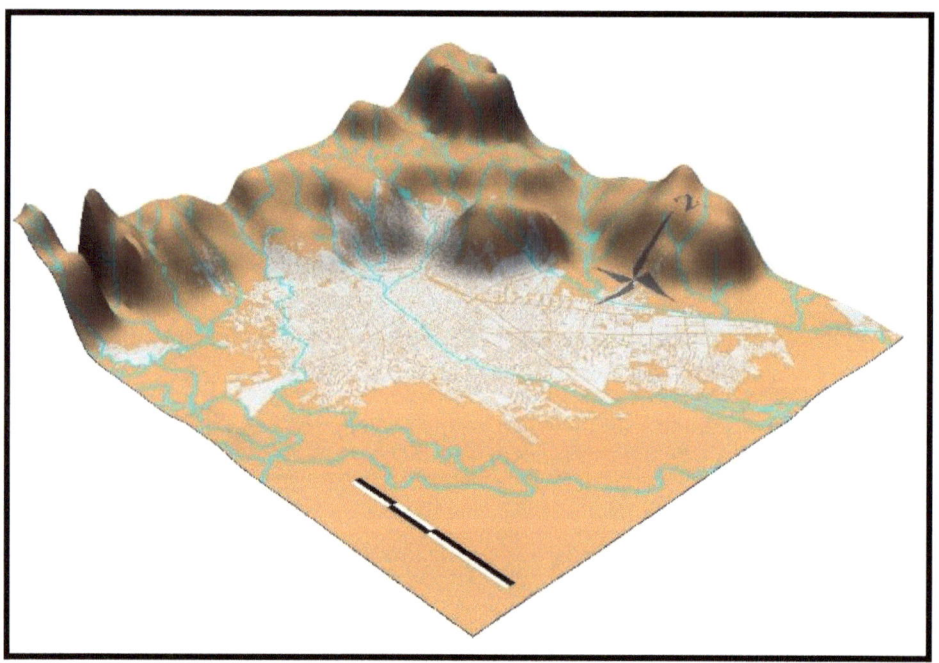

Figure 6. La surface urbaine et les ruisseaux de la ville de Durango dans un modèle 3D. L'échelle graphique représente 5 kilomètres. Élaboration par les auteurs.

En plus d'un Atlas de risques naturels, il existe des documents sur les événements historiques hydrométéorologiques, notamment des inondations et des sécheresses, en plus (Gobierno Municipal de Durango & SEDESOL, 2012). Nous pensons que le territoire de Durango porte la probabilité pour faire face aux conséquences négatives du CC dès les premiers moments. Ajouté aux questions législatives, des premières étapes de la culture de l'assurabilité sont commencé à être misses en place. Aussi, Durango a des centres de recherche actifs qui travaillent sur des projets de développement durable comme la gestion des énergies renouvelables, le recyclage et TTP. En ce sens, le Centre de recherche de matériaux avancés (*Centro de Investigación en Materiales Avanzados* CIMAV-Durango) a développé des recherches et programmes d'études graduées sur l'énergie et l'environnement, avec accentuations en systèmes thermiques solaires design, l'utilisation efficace des énergies dans les bâtiments, l'eau, la gestion intégrée des déchets, les ressources forestières et la variabilité du climat (CIMAV-Durango, 2018). Il faut ajouter, que ce travail est facile sur le plan de la logistique pour des chercheurs qui souhaitent réaliser l'étude.

Des conclusions pour l'Amérique latine

Cette approche théorique pour analyser les TRC et TTP veut définir les villes intermédiaires durables et sécuritaires en Amérique latine, face au CC. Victoria de Durango, au Mexique est un centre urbain moyen, avec des fonctions de service et avec des réseaux de gestion complémentaire. Dans le cadre du développement durable, notre travail se propose de relier TRC et TTP dans les villes ayant la capacité de s'adapter aux défis du CC. Les stratégies pour affronter les variations climatiques doivent comprendre le fait d'être préparé à l'inévitable, mais elles doivent concevoir la gestion intégrale du risque. Aussi, par le biais de la TTP, il est essentiel de ralentir les processus qui déclenchent les catastrophes hydrométéorologiques. Selon Alguacil (2009:66) les plus hautes des besoins pour le droit à une ville durable, comme la protection et la subsistance, ne pourraient pas être optimisés sans la participation des citoyens, autant dans la gestion des ressources que dans la capacité de prise de décision.

En Amérique latine, il y a un manque de culture de la prévention. En se référant à la protection financière, la société n'envisage pas la nécessité de contracter une assurance pour protéger son patrimoine. Nous nous permettons d'ajouter que les efforts pour promouvoir ce type d'initiative sont relativement récents. D'abord, il faut considérer que les étapes *ex-ante* et *ex-post* sont un ensemble d'actions en cascade qui dépendent les unes des autres.

En ce qui concerne le nombre total de stratégies « vertes » enregistrées entre 2010 et 2015, l'Amérique latine contribue avec moins de 1%. Le Mexique est le pays qui a développé plus de technologies « vertes », suivi de près par le Brésil (CEPAL, 2017).

Il y a des efforts et des investissements pour développer des technologies propres dans cette région du Monde, mais, il faut les multiplier. Le suivi et l'évaluation des politiques de TRC et de TTP permettra la création d'éventuelles orientations de politiques pour la protection financière et pour le contrôle des causes responsables du réchauffement climatique, et donc du CC, en contribuant à la construction de villes résilientes et sécuritaires.

Les villes intermédiaires ont une plus grande capacité de gestion institutionnelle et d'activation de la citoyenneté pour atteindre les objectifs du développement durable, en plus de la facilité de se positionner comme les villes ayant la meilleure qualité de vie, ainsi qu'une grande résilience et donc plus de sécurité face aux catastrophes.

Au moment d'écrire ce document, pour l'étude de cas déjà nommé, nous menons notre travail de terrain avec une méthodologie qualitative et quantitative, dont les résultats apparaîtront dans des futures publications scientifiques.

Chapitre 8

Nécessité d'une planification opérationnelle de l'agriculture urbaine au service de la sécurité alimentaire et l'adaptation au changement climatique à Alger

Introduction

L'alimentation est plus que jamais au centre des principales préoccupations politiques, sociales et humaines auxquelles nos sociétés doivent répondre au plus vite. Produire et consommer dans une société post-pétrole, soumise à des changements climatiques irréversibles, ne s'invente pas du jour au lendemain. C'est dès aujourd'hui qu'il faut envisager des actions concrètes d'adaptation et d'innovation.

Les changements climatiques (CC) s'accompagnent d'une élévation de la température, de perturbations du régime pluviométrique et de l'exacerbation des phénomènes météorologiques extrêmes. Ces modifications impactent la biodiversité en général et les rendements de l'agriculture conventionnelle et sa capacité à assurer la sécurité alimentaire en particulier ; les pays de la méditerranée seront particulièrement touchés. Le régime alimentaire d'une population, de plus en plus urbaine, riche en viande et produit laitier fait de l'agriculture, l'élevage et production de grains notamment, un important secteur consommateur d'énergie fossile et émetteur de GES-gaz à effet de serre. L'agriculture conventionnelle comme de nombreux secteurs économiques productifs, liés à l'activité humaine, émettent d'importantes quantités de GES, à la source des changements climatiques que nous connaissons.

Aussi, la concentration des populations dans des zones urbaines en marge des aires de production et les changements dans leur régime alimentaire les exposent à l'insécurité de s'approvisionner en aliments. Une insécurité qui est amplifiée par le contexte généralisé de changement climatique. Dès lors, l'agriculture urbaine (AU) devient une solution, mais son implémentation nécessite un effort de planification opérationnelle entraînant des changements systémiques urbains importants. Après une synthèse théorique et conceptuelle développée en les parties 1 et 2, le chapitre aborde en 3e partie et explique comment se réalise actuellement l'intégration de l'AU dans la planification urbaine à travers plusieurs villes, autour du monde, pour ensuite analyser la situation à Alger.

Le PDAU — Plan Directeur de l'Aménagement et d'Urbanisme à l'horizon 2035 trace une stratégie de protection des terres agricoles à travers des périmètres d'arrêts qu'il dénomme agri-parcs. Peut être considéré le PDAU d'Alger comme un instrument précurseur en matière de planification opérationnelle de l'agriculture urbaine au service de la sécurité alimentaire et l'adaptation au CC à Alger ? C'est à cette question que nous allons tenter de répondre dans la 4e et dernière partie du chapitre.

1. CC et enjeu de sécurité alimentaire dans les villes

1.1. Déclin de l'agriculture conventionnelle sous les effets du CC

À l'instar des autres régions du monde, les conditions climatiques futures pour la région méditerranéenne montrent une augmentation de la température en toutes saisons (Lionello, 2014). La hausse de la température consécutive du CC globale aura des répercussions sur la perturbation du régime pluviométrique.

Les précipitations devraient diminuer dans toutes les sous-régions et à toutes les saisons (le taux de réduction le plus important se produit en été), sauf dans les parties les plus au nord en hiver. Les maximas de température augmenteront non seulement à cause de l'augmentation générale de la température moyenne, mais aussi en partie (dans certaines régions) du fait de l'augmentation de la variabilité de la température et de la plage de température quotidienne. Les précipitations prendront, plus régulièrement, la forme de précipitations extrêmes, tandis que la probabilité réduite d'occurrence de jours pluvieux entraînera de plus longues périodes de sécheresse dans toute la région méditerranéenne.

Il existe un réel risque de diminution des disponibilités en eau et par l'accentuation d'une dynamique déjà engagée d'accroissement des déficits hydriques subis par l'agriculture. Le processus de CC se traduira par un déplacement vers le nord des étages bioclimatiques méditerranéens, conduisant en Afrique du Nord à une remontée des zones arides et désertiques (Le Houérou, 1992).

Les modèles prévoient une baisse des rendements agricoles au Maghreb (Bindi et Moriondo, 2005). L'augmentation des températures, la diminution des précipitations et l'augmentation de leur variabilité impliquent en effet un décalage et une réduction des périodes de croissance, ainsi qu'une accélération de la dégradation des sols et de la perte de terres productives.

Une réduction des disponibilités en eau et une augmentation des besoins sont à prévoir pour l'agriculture pluviale et irriguée, causée par les modifications du régime des pluies, la hausse de l'évapotranspiration et l'élévation du niveau de la mer, accentuant ainsi les risques de sécheresses aux périodes cruciales des cycles des cultures. Les rendements agricoles des cultures en grandes surfaces baisseront inéluctablement.

La combinaison de ressources en eau et en sol plus limitées entraînerait des effets négatifs sur les potentiels agricoles. En Algérie, Bindi et Moriondo (2005) anticipent des réductions moyennes des rendements de 5,7 % à près de 14 %. Le CC touchera également les légumes dont les rendements diminueraient de 10 à 30 % à l'horizon 2030.

Pour Lionello (2014), différents types de phénomènes météorologiques extrêmes apparaissent sous l'effet des changements climatiques dans la région méditerranéenne : étés chauds, cyclones explosifs, tempête extrême de poussières et épisodes orageux accompagnés de hauteurs élevées des vagues. Dans ce contexte, l'augmentation récente des épisodes de chaleur extrême dans le bassin méditerranéen s'inscrit dans la pure évolution du CC avec des températures moyennes saisonnières élevées.

L'un des plus grands impacts potentiels du CC sur la société humaine est son impact sur les ressources en eau. La Méditerranée est déjà une région connaissant un stress hydrique modéré à élevé et le CC pourrait aggraver encore ces stress. Le gouvernement algérien estime qu'une augmentation de 1 °C de la température annuelle moyenne entraînerait une diminution de 15 % des précipitations et de 30 % de l'afflux d'eaux de surface. Par la suite, la demande en eau dépasserait de 800 millions de m3 les ressources en eau disponibles (MIN.ENV., 2001).

En termes d'atteinte à la diversité biologique, ce sont les forêts espaces supports de la biodiversité qui vont être largement impactés par les changements climatiques et ont fait l'objet de nombreuses recherches ces dernières années. Selon Gauquelin & al (2016), des études récentes en Afrique du Nord (région Ouest) ont fait état de sécheresses récurrentes à partir de la seconde moitié du 20e siècle et la sécheresse de 1999-2002 était la plus grave du nord-ouest de l'Afrique depuis le milieu du 15e siècle.

Les conditions climatiques limitent la croissance des arbres et affectent la distribution géographique des espèces sensibles à la sécheresse, en particulier celles situées à la limite de leur aire de répartition. La sécheresse de 1999-2002 a entraîné une mortalité importante dans les forêts de Cedrus Atlantica où, dans certaines zones, les peuplements ont complètement disparu et même dans d'autres essences réputées pour leur résistance à la sécheresse, notamment Pinus halepensis, Quercus ilex, Quercus suber et Juniperus thurifera (Allen et al., 2010). À l'échelle planétaire, les forêts fixent jusqu'à 53 % du carbone des écosystèmes terrestres. Le recul de la couverture végétale et forestière enclenche et exacerbe les phénomènes de dégradation des sols par érosion et désertification et de libération du CO^2 dans l'atmosphère.

1.2. Impact de l'agriculture conventionnelle sur les CC

La principale cause des changements climatiques est la libération dans l'atmosphère de gaz à effet de serre le gaz carbonique CO^2, le méthane CH4 et le protoxyde d'azote N2O. Les trois gaz sont impliqués dans les processus naturels et ceux liés à l'agriculture. Selon le GIEC (2010), les émissions de gaz à effet de serre (GES) provenant de l'agriculture représentaient environ 10 à 12 % des émissions de GES causées par l'homme en 2010. Le secteur est le plus gros contributeur de GES autres que le dioxyde de carbone (CO_2), tels que le méthane.

Le monde n'a jamais produit autant de nourriture qu'aujourd'hui. Le taux de croissance de la productivité agricole au cours des dernières décennies a subi une évolution phénoménale. Le paradoxe est qu'au bout de la chaîne, une énorme quantité de la nourriture produite, à hauteur de la moitié de la production mondiale annuelle selon SIRE (2012), est jetée à la poubelle sans être consommée ou bien gaspillée pour cause de carences en matière de conditions de stockage et/ou de transport.

L'agriculture d'aujourd'hui en Algérie et plus globalement un peu partout à travers le monde est de type productiviste, la rentabilité et la satisfaction des besoins du marché sont le principal leitmotiv des différentes filières qui la compose. Les intrants sont de plus en plus nombreux à être d'origine industrielle. L'industrie agroalimentaire est largement globalisée, elle enregistre un fort taux de croissance ; comme d'autres industries productives, elle dépend malheureusement de plus en plus des sources d'énergies fossiles. Elle génère d'importantes quantités de gaz à effet de serre.

D'autre part, la proportion moyenne d'êtres humains vivants en ville sur la planète a dépassé le seuil symbolique des 50 % en 2006, ce qui implique de profondes mutations en matière d'alimentation au 21e siècle. Ce phénomène d'urbanisation représente un facteur déterminant d'accroissement, de diversification et de modification de la demande alimentaire, et en particulier une augmentation de la consommation individuelle de viandes d'origine animale. Or, l'on sait que l'élevage industriel constitue l'un des premiers secteurs agricoles émetteurs de gaz à effet de serre, en particulier de méthane, qui participe à accélérer le processus de réchauffement climatique global.

Aujourd'hui le secteur industriel de production de lait et de viande subit une progression constante, et la tendance devrait se renforcer à l'avenir, au travers de la demande des classes moyennes chinoises et indiennes émergentes. Les ruminants sont une source de méthane et de gaz carbonique. Jeremy Rifkin écrivait déjà en 1992 dans « beyond beef »: « l'élite intellectuelle dans les pays développés trouve parfaitement normal de s'inquiéter de la surpopulation dans le monde, mais elle oublie toujours un fait la vraie surpopulation c'est celle du bétail. » Il faut 13 kg de céréales et 30 kg de foin pour produire 1 kg de viande de bœuf. Une part importante des céréales que nous cultivons est destinée à l'alimentation animale.

Une part importante des céréales que nous cultivant est destiné à l'alimentation animale. Les surfaces dont nous disposons étant insuffisantes pour nourrir nos élevages nous défrichant des forêts principalement en Amérique du Sud pour cultiver du soja.

La destruction des forêts envoie d'importantes quantités de gaz carbonique dans l'atmosphère, sans parler du désastre que cela représente au niveau de la biodiversité. De plus les arbres abattus ne photo-synthétisent plus et ce sont autant de tonnes de CO^2 qui ne seront plus fixées. Nous détruisons bien le poumon vert de la terre et l'atmosphère.

Ce besoin d'une abondante nourriture carnée et de nature cultuelle que physiologique. C'est juste une question de prise de conscience et de décision. Beaucoup ont d'ailleurs déjà adopté le jour sans viande. Il serait bien entendu souhaitable d'aller plus loin et pourquoi pas jusqu'à 1 jour avec viande par semaine si l'on n'est pas végétarien.

Pour Urban & Urban (2017), les ruminants sont une source de méthane et de gaz carbonique. Une vache laitière libère ainsi environ 400 g de méthane par jour, ce qui représente, sur une année, la quantité de gaz à effet de serre émis par une voiture parcourant 20 000 km.

L'élevage à un autre défaut, 80 % de l'azote répandu dans le monde sert à reproduire les aliments destinés aux animaux. Épandre 100 kg d'azote chimique sur un hectare de terre contribue autant qu'un voyage de 10.000 km en voiture. Johan Rockström remet en cause l'injection massive d'azote réactif dans l'atmosphère et recommande de limiter au quart de sa valeur actuelle.

Les méthodes de production intensive du secteur agroalimentaire sont fortement préjudiciables à la qualité de la réserve en ressource d'eau douce planétaire et s'effectuent au détriment des ressources en biodiversité par le biais de la déforestation pour nourrir le bétail.

Par ailleurs, près de 60 % de la production céréalière mondiale est destinée à nourrir des animaux, et ces calories ne sont pas intégralement rendues en bout de chaîne lorsque les animaux sont consommés. On comprend donc en quoi l'impact de ce secteur très « gourmand » en ressources énergétiques et en terres arables, agit au détriment de l'abolition de la faim dans les Pays les Moins Avancés (Urban & Urban 2017).

Ainsi, l'usage de machines agricoles et autres machines motorisées, de différents modes de transports motorisés sur de longues dilatations et l'usage d'intrants issu de l'industrie pétrochimique (engrais, pesticides, fertilisants, plastiques et emballages en tous genres) consomment énormément d'énergie principalement d'origine fossile et pèse lourdement dans les bilans carbones globale par pays et/ou par filière.

Dans les « pays riches » où la population urbaine représente en moyenne 75 % de la population totale, on constate une homogénéisation des comportements alimentaires entre citadins et ruraux aujourd'hui. Or, si chaque habitant de la planète vivait sur ce modèle, il faudrait trois planètes supplémentaires pour répondre de façon pérenne à l'ensemble de nos besoins.

Les transports de marchandises, qui se sont développés avec l'économie ouverte libérale, jouent un rôle déterminant dans le développement de l'industrie agroalimentaire. À l'ère du pétrole « bon marché », il est devenu bien plus rentable de faire parcourir des milliers de kilomètres aux produits, afin de les traiter dans un endroit, de les conditionner dans un autre, avant de les livrer sur le marché aux consommateurs qui offre les meilleurs prix à l'achat (SIRE, 2012). L'impact est phénoménal sur la croissance des transports (maritime, aérien, routier) des marchandises, le niveau de consommation des énergies fossiles et d'émission des gaz à effet de serre.

1.3. Vulnérabilité des villes à l'insécurité alimentaire

Les effets combinés du CC et de la non-durabilité du système agroalimentaire conventionnel pourraient gravement compromettre la capacité de l'agriculture à nourrir les populations dont les plus vulnérables sont les populations urbaines. L'insécurité alimentaire dans les villes est façonnée par plusieurs phénomènes corrélés : l'augmentation constante de la population dans les villes ; l'urbanisation au détriment des bassins alimentaires urbains et le changement de la diète alimentaire.

En effet, on s'attend à un accroissement de la population mondiale à 9.5 milliards d'habitants dont 6.2 milliards seront des citadins (Wiskerke, 2015). Par conséquent, les villes s'étendent sur leur périphérie où alors les besoins en habitat, en infrastructures et en industries font pression sur le bassin nourricier des villes. En Région Parisienne, l'urbanisation diffuse s'est accompagnée ces trente dernières années par une consommation importante des terres agricoles au rythme moyen de 2000 ha par an (Torre, A. et al., 2013). À Ottawa, le développement urbain a converti 16 % des terres agricoles en terrains d'extension urbaine pour la création de nouveaux quartiers résidentiels en ce entre 1976 et 1996 (Brunette, J., 2009). À Alger, les besoins en foncier pour les nouveaux programmes de logements et d'infrastructures urbaines sont derrière un taux moyen de régression de SAU de 9.1 % tous les cinq ans. Ainsi, la surface agricole utile est passée de 35 726 ha en 2005 à 29 523 ha en 2014 (Saci, H., 2016).

La concentration de la population en villes s'est accompagnée par un changement des habitudes alimentaires. Ce dernier se traduit par une augmentation de l'apport énergique par habitant qui pourrait passer de 2.358 Kcal/habitant/jour en 1965 à 3.050 vers 2030 (FAO, 2004). À Alger, le rapport calorique a doublé, passant de 1758 à 3500 cal/habitant/jour. Si la consommation des produits maraîchers s'établissait à 54kg/habitant/an, elle est actuellement évaluée à 156kg/habitant/an (Saci, H., 2016). Afin de couvrir les besoins alimentaires notamment urbains, des pays comme l'Algérie se sont orientés vers les importations des produits alimentaires profitant de bas coûts des marchés internationaux autrefois stables. Cependant, avec la crise économique et l'instabilité des prix, le recours aux marchés extérieurs ne constitue plus une solution durable et un retour vers le développement interne de l'agriculture devient une nécessité. Cependant, la raréfaction des terres agricoles et leur dégradation, la diminution des ressources en eau et en énergie et la dégradation de la biodiversité risqueraient de rendre à plus long terme, la production alimentaire conventionnelle impossible sur des pans entiers du monde notamment dans les villes comme Alger où ces phénomènes sont en constante accélération.

Face à cette crise, une nouvelle géographie de l'alimentation apparaît se traduisant par un déplacement de la fonction nourricière dans les villes. Dès lors, l'agriculture urbaine devient une solution entraînant des changements systémiques urbains importants.

2. L'AU comme solution d'adaptation

Le terme « agriculture urbaine » fait l'objet d'une dizaine de définitions provenant d'expériences variées dans des régions différentes du monde. Dans le cadre de cet article, nous la définissons comme un ensemble d'activités agricoles intra-urbaines qui exploite les ressources humaines et naturelles locales et dont les externalités (produits, services, déchets) sont orientées vers la ville. Si le concept fait l'objet de recherches récentes, le principe de couplage de ville et agriculture est toutefois très ancien. La ville médiévale en est l'exemple où des ceintures vertes maraîchères étaient maintenues autour de la ville constituant ainsi son bassin alimentaire de proximité.

Aujourd'hui, l'AU occupe une place de plus en plus importante dans l'agenda des actions internationales pour l'adaptation au CC. Elle figurait parmi les solutions proposées dans le cadre de la COP2 tenue à Paris en 2015 et était privilégiée dans le cadre de l'ONU-HABITAT III comme moyen d'assurer la sécurité alimentaire locale dans les villes. Pour les villes en développement connaissant des problèmes liés à leur croissance comme est le cas pour Alger, elle peut être une solution efficace grâce à ses multiples performances notamment environnementales.

2.1. Performances environnementales de l'AU

Une agriculture responsable et moins émettrice de GES (CO^2 et méthane) doit impérativement revoir l'une des filières les plus rentables de l'agriculture productiviste : l'élevage animal, production de grains comme aliment de bétail. Près de 75 % des terres agricoles de la planète sont utilisés directement ou indirectement pour le bétail. Sur toute la biomasse végétale (grains, culture fourragère) produite sur terre, 58 % sont utilisé par l'homme pour nourrir le bétail et seulement 12 % directement pour se nourrir lui-même (Urban & Urban, 2017).

Le 2e enjeu d'une agriculture responsable est d'augmenter la quantité de carbone organique dans les sols ou la végétation, ce qui permettrait de fixer davantage de carbone atmosphérique. L'agriculture basée sur les cultures occupe d'importantes surfaces à travers le monde, elle s'accompagne d'importantes émissions de CO^2 anthropique dans l'atmosphère provenaient de la perte de matière organique dans les sols cultivés. Grâce à une meilleure connaissance du cycle du carbone dans l'agrosystème, des pratiques efficientes de gestion peuvent toutefois reconstituer les stocks de carbone dans les sols agricoles et contribuer à réduire les émissions de CO^2. L'augmentation des stocks de carbone dans le sol nécessite l'augmentation des intrants en carbone et/ou la réduction de la respiration hétérotrophe du sol. Les options de gestion qui contribuent à réduire la respiration du sol comprennent les pratiques de travail du sol réduit (en particulier le semis direct ou sans labour) et l'intensification de la culture.

Une plus grande intensité de culture, c'est-à-dire qu'en réduisant la fréquence des jachères nues dans les rotations de cultures et en augmentant l'utilisation de la végétation vivace, peut augmenter l'efficacité d'utilisation de l'eau et des éléments nutritifs par les plantes, augmentant ainsi les apports de carbone dans le sol et réduisant les taux de décomposition de la matière organique.

La gestion et les politiques visant à séquestrer le carbone dans les sols doivent prendre en compte les éléments suivants : les sols ont une capacité limitée de stockage du carbone, les gains en carbone du sol peuvent être inversés si une gestion appropriée n'est pas maintenue. Urban & Urban (2017) proposent d'atténuer l'effet de serre par l'augmentation du taux de matière organique de 4 % par an. Mais maintenir les quantités de carbone fixées par la végétation ou contenues dans les sols au niveau actuel serait déjà d'un bon défi à relever. Outre la valorisation du sol par la culture sans labour, la permaculture, l'usage du compost ou encore du biochar, les autres ressources de la biodiversité des territoires urbains et périurbains doivent être promues et préservées. Les zones humides et les arbres peuvent constituer un bon moyen pour séquestrer du carbone.

Il se trouve qu'une part importante du carbone terrestre est stockée dans les marais et les tourbières. Les zones humides sont des zones à la géologie et au couvert végétal d'une grande richesse, elles permettent d'emmagasiner du CO^2, de l'Azote et plein d'autres polluants en suspension dans l'atmosphère.

Les forêts fixent du carbone des écosystèmes terrestres, les développer permettrait d'en fixer encore davantage. L'intérêt du stockage de carbone dans le bois est dû au fait que le bois après abattage ne provoque pas forcément Libération du carbone. Le stockage peut se poursuivre longtemps après 20 à 50 ans en moyenne pour le bois utilisé dans le bâtiment ou l'ameublement.

Néanmoins, on annonce que le besoin en terre agricole va augmenter pour pouvoir nourrir une population en croissance, dans un contexte général d'érosion et d'artificialisation des terres qui continue. Les opérations de plantation d'arbres en dehors des zones forestières traditionnelles ne sont pas systématiquement couronnées de succès.

Certaines recherches retiennent l'agroforesterie comme ayant le plus fort potentiel d'amélioration du bilan carbone de l'agriculture (Robert & Augier, 2003). L'agroforesterie qui consiste à associer sur une parcelle des arbres et des cultures ou des prairies ont longtemps été pratiquées avant d'être progressivement abandonnées au 20e siècle à mesures de progresser la mécanisation de l'agriculture. Ces associations culturales conviennent d'un point de vue fonctionnel et paysager à l'AU et lui donne l'efficience nécessaire pour lutter contre le réchauffement climatique.

2.2. Capacité de l'AU à améliorer la sécurité alimentaire des villes

La production agricole urbaine représente 15 pour cent de la production agricole mondiale. Malgré ce faible taux d'intégration, elle contribue toutefois à nourrir près de 800 millions de personnes dans le monde. Avec son caractère polymorphe, l'AU pourrait s'intégrer encore plus dans les villes grâce à la diversité de ses formes architecturales/paysagères et ses systèmes productifs. Cette diversité a fait l'objet de recherches multiples afin de définir des typologies productives d'agriculture urbaine.

Dans cette contribution nous avons retenu trois critères principaux : le lieu de production (toits, à l'intérieur d'un bâtiment, dans un quartier, …et d'autres) ; le système technique de production (aquaponie, hydroponie, …et bien d'autres) ; et le système de distribution (vente directe, vente dans marché, …et d'autres).

À travers une revue de littérature sur des projets d'AU et en se basant sur ces critères, nous avons pu identifier six formes d'AU (Tableau n° 1) : les jardins familiaux ; les mini fermes de proximité ; les jardins potagers collectifs ; les fermes urbaines sur toits ; les agri-parcs urbains ; et les fermes verticales de production intensive. Le Tableau n° 2 offre les caractéristiques technico-urbaines essentielles de chaque forme d'AU identifiées.

Exemples projets		Définition de la typologie
Équipements-supports essentiels (productifs)		
Jardins familiers SOA Architectes, Plateau de Saclay, France 2007		Les jardins familiaux allient production alimentaire et loisirs. Du point de vue organisationnel, ils sont proches des jardins individuels : parcelles clôturées et cabanon pour outils. Cependant, ils partagent l'eau et le compostage. Chaque locataire est libre d'organiser sa parcelle et choisir ses propres cultures. *Source* : FUI Lausanne
Mini fermes de proximité SOA Architectes, Paris, France, 2010		La mini-ferme est une exploitation agricole de faible production qui intègre un commerce de proximité. Sa petite échelle favorise sa mise en réseau avec d'autres mini-fermes permettant la diversité des cultures. C'est un bâtiment léger, de structure modulaire, dont le gabarit propose de rétablir l'échelle humaine. *Source* : LUA
Jardin potager collectif R-Urban Colombes, France 2012		Le principe d'un jardin collectif est le « cultiver ensemble ». Il associe production alimentaire et économie. Il fournit la nourriture nécessaire à l'alimentation de ses membres. Il est à la fois une entité culturelle (évènements), de production et d'accueil à l'échelle du quartier. *Source* : FUI Lausanne
Fermes urbaines sur les toits SOA Architectes Romainville, France 2001— présent		La ferme urbaine est une unité de production professionnelle et commerciale. Il s'agit d'une infrastructure fermée (serre), située sur un toit. Le fonctionnement intérieur (irrigation, température, énergie) est mécanisé. *Source* : FUI Lausanne

Agro parc urbain SOA Architectes Bernex, Suisse 2013	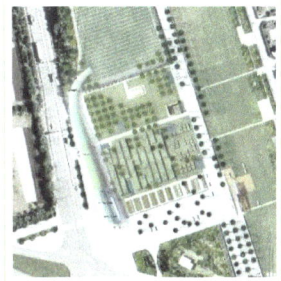	L'agri-parc urbain constitue généralement une entité d'un parc vert. La culture y est destinée aux loisirs et peut être orientée au commerce. Des parcelles clairement identifiées, à des fins de production maraîchère sont ouvertes au public volontaire, encadré par un professionnel. Source : FUI Lausanne
Tour vivante/Ferme verticale de production intensive SOA Architectes Rennes, France 2005		Une tour vivante ou une ferme verticale est une entreprise agronomique de production alimentaire de haut rendement et fort soutien technologique, produisant à plusieurs niveaux de bâti (parfois en façade aussi). La production est assurée par des professionnels et vise la grande échelle. Les récoltes s'étalent sur toute l'année. Source : FUI Lausanne

Tableau 1. Types d'équipements d'agriculture urbaine

3. Intégration de l'AU dans la planification urbaine
3.1. Agriculture et ville : bref retour historique

Si les systèmes urbains traditionnels tels que l'habitat, l'industrie, l'énergie, etc. sont placés depuis longtemps au centre des préoccupations des décideurs urbains, l'AU quant à elle a constitué toujours le parent pauvre des politiques et stratégies de développement local aussi bien dans les villes développées que dans celles en développement. Cet « oubli » de l'alimentation urbaine revient au fait que l'agriculture a toujours été considérée comme un domaine relevant exclusivement du monde rural et que la sécurité alimentaire était liée à une simple question de productivité. De plus, malgré le retour de la composante agricole en ville portée par le mouvement des cités jardins au début du XX siècle, la fonction alimentaire ne pouvait être prise en charge dans la planification urbaine, car cela relevait d'outils sectoriels spécifiques au domaine rural.

Cependant, avec les pressions contemporaines auxquelles les villes sont sujettes et l'apparition de l'enjeu de sécurité alimentaire et des changements climatiques, un changement de paradigmes était nécessaire rendant l'alimentation urbaine un objet central dans les politiques et stratégies de développement urbain. A l'origine de ce changement une prise de conscience mondiale qui s'est reflétée dans la tenue de sommets internationaux, durant lesquels, un appel à retisser les liens entre ville et agriculture a été lancé aux communautés urbaines. Bien qu'ils soient nombreux, certains de ces évènements ont beaucoup contribué à replacer l'agriculture en ville comme la déclaration de Quito pour l'Amérique Latine et les villes des Caraïbes en 2000 qui a abordé de manière directe la question de l'AU et encouragé les décideurs locaux à l'intégrer dans la planification territoriale.

Plus tard, l'AU a pris une dimension plus développée dans les discours internationaux comme dans la déclaration des élus locaux de Bonn en 2013 qui a abordé le nouveau concept de « city *Region Food Systems* » dans le cadre de la sécurité alimentaire locale. En 2015, le Pacte de politique alimentaire urbaine de Milan a mis en avant la nécessité de mettre au point des politiques de planification alimentaire prenant en charge la multifonctionnalité de l'AU selon une approche interdisciplinaire et transversale. Enfin le « *New Urban Agenda* » adopté à Quito en 2016 dans le cadre du sommet Habitat III a appelé à la mise au point d'instruments de planification au service de l'intégration de l'AU.

Ces déclarations internationales et beaucoup d'autres qui n'ont pas été citées ont été derrière le lancement de la part de villes dans le monde de projets d'AU dans le cadre de politiques et de stratégies alimentaires impliquant la création d'outils de planification bien à adaptés à leurs contextes.

3.2 Exemples de bonnes pratiques d'intégration de l'AU dans la planification urbaine

À travers les expériences des villes dans l'intégration de l'AU dans la planification urbaine, des processus, outils, et dispositifs spécifiques, parfois innovants, ont été développés à ce fait et répondent à des réalités locales différentes. Leur diversité selon leurs objectifs (d'analyse, d'évaluation, de réglementation, ou de gestion) faits que toute ville aujourd'hui dispose d'un arsenal d'outils ou à défaut, peut s'en inspirer pour améliorer sa sécurité alimentaire locale.

Un des outils de démarrage d'un projet d'AU est la cartographie alimentaire ou « *food mapping* ». Elle peut se faire aussi bien à l'échelle municipale qu'aux échelles régionales. Elle représente toutes les composantes d'un système d'AU (terres agricoles, marchés, acteurs publics, acteurs privés, entre autres) et permet de ce fait de faire des analyses sur la dynamique du système alimentaire local d'un territoire. Dans le cadre de sa stratégie « *Baltimore Healthy Food Environment* », la ville de Baltimore a mis au point une cartographie alimentaire afin de permettre d'analyser les inégalités d'accès à l'alimentation et donc de définir les zones d'interventions prioritaires.

	Lieu de production	Technologie utilisée (support de production)	Biomasse (produits)	Support de compost	Système de distribution (équipements)	Données d'aide à la programmation en milieu urbain	
						Chiffres empiriques	Exemples références
Jardins familiaux	Alentours des habitations collectives	Culture traditionnelle de type potager	Fruits et légumes variés	Bâtiment collectif	Epiceries intégrées en RDC des immeubles d'habitations	5-6 kg/m²/an	
	Toits	Culture séparée du substrat naturel		Composteurs		Varie	
Mini-fermes	Alentours des habitations collectives	Culture traditionnelle de type potager sous serre	Fruits et légumes en monoculture	Intégré	Point de vente intégré à la ferme en RDC	10 kg/m²/an	Mini-ferme SOA, Paris - Tomates - Culture en terre - Emprise au sol : 100 m² - 3 à 4 étages - Rendement : 6 tonnes/an
	Bord de rues	Culture séparée du substrat naturel (bacs à terre) sous serre				Varie	
Jardin potager collectif	Alentours des habitations collectives	Culture traditionnelle de type potager	Fruits et légumes variés	Bâtiment collectif	Magasin(s) fermier(s) sur exploitation	Varie	Prinzessinnengarten, Berlin - 2700 conteneurs empilables, 400 sacs de riz, 250 tetra-packs - 500 variétés de végétaux - 4 tonnes/an
	Zones non aedificandi (bords de cours d'eau, bords de voies ferrées) Friches (ferroviaires, industrielles)	Culture séparée du substrat naturel (bacs à terre)					
Fermes urbaines sur toits	Toits d'immeubles d'habitations collectives/toits d'immeuble de bureaux/autres	Culture séparée du substrat naturel (bacs à terre) sous serre	Fruits et légumes variés	Intégré	Vente directe dans la ferme/informatisée, par panier	Varie	New York City Rooftops Greenhouses, Forest House - 930 m² de cultures - 45 tonnes/an de légumes
		Hydroponie et/ou aquaponie			Epiceries intégrées en RDC des immeubles d'habitations	3.4 kg/m²/an de poissons	Fermes Lufa, Montréal - 25 variétés de végétaux comestibles - Culture en hydroponie - Surface cultivable : 2900 m² - Rendement : 3000 paniers/semaine
					Marché de proximité	25 kg/m²/an de légumes	
Parc agro urbain	Parc urban public en lisière de quartiers	Culture traditionnelle de type potager	Fruits et légumes variés	Unité de méthanisation	Magasin(s) fermier(s) sur parc	Varie	Parc des Dondaines SOA, Lille - Surface cultivée : 182 m² de cultures - 55 platebandes de 3.3 m² - Rendement : 5.8 tonnes/an de légumes et fruits = 1933 paniers de 3 kg

Tableau 2. Capacité productive de l'AU
Auteur : Saci Houda, 2016

L'analyse de la situation alimentaire d'une zone donnée doit mener vers la construction d'une vision de projet comportant des principes et des priorités et qui est partagée par l'ensemble des parties prenantes. Ces éléments peuvent faire l'objet d'une charte alimentaire locale. Il s'agit d'un outil fort important dans le cadre de la planification urbaine, car il participe à une gouvernance efficace des projets d'AU et ce à moyen et long termes. La charte alimentaire permet est aussi un outil opérationnel par la déclinaison des politiques en actions de planification appropriées. Les villes canadiennes comme Toronto et Vancouver ont été pionnières en la matière et ont adopté des chartes alimentaires en 2000 et 2007 respectivement.

Le passage à l'intervention commence par une spécification des vocations des sols à travers un zonage urbain fonctionnel. Le *Milan Agricultural District* (*Distretto Agricolo Milanese*) a joué un rôle important dans la planification du système alimentaire local de Milan grâce à une gestion foncière ciblant la promotion de la production, de la vente, de la sécurité et de la préservation des services écosystémiques.

Afin d'évaluer le degré de réussite d'une stratégie alimentaire, des outils de monitoring locaux sont d'une grande utilité dans le sens où ils permettent d'apprécier le degré d'impact des interventions dans l'amélioration de la sécurité alimentaire locale. À Belo Horizonte, le *Quality of Urban Life Index tool* ou *IQVU* (Index de qualité de vie urbaine) créé dans les années 1990 permet de localiser les actions initiées par la municipalité au service et d'apprécier à quel point elles ont participé à améliorer sa sécurité alimentaire locale.

Enfin, l'efficacité d'intégration de l'AU dans la planification urbaine est d'autant plus importante quand ses actions sont encadrées par un conseil alimentaire ou *Food Council*. Ce dernier a le double rôle de rendre ces actions opérationnelles grâce à un guide conceptuel de planification qui garantit le maintien de la vision et des valeurs initiales du projet. Un *Food Council* est composé de membres représentatifs de tous les domaines concernés par le projet : décideurs locaux, société civile, organisations de consommateurs, habitants, entrepreneurs, entre autres. Si la ville de Toronto est devenue un des exemples de réussite des stratégies alimentaires, cela est dû en grande partie à son *Food Policy Council* qui, né en 1991, a beaucoup contribué dans la mise au point de documents clés de planification de l'AU tels que le *Toronto Food Charter* (Charte Alimentaire de Toronto) et l'*Official Plan* (Plan Officiel).

3.3. Prise en charge de l'agriculture dans la planification urbaine à Alger

Si la planification de l'AU dans les villes du nord et certaines villes d'Amérique latine relève de stratégies locales et emploie des instruments et des outils spécifiques, à Alger la situation est bien différente. D'abord il est important de préciser que l'AU en tant que fonction n'est pas encore reconnue par les autorités responsables de la planification urbaine et ce malgré l'existence d'activités agricoles au sein et en périphérie de son tissu urbain. Cela s'explique par le fait que les espaces agricoles périurbains, même ceux en lien direct avec le tissu urbain, sont considérés comme « ruraux » et leur prise en charge relève par conséquent du secteur agricole.

Toutefois, une vision stratégique pour l'agriculture périurbaine à Alger a été élaborée dans le cadre de son Plan Directeur de l'Aménagement et d'Urbanisme (PDAU) horizon 2035. Ce dernier constitue un instrument de planification et de gestion urbaine conformément à la loi n° 90-29 du 1er décembre 1990 relative à l'aménagement et l'urbanisme. Le PDAU fixe les orientations fondamentales de l'aménagement du territoire en tenant compte des principes et des objectifs de la politique nationale de l'aménagement du territoire, des schémas d'aménagement et des plans de développement. Il détermine la destination générale des sols ; l'extension urbaine, la localisation des services et activités ; et les zones d'intervention possible sur les tissus urbains existants.

3.3.1 Des agri-parcs urbains prévus à Alger

La stratégie du PDAU repose principalement sur la protection des zones agricoles notamment à fort caractère productif. Des agri-parcs urbains sont prévus pour ce fait et joueront le rôle de périmètre d'arrêts grâce à leur situation à l'interface entre agglomérations urbaines et terres agricoles. Leur création passera par l'identification de la structure écologique de la ville, la définition de ses potentialités productives agricoles et la détection des besoins en aménagements de loisirs pour un développement social local. Ils sont conçus dans l'objectif de : (1) relier milieu urbain et activité agricole ; (2) offrir des airs de loisirs à la population résidente ; et (3) rehausser la complémentarité entre développement social et développement économique. Les agri-parcs urbains prévus à Alger se basent sur le principe d'activation de ressources spécifiques locales. Ils contribueront à protéger des paysages agricoles singuliers locaux comme les écosystèmes côtiers, les réseaux hydrologiques terrestres ou les zones agricoles et forestières sensibles. En même temps, ils assurent un ancrage territorial d'activités agricoles grâce à la mise en valeur de produits issus du terroir local. Les produits seront destinés aussi bien à la consommation locale par les habitants qu'à la promotion de l'agro-tourisme à travers la création de valeur ajoutée marchande. Mais plusieurs autres fonctions peuvent être remplies par les agri-parcs grâce à la nature multifonctionnelle de l'AU, nous pouvons citer ici : la structuration de périmètres à urbanisation future ; l'amélioration du cadre de vie des agglomérations urbaines périphériques ; et l'intégration de la dimension écologique jusque-là peu présente dans le territoire d'Alger : syndicats d'initiatives écologiques, fermes pédagogiques, pépinières, etc.

3.3.2 Modèle type d'occupation des territoires

Afin de concrétiser ces objectifs spatialement, une matrice des zones/usages a été proposée. Il s'agit d'une grille théorique de programmation des composantes structurantes essentielles d'un agri-parc urbain type (couloirs naturels, entités paysagères singulières, axes routiers principaux, etc.) en les répartissant par zones d'aptitudes diverses (voir Figure 1). Six zones d'usage ont été définies : usage agro-sylvicole urbain ; usage ludico-sportif ; usage de réserve ou de transition ; réseaux verts structurants ; plans d'eau et ; zones sensibles de protection environnementale. Deux applications-types d'agri-parcs urbains ont été projetées en choisissant deux sites types dans la structure d'Alger : Cheraga et Kheraïcia. Ce choix s'explique sur le fait que ces deux communes présentent des tendances différentes d'étalement urbain : dans la première, l'étalement urbain de manière centripète menaçant la disparition de terres agricoles comprises à l'intérieur du tissu urbain.

Tandis que dans la deuxième commune, l'étalement est centrifuge et se fait au détriment de terres agricoles situées en périphérie. La Figure suivante (Figure 2) illustre le schéma d'orientation de l'aménagement de l'agri-parc de Kheraïcia qui consiste à définir les zones d'usage issues de la matrice de programmation théorique.

		proposition														
		Zone/Usage agro-sylvicole urbain				réseaux verts structurant			Zone/Usage ludique-sportif		Plans d'eau		Zone/Usage de transition		Zones sensibles ou de protection environnemental	
		Horticulture urbaine	Fruiticulture urbaine	Viviers	Bois urbains	Réseau de parcours	Corridors verts	Galeries ripicoles	Pratique de sport libre et formel	Aires de Repos	Bassins de rétention d'eau	Bassins de stockage d'eau	Appui à l'usage adjacent	Usage extensif	Forêt de protection	Activités d'éducation environnementale ou de recherche
Espace rural	Horticulture	x														
	Fruiticulture		x													
	Viviers			x												
	Bois				x											
	Zones innondables / dépressions										x				x	x
	Lignes d'eau ou de drainage							x			x					
	Chemins					x										
	Zones de pentes élevées														x	x
Espace urbain	Principales voies de						x									
	Autres chemins					x										
	Lignes d'eau ou de drainage							x			x					
	Zones en attente dans le tissu construit								x				x	x		
	Zones en attente dans la periphérie du tissu construit								x	x			x	x		
	Zones confinées aux équipements et services												x	x		

Figure 1. Matrice de programmation des zones/usages pour l'aménagement des agri-parcs urbains d'Alger. Source : PDAU d'Alger. Livrable 2 « Les agri-parcs urbains. Stratégies transitoires. Normes provisoires »

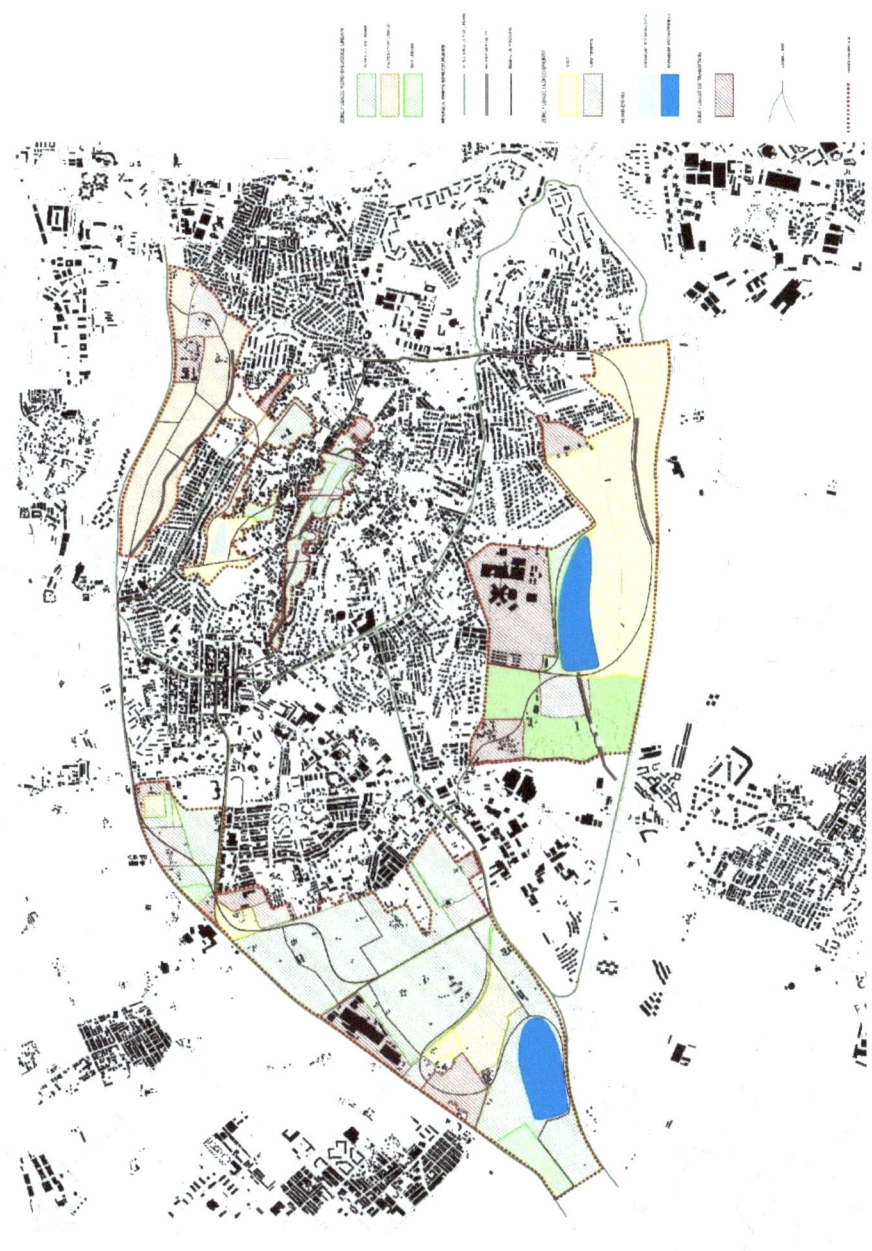

Figure 2. Schéma des zones/usages dans l'agri-parc de Kheraïcia. Source : PDAU d'Alger. Livrable 2 « Les agri-parcs urbains. Stratégies transitoires. Normes provisoires »

3.3.3 Système de planification urbaine des agri-parcs : cadres juridiques, institutionnels et de gestion

Du point de vue d'encadrement juridique et institutionnel, l'élément normatif du statut et de la tutelle des agri-parcs urbain à Alger reste encore à définir. Toutefois, il est possible de citer des régimes légaux qui pourraient intervenir dans ce cadre tel que le régime de l'agriculture, de constitution des espaces verts, de préservation de la nature, de tourisme, et bien d'autres. À défaut d'un cadre légal défini, des normes provisoires constitueront l'élément réglementaire de référence. Elles auront un caractère préventif et préparatoire notamment en ce qui concerne la classification des terres agricoles ou des espaces verts pour des raisons d'urgence. Une fois le PDAU approuvé et un modèle d'aménagement du territoire sera défini, les normes provisoires seront résiliées et remplacées par des décrets municipaux, de wilayas ou ministériels.

Viendra alors l'étape de formalisation des projets d'agri-parcs qui englobera des actions d'orientation programmatiques, d'exécution des investissements et de leur monitoring. Pour ce fait, un organe institutionnel devra être défini pour la représentativité des projets. Il impliquera des organismes administratifs liés à la gestion du territoire (Wilaya, circonscriptions administratives, communes et directions générales), des organismes de recherche (universités), et des organismes associatifs (coopératives, associations de riverains, entre autres).

Quant aux investissements, ils impliqueront des investissements publics importants aussi bien pour la mise en œuvre des projets que pour leur entretien.

4. Discussion et conclusion : limite d'une stratégie sectorielle à Alger

L'enjeu de sécurité alimentaire est devenu tellement critique qu'il est fondamental aujourd'hui de (re)concevoir les villes selon le principe d'autosuffisance et de résilience alimentaires.

L'AU en tant que système de fonctions, doit être intégrée dans la planification urbaine afin de lui assurer une place dans le milieu urbain qui connaît des compétitions d'usage entre habitat, loisirs, industries, etc. Pour ce fait, les villes mettent en place des dispositifs innovants qui tiennent compte de leurs contextes spécifiques tels que les *Food Council*, les chartes alimentaires et les outils d'audits et d'évaluation de la situation alimentaire.

À Alger, des projets d'agri-parcs urbains sont prévus dans le cadre de sa mutation en éco-métropole à l'horizon 2035. Néanmoins, bien qu'ils apporteront des bénéfices incontestables sur les plans socio-économiques et écologiques, leur contribution à améliorer la sécurité alimentaire d'Alger serait très minime et ceci pour des raisons stratégiques, conceptuelles et opérationnelles. Tout d'abord, le PDAU n'aborde pas les projets d'agri-parcs urbains sous le prisme de sécurité alimentaire et d'adaptation au CC. Ils sont plutôt intégrés dans une vision de développement social (espaces de loisirs), économique (agro-tourisme) et écologique (préservation des zones naturelles et sensibles).

Ce qui est aussi important à évoquer est l'absence d'une vision systémique. Cette dernière devrait d'abord placer les projets dans des échelles territoriales plus larges (wilaya, métropole) afin d'assurer une planification multi-scalaire et cohérente. À l'échelle de l'agri-parc, l'approche systémique permettra d'analyser les dynamiques fonctionnelles entre les différentes unités programmatiques notamment en termes de métabolisme urbain (flux de matières) et d'aller donc au-delà d'une simple approche spatiale surfacique (organisation par zonage).

Sur le plan de la faisabilité des agri-parcs, plusieurs contraintes pourraient freiner leur mise en œuvre et des solutions devraient être pensées. D'abord, sur le plan réglementaire, les normes provisoires orientées vers des opérations d'urgence comme le classement des terres agricoles ne pourront garantir une protection des périmètres des projets. Elles devront être substituées par un véritable outil réglementaire qui accompagnerait un plan d'action issu d'une analyse stratégique des périmètres concernés. Dans ce cadre, il est important d'évoquer la nécessité de réviser la loi 90-29 relative à l'aménagement et l'urbanisme afin de donner plus de prérogatives aux décideurs locaux pour élaborer des politiques et stratégies locales. En effet, les recommandations de révision, émises en 2011, lors des assises nationales sur l'urbanisme de tardent à voir le jour.

Au niveau institutionnel, à défaut d'un organisme central de planification alimentaire participative et intégrée, les projets d'AU pourraient dévier de leurs valeurs et contenus initiaux sous l'effet des compromis et intérêts divergents des acteurs au long terme. À l'image des *Food Council*, il est important que la ville d'Alger se dote d'un tel organisme. Cela permettra par ailleurs de pallier à une gestion centralisée loin des réalités spécifiques locales (lois agricoles générales, schémas nationaux, et bien d'autres). Il devra rassembler des acteurs issus des différentes sphères et être doté d'une intelligence opératoire (compétences spécifiques, outils de diagnostic, observatoire, entre autres).

Enfin, sur le plan opérationnel, nous notons une limite des outils de programmation urbaine. La grille théorique algérienne des équipements urbains, créée en 1990, ne prend pas en charge l'AU et doit être révisée pour ce fait. À l'échelle des agri-parcs, bien que la grille des zones/usages proposée par le PDAU offre un contenu programmatique, cependant elle demeure de l'ordre conceptuel et concerne un zonage fonctionnel surfacique. Il est alors important de penser à un outil de programmation intégrée qui prendrait en charge toutes les composantes de l'AU (de production, de vente, de recyclage, et bien d'autres), doté de référentiels de programmation et qui rendraient compte des états limites en termes de population et de potentielle biophysique.

Chapitre 9

La multifonctionnalité, une entrée pour renforcer l'agriculture intra et périurbaine comme mesure d'adaptation aux changements climatiques à Dakar.

INTRODUCTION

La question de l'agriculture intra et périurbaine est de plus en plus soulevée. Beaucoup d'études se questionnent sur son importance et sa place dans la ville. Dans ce contexte, la problématique reliée à cette agriculture devient de plus en plus intéressante lorsqu'on le met en perspective avec le phénomène des changements climatiques et les effets que celui-ci pourrait engendrer dans les établissements humains et notamment les villes.

En effet, la population mondiale urbaine augmente de plus en plus et les villes se développent également à leur tour. L'urbanisation et les changements climatiques constituent ainsi deux phénomènes qui évoluent parallèlement et entretiennent en même temps des relations qui peuvent être qualifiées de « cause à effet ».

Si les impacts des changements climatiques sont ressentis sur un plan global, il est de plus en plus préconisé de réfléchir à des solutions au niveau local avant tout. Dans ce cadre, quel serait le rôle de la ville dans l'adaptation face aux changements climatiques ? Quelle pourrait être la contribution de cette agriculture intra et périurbaine dans cette adaptation ?

C'est à ces questionnements que nous avons tenté de répondre dans cette réflexion. Pour ce faire, notre cas d'étude a été la région urbaine de Dakar, au Sénégal.

Nous nous sommes intéressés au rôle que l'agriculture dakaroise permettrait d'apporter par rapport aux risques climatiques qui pèsent dans la région et notamment ceux relatifs aux changements dans la pluviométrie.

1. Le contexte de l'agriculture intra et périurbaine à Dakar

La région de Dakar abrite la capitale du Sénégal, un pays situé dans l'extrême ouest du continent africain. La spécificité de cette région par rapport au reste du pays est qu'elle est fortement urbaine, avec un taux d'urbanisation de 96,4 % en 2015, lorsque la moyenne nationale se situe à 46% (Agence nationale de la statistique et de la démographie (ANSD), 2018). La région se compose de quatre départements qui sont : Dakar, Pikine, Guédiawaye et Rufisque.

La population qualifiée de rurale, estimée à 119 905 habitants dans la région, se trouve dans le département de Rufisque qui constitue la zone périurbaine de la région. En effet, les territoires des villes des trois autres départements coïncident tous aux limites des départements et constituent de ce fait des zones urbaines.

Ainsi, sur une population régionale de 3 330 694 habitants, seule 3,6% se localise dans des espaces qualifiés de rural avec comme activité principale l'agriculture, la pêche et l'élevage (ANSD, 2018). Toutefois, nous noterons que l'agriculture est bien présente dans tous les départements de la région.

Par ailleurs, un élément fondamental et problématique à souligner à Dakar est sa macrocéphalie. En effet, sa population représente 23% de la population sénégalaise et occupe 0,3% du territoire sénégalais à savoir 547 km^2. Sa densité démographique est à 6089 habitants au km^2 lorsque la moyenne nationale est de 73 habitants au km^2 (ANSD, 2018). Ce qui pose un réel problème de répartition géographique qui peut facilement engendrer un déséquilibre spatial.

Dans cette configuration spatiale, nous notons l'existence d'une agriculture intra et périurbaine. Cependant, ces espaces agricoles évoluent en grandeur de l'ouest vers l'Est. La ville de Dakar abrite moins d'espaces agricoles qui sont essentiellement localisés dans la commune de Patte d'oie. Elle est suivie des villes de Pikine et de Guédiawaye qui disposent encore de quelques sites agricoles plus importants.

Le département de Rufisque constitue quant à lui, la zone agricole par excellence de la région avec une superficie plus importante à savoir plus de la moitié de l'espace régional. Ainsi, sur les 56 640 ha de la région, le département de Dakar occupe 7870ha, Pikine et Guédiawaye 9770 ha et Rufisque 36 000 ha (Diop, 2009) soit 63,5 % du territoire régional.

Carte 1 : Situation géographique de la région de Dakar

Par rapport à ces données spatio-démographiques, il est important de noter que le département de Dakar bien que disposant de moins d'espaces agricoles n'est ni le plus peuplé des départements de la région (il s'agit de Pikine) et ni le plus densément peuplé (il s'agit de Guédiawaye).

Le tableau suivant montre la répartition démographique de la région (données de 2014 de l'ANSD).

Départements	Démographie (hbts)	Densité démographique (hbt/km2)
Dakar	1 181 218	14 952
Pikine	1 206 716	14 897
Guédiawaye	339 774	18 876
Rufisque	620 034	1330

Source : ANSD, 2015

Par ailleurs, ce gradient urbain évolutif en faveur de l'agriculture peut sembler s'expliquer par d'une part les caractéristiques géographiques de la région et d'autre part une historique qui par ailleurs se rattache à ces caractéristiques physiques de la région.

D'abord, sur le plan physique, il convient de noter que la région de Dakar est une presqu'île qui est reliée au reste du pays par sa partie orientale. Son extension ou tout développement urbain de la région n'est ainsi possible que par la conquête de sa partie orientale coïncidant à sa zone périurbaine.

Ensuite, sur le plan historique nous pouvons souligner que Dakar a occupé une place importante dans le moment de la colonisation qui lui a valu une certaine évolution. En effet, de par sa position qui permet de relier les autres continents tels que l'Europe, les Amériques et également l'intérieur de l'Afrique, Dakar jouissait d'un caractère géostratégique intéressant pour les colons français qui s'y sont installés officiellement en 1857. Cela permettait un commerce plus fluide entre le continent africain et le reste du monde. En bénéficiant ainsi d'infrastructures d'envergure sous régionale voire internationale et un statut de capitale de l'Afrique occidentale française (AOF) durant l'occupation coloniale, la région de Dakar a développé une certaine attractivité (Sposito, 2010). Ainsi, Dakar sera un moteur principal du développement du reste de la région exception faite de la ville de Rufisque érigée en commune avant Dakar en 1880 (Sposito, 2010) et qui présentait déjà une certaine dynamique qui sera cependant en décadence par la suite (Diallo, 2014). En effet, c'est par l'afflux du monde rural sénégalais vers Dakar à cause des opportunités qu'elle offrait et à la suite de difficultés liées au secteur agricole, que la région va s'étendre. La réinstallation de ces nouveaux venus dans les autres départements de la région, vont être à l'origine d'une évolution démographique assez importante à partir des années 1950 (Arecchi, 1985).

Par ailleurs, cette urbanisation va engendrer une certaine évolution des activités agricoles et de leur répartition au sein de la région. Ainsi de 80% en 1980, les espaces agricoles, boisés et vacants vont passer à 55% en 2004. (Groupe de recherche et de réalisations pour le développement rural (GRDR), 2015).

Toutefois, malgré cette réduction de l'agriculture sur le territoire dakarois, nous noterons que celle-ci joue un rôle assez intéressant dans l'économie sénégalaise entre autres. En effet, l'agriculture pratiquée à Dakar permet d'approvisionner une bonne partie de la population sénégalaise et particulièrement dakaroise en plus des exportations qui sont faites de ses productions. Ainsi, la région assure 30 % de la production maraichère nationale (GRDR, 2015) et comble 60% de la demande régionale (Diao, 2004). Elle semble ainsi contribuer à la sécurité alimentaire des ménages sénégalais dont 47% vivent sous le seuil de la pauvreté d'après des donnés de 2011 (Banque mondiale, 2018). Elle participe aussi à réduire le déficit de la balance commerciale sénégalaise par l'importance de ses exportations qui s'accroissent en volume d'années en années (SECNSA, 2015). Les exportations de produits horticoles issus de l'agriculture dakaroise sont estimées à 80% des exportations nationales des produits horticoles (Sonia, 2014) qui restent très peu diversifiés cependant avec principalement les haricots et les tomates (Diao, 2004).

Cette agriculture est également pourvoyeuse d'emplois et de revenus pour toute une chaine d'acteurs. Parmi ces acteurs, nous pouvons noter les agriculteurs eux-mêmes avec leurs familles, les commerçants chargés d'écouler les produits sur le marché surnommés les « bana-bana » qui sont le lien entre le champ et le marché, les vendeurs en gros et en détails, les transporteurs et les « coxeurs » qui facilitent les négociations entre vendeur, acheteurs et transporteurs (David-Benz et al., 2010).

Ainsi, cette agriculture dakaroise a permis de créer 30 000 emplois directs et indirects dont 15000 dans le domaine de l'horticulture et 10000 en aviculture (Diao, 2004). Les revenus moyens des ménages qui s'y activent tournent aux alentours de 5 000 000 f cfa/ an (11 550$ CAD) ; donc un niveau salarial qui dépasse le salaire minimum interprofessionnel garanti (SMIG) national qui est de 63 000 f cfa/ mois (145$ CAD) (Ba et Cantorregi, 2018). Ainsi, les comptes d'exploitation des agriculteurs affichent une certaine rentabilité dans un contexte où l'ampleur du chômage est importante avec un taux de 15,7% pour les personnes âgées de 15 ans et plus (ANSD, 2017).

Cette rentabilité notée est par ailleurs liée aux spéculations de grande valeur qui sont produites par cette agriculture. En effet, la principale branche de cette activité est le maraichage avec les produits tels que les carottes, les tomates, les choux, etc. L'arboriculture est également développée dans cette zone avec les productions principales de « noix de coco, papayes, bananes et corossols ». Nous pouvons noter aussi la floriculture qui se développe dans les interstices urbains de plus en plus. Une autre forme d'agriculture qui prend forme depuis 2003 est le micro-jardinage ou « culture sur table » qui occupe un nombre grandissant de femmes qui s'y activent à travers leurs groupements entre autres (Sposito, 2010).

Ces différentes formes d'agriculture (exceptée le micro-jardinage) s'exercent sur un espace particulier qui est celui des Niayes. En effet, les Niayes constituent une zone agroécologique marquée par une nappe affleurante et des caractéristiques pédoclimatiques intéressantes qui favorisent ces types d'activités agricoles. Ces Niayes sont localisées le long de l'océan atlantique à côté des plus grandes villes du pays et particulièrement Dakar. Les caractéristiques uniques de cette zone par rapport au reste du pays, font que ces types d'activités agricoles présentent des avantages comparatifs intéressants sur plusieurs aspects.

Nous pouvons noter entre autres, l'accès à l'eau dans un pays sahélien où l'activité agricole dépend presque entièrement de la pluviométrie qui dure trois mois en moyenne alors que ce n'est pas nécessairement le cas dans cette zone où les cultures se tiennent durant toute l'année. Même si cet accès à l'eau se complique en raison de différentes contraintes, il présente plus de facilités comparés à une grande partie du reste du pays. Nous pouvons noter également, la proximité des grandes zones de consommation et le maillage infrastructurel terrestre comme aérien présent qui permet de meilleures conditions d'écoulement des productions. En sus, une partie de cette zone des Niayes est classée comme zone humide à protéger. Elle constitue une zone de conservation de la biodiversité (Badiane et Mbaye, 2018) qui semble être mieux protégée avec l'agriculture qu'avec l'habitat.

Dans ce contexte, et malgré en 2016 une production record de légumes de 953 310 tonnes et de fruits à 253 500 tonnes (ANSD, 2018), cette agriculture fait face à une contrainte majeure qui est l'avancée de l'urbanisation. S'il est vrai de dire que cette agriculture s'est développée et s'est « épanouie » grâce au monde urbain qui lui fournit différents services (eau, infrastructures, foncier, etc.) et un marché de proximité pour la vente de ses productions, ce monde urbain en raison de ses croissances fortes devient une menace. En effet, avec la forte urbanisation dans un espace aussi rétréci que Dakar, les besoins en termes d'habitat et d'infrastructures augmentent et empiètent de plus en plus sur les espaces agricoles. Fort de ce constat, il se pose la question de savoir quel est l'intérêt d'une telle agriculture qui justifierait son maintien face à des besoins de croissance urbaine importante.

Notre angle d'analyse est orienté sur la question des changements climatiques. En effet, ce phénomène est attendu comme un facteur qui risque de bouleverser les moyens d'existence et les conditions de vie au niveau des établissements humains[1]. Ses impacts semblent être particulièrement importants dans les villes qui vont regrouper une bonne partie de la population mondiale dans les années à venir ; et la population urbaine actuelle n'est pas tout aussi négligeable à savoir un peu plus de 4 milliards d'habitants en 2017(Banque mondiale, 2019).

Dans le cas de Dakar, il est noté que cette population pourrait atteindre plus de 4 millions d'habitants en 2025 (ANSD, 2015) avec certainement une plus grande pression sur l'espace urbain en général et sur les espaces agricoles urbains restants particulièrement. Or, l'agriculture en ville a été indexée comme étant un moyen pour développer une « ville durable » (Fleury et Moustier, 1997) et semble pouvoir contribuer à l'adaptation face aux changements climatiques. D'où la question de savoir, en quoi l'agriculture intra et périurbaine peut être un levier d'adaptation face aux changements climatiques dans le contexte de Dakar ?

Dans ce sens, cet article vise à soulever certains questionnements quant au rôle de l'agriculture intra et périurbaine dans le cadre des changements climatiques mais aussi des préalables ou des éléments qui doivent être pris en compte lorsque l'on veut mettre de l'avant l'action de l'agriculture en termes d'adaptation. Dans ce cadre, nous trouvons que la mobilisation du concept de « multifonctionnalité » qui s'accompagne d'une prise en compte des objectifs sociétaux d'un territoire donné, peut participer à rendre cette agriculture plus efficace dans la lutte contre les changements climatiques.

2. L'agriculture en ville comme levier d'adaptation face aux changements climatiques

L'agriculture intra et périurbaine est vue comme un mode de valorisation des espaces ouverts en milieu urbain (Thiébault, 1996). Dans ce cadre, elle contribue dans l'adaptation aux changements climatiques compte tenu du rôle attesté de ces types d'espaces face aux changements climatiques : réduction d'ilots de chaleur, captation de Gaz à effet de serre (GES), recharge de la nappe face aux irrégularités pluviométriques, etc.

---

[1] Ce sont les conditions de vie des humains qui sont bouleversés mais aussi celles des espèces animales et végétales

L'adaptation renvoie aux capacités des communautés et des localités à pouvoir faire face aux effets des changements climatiques (Osman-Elacha et Perlis, 2009) à l'opposé de l'atténuation qui renvoie aux capacités des communautés et localités à amoindrir de manière spécifique leurs émissions de gaz à effet de serre à travers leurs activités. Cependant, il est constaté que la frontière entre les deux est parfois ténue. Toutefois, nous nous focalisons ici sur l'adaptation face aux changements climatiques que l'agriculture intra et périurbaine pourrait renforcer.

Un bref aperçu des impacts attendus de ces changements climatiques au Sénégal serait particulièrement intéressant à mettre en exergue au préalable.

2.1. Aperçu de la manifestation des changements climatiques dans le contexte à l'étude

Dans le rapport du GIEC, les impacts attendus des changements climatiques dans la zone sahélienne dont appartient le Sénégal sont de plusieurs ordres. Il s'agit principalement d'une réduction de la productivité agricole, d'un stress hydrique renforcé, des inondations côtières et des évènements climatiques extrêmes plus fréquents (Osman-Elacha et Perlis, 2009).

Au Sénégal, les effets de la variabilité climatique sont déjà perceptibles à travers deux paramètres principaux que sont les températures et la pluviométrie. Concernant les températures, elles sont à la hausse. Une augmentation de 0,9 °C est notée depuis 1975 (Funk et al., 2009). Sur la pluviométrie, une variation spatio-temporelle est également notée mais une baisse de l'ordre de 30% est observée sur tout le territoire du Sénégal depuis 1950.

Dans le contexte dakarois, qui nous intéresse la baisse de la pluviométrie est de l'ordre de 50% depuis 1950 (Gaye et al., 2015). Dans l'étude de vulnérabilité qui portait sur la région de Dakar face aux changements climatiques, les effets recensés comme déjà présents dans la région dakaroise sont : « *remontée des eaux marines, pluviométrie irrégulière, de plus en plus acyclique, température en hausse, augmentation de la fréquence et de l'intensité des évènements climatiques tempétueux* » (Quensière et al., 2013, p. 11).

Ces changements qui interviennent au niveau climatique, ont des répercussions sur les secteurs d'activités sénégalais et dakarois particulièrement. Ils influencent également le cadre de vie urbain dakarois. De manière synthétique, ces changements affectent l'espace urbain dakarois, les infrastructures, les matières résiduelles, la biodiversité et l'agriculture (Garrigou, et al., 2013). Par contre, ce serait ici illusoire de faire le point sur l'ensemble de ces impacts sur Dakar. Cependant nous retenons que les modifications induites par les changements climatiques, nécessitent une réorganisation des systèmes de gouvernance.

Par ailleurs, face à cette évolution du climat, l'agriculture intra et périurbaine a été considérée comme un facteur pouvant faciliter l'adaptation aux changements climatiques dans le contexte de Dakar. La question est donc ici de savoir quelles sont ces contributions de l'agriculture face aux impacts des changements climatiques sur le territoire urbain.

2.2. Contributions de l'agriculture intra et périurbaine face aux effets des changements pluviométriques sur l'espace

Pour traiter cette section, nous nous focalisons sur les impacts générés par les modifications de la pluviométrie sur l'espace dans le sens où ils sont les plus perceptibles en termes d'impact et affectent particulièrement l'espace urbain. Nous retenons principalement trois éléments : les inondations, l'avancée de la mer, et la baisse de la nappe phréatique.

L'une des premières manifestations visibles de la variabilité pluviométrique sur l'espace dakarois est relative aux inondations.

2.2.1. Les inondations à Dakar, la contribution potentielle de l'agriculture intra et périurbaine

Le phénomène des inondations est devenu une réalité de plus en plus présente à Dakar. Il s'est accentué à partir des années 2000 coïncidant avec un retour des pluies. Ces inondations causent des impacts négatifs particulièrement dans la banlieue de Dakar à savoir les zones de Pikine et Guédiawaye où se localisent une bonne partie de l'agriculture dakaroise. En 2009, ce sont 11% de la population régionale et 25% de celle de cette banlieue qui ont été victimes des inondations à savoir 33 000 familles. Les coûts de ces inondations pour cette seule année de 2009 étaient estimés à 104 millions de dollars US dont les 56 millions constituaient des dommages directs. Sur trente années (de 1989 à 2009), les victimes s'élèvent à 900 000 personnes (Gueye, Fall et Tall, 2015).

Ces chiffres démontrent l'ampleur du phénomène et l'impact qu'il peut avoir dans le cadre urbain sénégalais.

Par ailleurs, plusieurs éléments sont en cause mais la pluviométrie qui a augmenté en intensité malgré des cumuls stables comparés aux années d'avant 1970 (période de grande sécheresse (Gaye et al., 2015), a été le déclencheur principal (voir la figure suivante sur la variabilité interannuelle de la pluviométrie à Dakar). Ces pluies qui ont connu une baisse drastique dans la décennie 1980-1990, ont ainsi repris de l'ampleur depuis 2000.

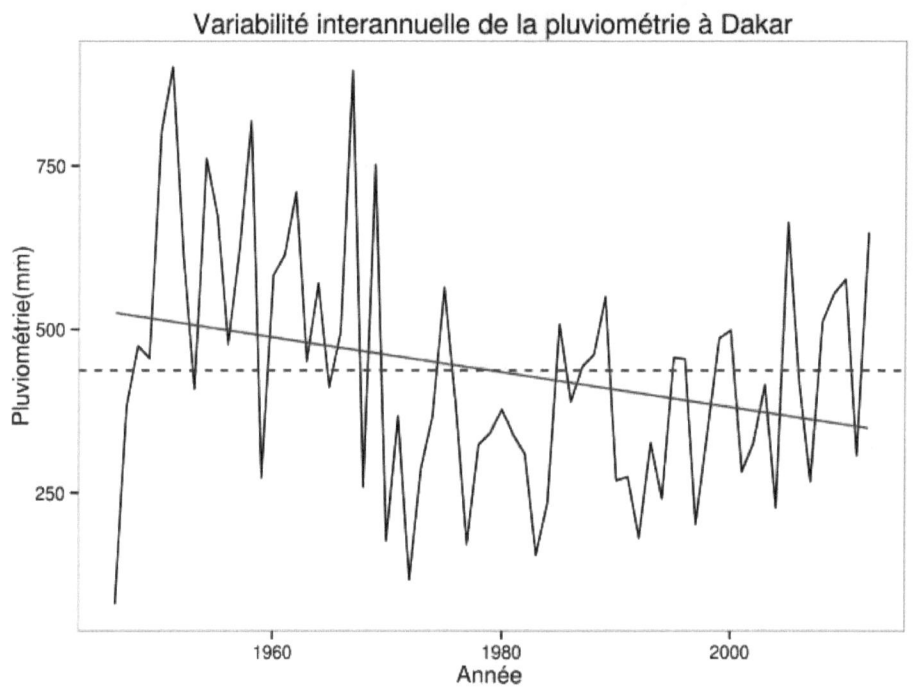

Source : Gaye et al., 2015, p. 48.

Les autres facteurs qui contribuent à ce phénomène d'inondations sont principalement l'insuffisance des infrastructures de drainage des eaux de pluie avec un taux d'accès de 5% aux égouts dans la région qui cause des inondations récurrentes (Gulyani, Basset et Talukdar, 2014). Un facteur qui vient amplifier le phénomène est l'arrêt du pompage des eaux souterraines des zones de la banlieue dakaroise pour l'alimentation en eau des habitants depuis 2004. Cela étant dû à la pollution constatée de l'eau en question (Leclercq, 2017). Or, les nappes de la zone sont assez affleurantes dans la zone ce qui créée une rapide saturation des sols (Sène, Sarr, Kane, Diallo, 2018). Ce contexte se complexifie avec l'artificialisation constatée à partir des années 1970 suite aux phénomènes de sécheresse qui ont entraîné l'arrivée massive de ruraux et leur l'installation dans la banlieue dakaroise. Cette artificialisation se manifeste par l'augmentation de la construction de logements dans la zone et de manière assez irrégulière dans des espaces jadis agricoles. Cela a diminué le taux d'infiltration des eaux de pluies et augmenté le ruissellement au détriment des zones basses de la région qui se retrouvent inondées. Pour y faire face, il a été mis en place un plan de drainage des eaux pluviales avec un réseau de stockage qui permet de capter les eaux de ruissellement (Sène, Sarr, Kane, Diallo, 2018).

Le constat majeur qui peut être fait dans ce contexte, est qu'une meilleure infiltration de l'eau de pluie avec la présence d'espaces ouverts qui respectent les cours naturels des eaux auraient été un important facteur de mitigation de ces inondations. Les espaces agricoles auraient permis de jouer un rôle d' « infrastructure (verte) de ville durable » tel que suggéré par Fleury et Moustier (1997). De plus des coûts économiques et sociaux importants sont engendrés avec le phénomène des inondations qui impliquent le déplacement de résidents vers d'autres sites causant un sentiment d'appauvrissement et d'exclusion chez les déplacés (de Andrés, Güell, et Smith, 2015).

Dans une perspective rectificative, ces espaces agricoles pourraient contrer le phénomène d'artificialisation grâce à leur maintien. Également, les eaux souterraines qui ne sont plus aptes pour l'alimentation des habitants dakarois, pourraient être recyclées pour permettre l'irrigation au niveau des exploitations agricoles selon des normes acceptables.

En effet, la question de l'eau et de son accès à Dakar est devenue une problématique majeure, et l'utilisation de ces eaux pour éviter ou réduire la compétition entre les usages agricoles et les autres usages alimentaires pourrait représenter une solution intéressante.

2.2.2. Le phénomène de l'avancée de la mer à Dakar, et la possible contribution de l'agriculture intra et périurbaine

Le phénomène de l'avancée de la mer qui entraine une érosion côtière persistante est bien palpable à Dakar. Elle se manifeste par une élévation du niveau de la mer avec une moyenne de 1,41 m soit 0,20 mm/an de 1901 à 2003 d'après Wöppelmann et al, 2008 cités par Weissenberger et al. (2016). Nous notons aussi une avancée de la mer selon les zones. Ainsi, le trait de côte a reculé de 0,45 à 2,7 mètres/ an dans la corniche ouest dakaroise ; dans la baie de Hann nous nous situons sur 2 mètres de perte de côte/an alors que dans la zone de Rufisque il est noté un recul de 3 mètres/an (Weissenberger et al., 2016). La région littorale dakaroise fait donc face à certaines menaces qui réduisent ces espaces. Dans ce sens, des infrastructures de protection ont tenté d'être mises en place par l'Etat mais elles n'arrivent pas à résoudre toute la problématique.

L'une des causes locales de l'accentuation de ce phénomène qui est assez global et constitue une manifestation des changements climatiques est par ailleurs « le développement effréné du bâti sur les cordons dunaires » (Weissenberger et al., 2016). Cependant, ces cordons dunaires constituent une des empreintes de la presqu'île du cap vert et constituent la zone naturelle des Niayes où s'exerce principalement l'activité agricole à Dakar. Les dépressions intra-dunaires ont d'ailleurs donné le nom à l'espace naturel des « Niayes » qui désigneraient une formation forestière hygrophile qui se développe en permanence autour et à l'intérieur des bas-fonds alimentés en eau douce (Fall, 1986). C'est ainsi dans ces zones de dépressions (comprises entre ces cordons dunaires) que se font une bonne partie de l'agriculture maraichère en raison de la nappe phréatique très proche pouvant inonder les dépressions interdunaires en période d'hivernage (Cissé, Fall et Fall, 2001). D'ailleurs, dans ces zones, l'irrigation n'est presque pas utilisée et c'est par capillarité de la nappe que l'approvisionnement en eau des plantes s'effectue (Sposito, 2010). Cela veut dire que l'agriculture en valorisant ces cordons dunaires qu'elle occupe, permet en même temps de participer à bloquer l'avancée de la mer et par là participerait à faire face à l'érosion côtière. De plus, les filaos installés le long des plages sont menacés à cause de l'avancée du bâti qui fait que les espaces dédiés se réduisent drastiquement dans la commune de Malika (à Pikine) particulièrement qui est même considérée comme étant sur le point de disparaitre (Ndao, 2012). Ce qui ne serait pas le cas, si l'agriculture adaptée à ces types de sols était maintenue dans ces espaces au lieu du bâti et qu'également l'extraction de sables marins et la coupe de filas ne s'exerçaient pas.

Une autre des conséquences de la remontée des eaux marines est la salinisation des eaux souterraines. Cette salinisation qui se fait par intrusion marine est reliée à la baisse de la nappe phréatique observée. Il s'agit ici de l'interface eaux douces/eaux salines (Dasylva et Consandey, 2005). Or, cette baisse est en partie due au fort ruissellement observé depuis l'installation de zones d'habitat dans une partie de la région. Celle-ci constituait un exutoire pour l'écoulement naturel des eaux vers les autres eaux de surface présentes dans la région à savoir les chaines de lacs existants dans la zone et l'océan. Le fort ruissellement ainsi observé caractérisé par un coefficient d'infiltration de l'ordre 0,9 dans les zones d'habitat lorsqu'il est de 0,1 dans les espaces de culture, semble être causé en partie par cette artificialisation à la place des espaces agricoles ouverts (Sène, Sarr, Kane, Diallo, 2018). Cela crée des inondations dans différentes zones de la région particulièrement dans la banlieue dakaroise (Pikine, Guédiawaye). D'ailleurs ce sont ces points de rétention d'eau ou zones inondées qui ont engendré le développement de plantes aquatiques qui commencent à coloniser davantage l'espace (Sène, Sarr, Kane, Diallo, 2018) et contraignent à leur tour le développement de l'agriculture. De manière plus simple, l'existence d'espaces agricoles dans ces zones permettrait de garantir une meilleure infiltration des eaux de pluie qui permettrait de mieux recharger les nappes ; évitant ainsi cette ampleur de l'intrusion marine. Ce qui amoindrirait par ailleurs l'abandon de la riziculture constatée depuis quelques années à cause de la grande salinisation (Sène, Sarr, Kane, Diallo, 2018).

Un autre élément est la pollution de l'eau observée dans les espaces agricoles situés à côté des zones d'habitat. Dans leur étude, Tandia, Gaye et Faye (1997) ont pu démontrer dans leurs prélèvements, que les eaux souterraines étaient plus chargées en nitrates dans les espaces habités. Cette situation serait due entre autres à l'absence de réseau d'assainissement qui fait que les déchets organiques issus des latrines sont évacués directement dans les eaux souterraines (Tandia, Gaye et Faye, 1997).

Il semble ainsi que la présence de l'agriculture peut jouer toujours un rôle positif par rapport à l'impact des changements climatiques lié à l'avancée de la mer et à l'érosion côtière.

Un autre aspect qui a été légèrement discuté plus haut est celui de la baisse de la nappe phréatique et la contribution que l'agriculture intra et périurbaine dakaroise pourrait apporter.

2.2.3. La baisse de la nappe phréatique à Dakar et les contributions de l'agriculture intra et périurbaine pour y faire face

La baisse de la nappe phréatique à Dakar est aussi une réalité qui a été observée à la suite de mesures piézométriques dans la zone. Dans leur étude, Dasylva et Cosandey (2005) ont tenté de démontrer que le retour des pluies constaté depuis quelques années n'est pas suffisant pour réalimenter la nappe des sables quaternaires situés dans la région de Dakar. En effet, il faudrait une pluviométrie excédentaire sur « récurrence décennale » pour que la nappe atteigne un niveau statique positif qui permettrait de reconstituer et de sauvegarder cette ressource en eau souterraine sur le long terme (Dasylva et Consandey, 2005). Dans ce contexte, il semble que les espaces agricoles soient une parfaite plateforme ou « infrastructure naturelle » pour faciliter la recharge de la nappe phréatique dans la zone. En effet, ils permettent de ralentir et de réduire les ruissellements par le procédé de l'infiltration qu'offre ses sols non artificialisés. Comme constat déjà, les procédés de gestion des eaux de ruissellement sont considérés comme étant les meilleures stratégies pour renforcer les ressources hydriques. Pour le cas de Dakar, ces procédés qui faciliteraient l'infiltration devraient permettre une absorption minimale de 50% pour une « recharge efficace de la nappe » (Dasylva et Consandey, 2005).

Il apparait donc, que l'agriculture dakaroise semble être capable de jouer pleinement un rôle « d'infrastructure de ville durable » face au phénomène des changements climatiques et les principaux impacts induits par celui-ci dans la disponibilité et la qualité des eaux à Dakar.

Cependant, il y'a le revers de la médaille qu'il ne faudrait surtout pas ignorer lorsque l'on parle de l'agriculture comme moyen d'adaptation face aux changements climatiques. En effet, l'agriculture présente aussi quelques points négatifs dont la prise en compte permettrait une plus grande pertinence et efficacité de celle-ci par rapport à la lutte contre les changements climatiques.

3. Les points moins positifs de l'agriculture par rapport à la disponibilité de l'eau face aux changements climatiques qu'il faut prendre en compte pour renforcer le rôle de cette agriculture en tant que levier d'adaptation

L'agriculture est considérée comme l'un des postes les plus émetteurs de gaz à effet de serre (GES) dans le monde. Il constitue le deuxième secteur d'émission après celui de l'énergie avec 24% d'émissions nettes en 2010. Cependant, il est le seul secteur où les émissions ne se sont pas accrues entre 2000 et 2010. Son poste prend en charge les émissions liées à l'agriculture, la foresterie et les autres formes d'affectation des terres (Meyer, 2014).

Au Sénégal, le scénario est assez semblable ; l'agriculture a des émissions de GES de 37 % après le secteur de l'énergie qui est à 49% (Ministère de l'environnement et de la protection de la nature du Sénégal, 2010).

En nous intéressant de manière plus précise à la région de Dakar, la situation est différente par rapport à la contribution de l'agriculture dans les GES. Cela se comprend vu qu'on est dans l'espace urbain. Ainsi, dans l'étude bilan carbone conduit dans le cadre de l'élaboration du plan climat territorial de Dakar, le secteur de la pêche, de l'agriculture et de l'élevage occupait la huitième place en termes d'émissions de GES après les secteurs de l'énergie, du transport, du résidentiel, de l'industrie, de la construction et voirie, de l'alimentation (relative aux importations de riz principalement) et du tertiaire. Ses émissions sont ainsi estimées à 258 569 teq CO2 / an soit 2% des émissions régionales de GES devant les secteurs de transport de marchandise, des déchets (gestion de fin de vie) et de la fabrication des futurs déchets (Diagne, Faye et Fillaut, 2013).

Même si sa participation est moindre dans les émissions de GES à Dakar, nous retenons de façon générale que l'agriculture a une part de responsabilité sur le dérèglement climatique actuel. Et ces aspects doivent être adressés dans un contexte global d'adaptation.

Si nous nous focalisons dans notre axe d'analyse relatif à la question de l'eau et la contribution de l'agriculture intra et périurbaine pour contrer les effets négatifs causés par les changements climatiques, nous remarquons tel qu'évoqué précédemment que des aspects négatifs de l'agriculture devraient être également mis en exergue pour leur meilleure prise en compte dans l'adaptation.

Dans ce sens, deux éléments sont à retenir en termes d'effets négatifs de l'agriculture sur les disponibilités en eau dans le contexte des changements climatiques à Dakar. Il s'agit d'une part de la qualité des eaux et d'autre part de la quantité d'eau disponible à Dakar.

3.1. Impact de l'agriculture sur la qualité des eaux disponibles

L'agriculture intra et périurbaine entraine une pollution des eaux. Elle se manifeste particulièrement par une pollution chimique des eaux souterraines (Garrigou et al., 2013). Ngom, Thiam et Anastasie (2012), ont bien résumé la contribution de l'agriculture dans la pollution de la nappe souterraine. Après des mesures qui ont démontré une charge chimique négative au niveau de l'eau souterraine, ils ont indexé comme causes agricoles : le lessivage des sols cultivés, la perméabilité des sols qui entraine une rapide infiltration des eaux de pluie et d'arrosage des cultures souvent polluées, des mauvaises pratiques agricoles telles que « *le lavage du matériel de pulvérisation, des produits de récolte et des habits souillés lors des traitements à l'intérieur des puits, la fréquence de traitement, le*

rejet incontrôlé des emballages au bord et à l'intérieur des puits etc. »
(Ngom, Thiam et Anastasie, 2012). Cela pour dire que le rôle que l'agriculture devra jouer par rapport à l'adaptation relative aux impacts des changements climatiques sur l'eau, ne pourra se faire efficacement que si ces impacts précédemment cités sont pris en compte. En effet, la correction de l'impact négatif de l'agriculture intra et périurbaine dakaroise sur la pollution chimique de la nappe et certainement des sols, est une question essentielle à adresser pour faire de cette agriculture une véritable « infrastructure de ville durable ».

L'autre enjeu à prendre en charge par rapport à cette agriculture est la compétition qu'elle peut générer vis-à-vis de la disponibilité de l'eau pour l'alimentation à Dakar ou les autres usages.

3.2. Impact de l'agriculture sur la disponibilité de l'eau à Dakar

Tout d'abord, il semble important de noter les sources d'approvisionnement en eau de l'agriculture intra et périurbaine dakaroise. Elles sont principalement de trois sortes : a) la nappe phréatique exploitée à partir des « céanes » qui sont des sortes de puits traditionnels sans margelle (Koné, 2012), b) les eaux usées traitées issues des stations d'épuration des eaux usées de l'Office nationale d'assainissement du Sénégal (ONAS) et qui sont utilisées dans la zone de Patte d'oie et de Pikine, et c) le réseau hydraulique de la Sénégalaise des Eaux qui permet aussi d'approvisionner les résidents en eau domestique. Ce dernier mode d'approvisionnement est surtout présent dans la zone de Rufisque (Ba et Cantoreggi, 2018).

La source qui présente une certaine problématique par rapport à la disponibilité de l'eau à Dakar est notamment celle du réseau de la SDE ; les autres modes faisant moins ou pas du tout l'objet de compétition avec les autres usages urbains. Pour faire face à la demande agricole par rapport à cette eau, un système de quotas a été initié par le ministère de tutelle qui est celui de l'hydraulique. Ce système de quota est échelonné en trois tranches d'après une circulaire du ministère de l'hydraulique datant de 2008 : sociale, pleine et dissuasive. La tarification augmente de quatre fois lorsque la consommation passe au double par rapport au quota normal et elle augmente encore de 50% lorsqu'on dépasse le double du quota normal. L'instauration de ce système qui a connu des évolutions sur la tarification par ailleurs, se situe dans les années 1970 à la suite des sécheresses qui sont survenues au Sénégal. L'objectif était de permettre aux maraichers de faire face au possible manque d'eau dans l'exercice de leurs activités agricoles (Tounkara, 2015). Ces cinq dernières années, Dakar a fait face à un manque d'eau important qui a engendré la non satisfaction des besoins en eau d'une grande partie des populations dakaroises[2]. Cela devient plus problématique chez les agriculteurs localisés dans la région. En effet, cette agriculture participerait à réduire la disponibilité en eau pour l'alimentation des dakarois. Cela s'inscrit dans un contexte où cet approvisionnement en eau s'effectue à partir d'un raccordement de réseau d'adduction d'eau à partir du lac de Guiers situé à 250 km au Nord-est de Dakar (Dasylva et Consandey, 2005), dans les régions de Saint-Louis et de Louga.

Cette problématique de la disponibilité de l'eau est tellement prégnante qu'un nouveau projet est en cours de concrétisation. Il s'agit du dessalement de l'eau de mer pour pouvoir approvisionner correctement les dakarois en eau de manière plus stable (Agence japonaise de coopération internationale (JICA), 2014).

Par ailleurs, cette situation de la disponibilité de l'eau à Dakar sans nul doute, rend vulnérable cette agriculture et créée quelques difficultés dans la tenue des activités agricoles. Ainsi, rendre l'agriculture intra et périurbaine dakaroise capable de participer à l'adaptation au changement climatique sur la question de l'eau, doit impliquer de rendre cette agriculture autonome en termes de source d'approvisionnement en eau. Le récent projet de l'Etat de réhabilitation de 10 forages à Thiaroye pour l'usage exclusif de l'agriculture dakaroise[3], est une avancée intéressante pour la réduction de la vulnérabilité de cette agriculture.

La réalisation de l'ensemble de ces orientations pour rendre l'agriculture apte à constituer une mesure d'adaptation face au changement climatique, semble convoquer le concept de multifonctionnalité. En effet, celui-ci préconise la reconnaissance des différents rôles ou fonctions de cette agriculture afin de lui permettre de devenir justement une « infrastructure de ville durable » capable de se maintenir dans l'espace urbain.

Mais c'est quoi la multifonctionnalité de l'agriculture et en quoi elle peut permettre à celle-ci de participer à l'adaptation aux changements climatiques.

---

[2] http://www.rfi.fr/emission/20180726-une-penurie-eau-dakar
[3] https://www.equonet.net/DEVELOPPEMENT-DU-MARAICHAGE-DANS-LA-ZONE-DES-NIAYES-16-Forages-pour-l-irrigation-fonctionnels_a2957.html

4. La multifonctionnalité de l'agriculture : un moyen pour renforcer l'adaptation aux changements climatiques

Le choix de la mobilisation du concept de multifonctionnalité part du principe que le rôle d'adaptation que l'agriculture pourrait jouer dans le contexte des changements climatiques ne peut être mis de l'avant que si l'on considère que l'agriculture n'est pas uniquement une pourvoyeuse de denrées alimentaires. En effet, l'agriculture joue des rôles ou fonctions d'ordre économique, social et environnemental qui lorsqu'ils ne sont pas pris en charge dans le cadre des politiques publiques influenceraient négativement le bien-être de la société. Ces politiques d'ailleurs ne devraient plus être sectorielles mais territoriales (Mundler, 2010; Bernard, Dufour et Angelucci, 2005).

Cette multifonctionnalité est justement définie comme « l'ensemble des contributions de l'agriculture au développement économique et social, auxquelles les citoyens donnent sens en fonction de leur degré de perception » (Mundler, 2010) en citant Laurent et al. (2003) et Mundler (2002).
Nous nous intéressons ainsi à l'approche normative de la multifonctionnalité recommandée particulièrement par les chercheurs en sciences sociales et qui postule qu'il faudrait se baser sur « les enjeux du territoire et les demandes locales » pour promouvoir la multifonctionnalité. Elle se fonde ainsi sur des « objectifs du territoire » (Guillaumin et al., 2008) qui sont définis à partir d'un dialogue territorial qui permet d'« identifier les enjeux importants de l'agriculture en termes de multifonctionnalité » (Gaudicheau, 2007). Cela inclut donc la prise en compte de la demande sociale en termes de multifonctionnalité et qui passerait par une intégration des intérêts des parties prenantes dans la mise en œuvre de cette multifonctionnalité de l'agriculture ici intra et périurbaine. L'intérêt de cette approche dans le cas de Dakar par exemple est que « le contenu et la valeur » de ces fonctions économiques, sociales et environnementales de l'agriculture varient selon le territoire en question, le type d'agriculture pratiquée et « les temps sociohistoriques » (Pluvinage, 2010). Dans ce cadre, eu égard aux impacts du changement climatique sur la disponibilité quantitative et qualitative de l'eau à Dakar, nous pourrons nous intéresser justement au nom de cette multifonctionnalité, à la contribution concrète de cette agriculture face aux inondations, à l'avancée de la mer, à la baisse de la nappe phréatique entre autres.

Un autre intérêt de ce concept est l'interrelation qui existe entre les différentes fonctions. En effet, il doit être compris que les différentes fonctions s'influencent mutuellement et doivent être prises en charge dans cette complexité (Cairol et al., 2009). Pour exemple, la disponibilité d'espaces ouverts pour l'agriculture, en même temps qu'elle facilite l'infiltration des eaux de pluie et évite les ruissellements, participe à faire face à l'intrusion marine qui renforce la salinisation mais évite en même temps le développement de plantes aquatiques. Ces espaces concomitamment permettent de réduire les inondations et valorisent les cordons dunaires qui permettent de contrer l'avancée de la mer. La question des échelles liée au concept nous semble aussi intéressante à mettre en exergue. En effet, tel que Wilson (2009), le préconise il conviendrait de prendre en compte cinq échelles pour mieux appréhender la multifonctionnalité au niveau d'un territoire. Ces échelles sont celles de l'exploitation, du communautaire, du régional, du national et de l'international. Celles-ci doivent toutes être prises en compte car elles s'influencent et chacune des échelles coïncide avec un niveau de décision (Wilson, 2009). L'intérêt de la prise en charge de toutes ces échelles s'explique également par le fait que certaines fonctions sont visibles sur certaines échelles et non sur d'autres (Knickel et Renting, 2000). Par exemple, la question de la gestion des inondations ne peut être appréhendée qu'au niveau communautaire ou régional et non au niveau de l'exploitation. Or, dans le cas de Dakar, en évaluant le coût lié à la production agricole comparé au coût du foncier, la valeur réelle de l'exploitation agricole peut ne pas être prise en charge car l'impact de celle-ci en termes de gestion des inondations est moins palpable. Ce qui n'est pas le cas lorsqu'il s'agit de s'intéresser à un ensemble d'exploitations agricoles et au rôle que celles-ci jouent par rapport à ce phénomène des inondations. Cela est d'autant plus pertinent lorsque l'on sait que déjà « le coût du terrain est …dissocié de la rentabilité de l'activité agricole » lorsqu'il s'agit de construire des logements (Moustier et Fall, 2004).

Ce point nous amène justement à la question des valeurs. La problématique pour une bonne prise en charge de la multifonctionnalité de l'agriculture intra et périurbaine dont celle dakaroise, nécessite d'évaluer la valeur des fonctions que cette agriculture joue. Cette évaluation devrait prendre en compte la demande sociale relative au contexte et s'inscrire au niveau des différentes échelles et non celle de l'exploitation uniquement pour caractériser de manière plus précise ces fonctions.

CONCLUSION

Cette contribution avait pour objectif d'apporter une réflexion sur le rôle que l'agriculture intra et périurbaine peut jouer dans le contexte des changements climatiques. Le cas de la région de Dakar, nous a semblé assez illustratif pour montrer de manière assez concrète l'apport de cette agriculture dans l'adaptation face à ces changements climatiques. Pour ce faire, nous nous sommes focalisés sur la question de la variabilité pluviométrique et des impacts qu'elle pouvait avoir sur la disponibilité de l'eau dans la région. Ainsi, nous avons axé ces contributions autour des phénomènes d'inondation, de l'avancée de la mer et de la baisse de la nappe qui sont devenus une réalité dakaroise reliée aux changements observés depuis presque 50 ans dans la pluviométrie. Il semblerait après analyse que l'agriculture pourrait jouer un rôle important face à ces risques. Cependant pour que ce rôle soit pleinement joué, cette agriculture devrait elle aussi s'adapter avec des pratiques agricoles plus respectueuses de l'environnement.

Il est apparu ainsi, que la multifonctionnalité de par la reconnaissance et la valorisation qu'elle donne aux différentes fonctions de l'agriculture, peut permettre de mieux prendre en charge ce rôle de levier d'adaptation que pourrait représenter l'agriculture. En effet, par la prise en compte de la demande sociale, de l'interdépendance des fonctions et des questions d'échelles avec chacune un niveau de prise de décision ; la valorisation de la multifonctionnalité de l'agriculture intra et périurbaine pourrait permettre à celle-ci de jouer un rôle considérable dans l'adaptation face aux changements climatiques.

Cependant la question est de savoir, quelles valeurs les acteurs urbains dakarois accordent-ils à ces fonctions de l'agriculture intra et périurbaine ? Les divergences d'intérêt ne favoriseront-elles pas une difficulté dans la mise en œuvre d'actions concrètes pour faire de cette agriculture une véritable infrastructure de ville durable capable de mitiger les effets des changements climatiques sur le territoire dakarois voire sénégalais ?

Chapitre 10

Nouvelle forme et adaptation des parcs de proximité, ou comment lutter contre les îlots de chaleur et répondre aux besoins des personnes âgées
Etude de cas : l'agglomération de Monterrey.

1- INTRODUCTION ET CADRE SCIENTIFIQUE

Les études menées sur les pratiques des personnes âgées et leur santé ont permis de formuler plusieurs hypothèses qui peuvent contribuer à une meilleure compréhension : 1.des comportements et représentations qu'ont les personnes âgées de leur espace de vie, et 2. de leurs usages et les impacts directs ou indirects qu'il peut avoir sur leur santé.

Durant le processus de vieillissement se produit une diminution des capacités psychophysiques chez les individus qui induit une augmentation du temps de séjour dans un lieu (Lawton et Nahemow, 1973 ; Lawton, 1990). Le choix de ce lieu de vie s'avère crucial. Il doit pouvoir répondre aux besoins et attentes des personnes âgées sur le long terme, à savoir de leur emménagement jusqu'à leur fin de vie (Andrews et Phillips, 2005 ; Peace, Holland et Kellaher, 2006 ; Sanchez Gonzalez, 2015). Dans le cas contraire, un déménagement peut être mal vécu, en raison de l'attachement au lieu de vie devenu repère. On aborde ici la mémoire des lieux (Ginet, Wiesztort, 2014). Le philosophe Paul Ricoeur explique que parler d'identité, c'est parler du « *maintien de soi à travers le temps* » (Ricoeur, 1992). Les individus et notamment les personnes âgées plus sédentaires s'identifient à des lieux qu'ils fréquentent chaque jour ou ont fréquenté par le passé et qui ont marqué leur vie. Ces espaces connus et pratiqués les rassurent. Joël Candau (1998) précise que la mémoire précède la construction de l'identité, elle est un des éléments essentiels de sa recherche, qu'elle soit individuelle ou collective (Candau, 1998).

L'être humain a créé des villages et des villes : plus de la moitié de l'humanité vit dans des villes. La société aménage le village, le quartier, la ville. Un environnement qu'habitent les personnes âgées avec des aménagements qui peuvent être antithétique ou prothétique (Laroque, 2011). À ce sujet, nous savons que les personnes âgées expérimentent l'environnement naturel proche (Coupleux, 2013), ainsi que son influence sur les opportunités d'affronter des défis quotidiens dans le vieillissement (Wahl et Lang, 2003 ; Krause, 2004 ; Sanchez-Gonzalez, 2009). L'espace urbain et architectural peut être à la fois une ressource ou une contrainte pour la personne âgée, et peut favoriser ou au contraire accentuer ses déficiences et l'isoler. L'environnement physique (repérage dans l'espace, déplacement, contact avec l'extérieur, stimulation des sens, ...) et social (intimité, vie collective, contacts sociaux, ...) a un impact direct sur le degré de dépendance. En effet, une même déficience n'induit pas le même degré de dépendance selon l'environnement urbain, architectural, social est adapté ou non (CAUE28, 2014).

Contexte scientifique

Cette étude postdoctorale réalisée à l'Université Autonome de Nuevo Léon (Mexique) en 2016 avait pour enjeu l'analyse des effets du vieillissement démographique sur les requêtes d'équipement urbain et en particulier dans les parcs urbains. L'objectif était enfin d'apporter des recommandations aux acteurs locaux, qui permettront d'affronter les défis que plante ce phénomène. De la même manière, nous prétendions contribuer à l'impulsion d'une ligne de recherche relative à l'urbanisme gérontologique. Dans cette recherche, nous avons également choisis de nous intéresser à deux formes de parcs urbains : les parcs linéaires et les parcs ponctuels. L'objectif était de découvrir quel type de parc est le plus adapté aux personnes âgées et le plus pratiqué. Voir les différences et ce que cela peut apporter ou changer dans leurs pratiques.

Le cas d'étude est l'agglomération de Monterrey situé au Nord du Mexique dans l'Etat de Nuevo Léon. C'est un cas d'étude qui peut s'appliquer à d'autres villes du Monde, puisque le vieillissement de la population est un phénomène qui affecte l'ensemble de la planète et en particulier les pays d'Amérique latine. En effet, en Amérique latine on estime qu'un latino-américain sur quatre sera un adulte âgé qui vivra en ville en 2050.

En parallèle, l'urbanisation non planifiée génère des problèmes environnementaux qui engendrent une augmentation des pollutions urbaines et la disparition d'aires vertes (Melee, 2003). La qualité de l'air apparaît comme un enjeu spécifiquement urbain en raison principalement des épisodes de smog qui peuvent avoir des incidences importantes sur la santé des citadins et leur qualité de vie (Gauthier, 2016). Sont concernés en particulier les personnes âgées, plus sensibles à la qualité de l'air (Roussel, 2017), mais aussi aux fortes chaleurs, résultat de l'ilot de chaleur urbain. Monterrey est typique, c'est une agglomération industrielle très contaminée (Guajardo Quiroga, 2002) et disposant de peu d'espaces verts. Le climat y est aride et les citadins souffrent de la chaleur. Dans ce contexte, les espaces verts sont très importants, jouant un rôle non-négligeable dans l'amélioration des conditions de vie des citadins (Wiesztort, 2015) à travers leurs services écosystémiques (amélioration de la qualité de l'air, diminution de l'ilot de chaleur, offre de zones d'ombre, paysage vert, esthétique) (Maris, 2014 ; Bertrand, Bierry, 2016).

Problématique et cadre théorique

Pour ce travail de Postdoctorat intitulé : *Les formes d'espaces verts en ville (parcs linéaires et ponctuels) et leurs impacts sur le bien-être quotidien et la santé des personnes âgées. Etude de cas au Mexique,* nous voulions aborder de nombreux points : la place du parc urbain de proximité dans la vie des personnes âgées, voir comment les personnes âgées s'approprient ou pratiquent les parcs, s'ils sont ou non si importants pour eux, comment ils peuvent contribuer à l'amélioration de leur bien être psychologique, physique et leur santé en général. Nous voulions également comparer différents parcs (par leur forme et équipements) de divers quartiers afin de comprendre quels parcs et équipements répondent au mieux aux besoins et attentes des personnes âgées.

Nous avons choisi de nous intéresser aux personnes âgées (individus de plus de 60 ans) car c'est la population (avec les enfants en jeune âge) la plus affectée par les effets du climat. Les parcs sont pour eux des lieux de vie sociale et de récréation très importants, leur permettant notamment de sortir du domicile et de rompre leur isolement et/ou solitude.

L'ensemble des résultats du travail de Postdoctorat ne sera pas exposé dans cet article mais nous répondrons à deux questionnements :

- *Quelle forme de parc répond au mieux aux enjeux de la ville de demain ?*

- *Faut-il adapter les équipements aux personnes âgées (population la plus affectées par les îlots de chaleur) afin de leur permettre l'usage des parcs ?*

Notre recension de la littérature scientifique et nos observations de terrain nous ont permis de poser une affirmation et un cadre théorique : « *Les parcs linéaires répondent au mieux aux enjeux de la ville durable-vivable et il faut adapter les parcs à toutes les particularités des personnes âgées* ». Nous avons pu observer un certain nombre de situations : tels que l'éloignement des parcs, le manque d'équipements de confort, la présence d'équipements inadaptés, le manque d'ombre ou de sécurité. Partant de ces constats et inspirés de notre revue de la littérature, nous avons déterminé des variables à étudier : Proximité/accessibilité, Autonomie des individus, Lien social, Pratiques sportives, Sécurité/Insécurité et les bienfaits du climat dans les parcs.

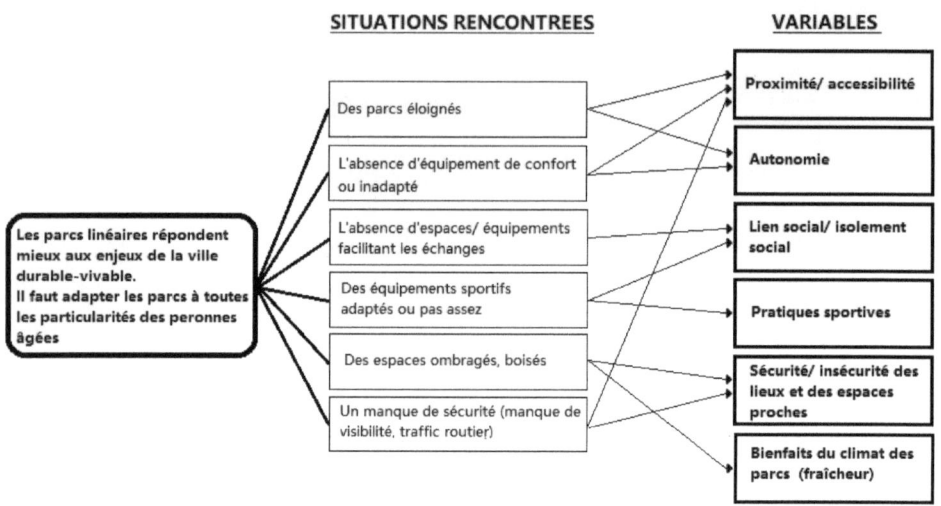

Un ensemble de variables que nous avons jugé judicieux d'aborder comme des facteurs pouvant influencer le choix des personnes âgées de fréquenter un parc ou non, de pratiquer ou non des activités, d'user ou non de divers équipements dont sont dotés les parcs de proximité de l'agglomération de Monterrey.

Outils et méthodologie

Le travail a suivi une méthodologie fine afin de déterminer les aires d'études selon des spécificités sociodémographiques, y choisir des parcs qui répondent par leurs formes à notre requête (comparer le parc linéaire urbain et le parc ponctuel), déterminer le panel (notamment la tranche d'âge), mettre en place la méthode d'entretien et d'enquête puisque nous avons choisi une méthodologie mixte séquentielle. Les étapes ont été les suivantes :

-Etape 1 : Recension de la littérature scientifique (dans les domaines suivants : vieillissement de la population/personnes âgées, urbanisme, aménagement/ équipements publics, nature en ville/parcs urbains, gérontologie environnementale, entre autres.)

-Etape 1 bis : Statistiques. En parallèle, nous avons travaillé sur les données sociodémographiques, économiques, et les recensements que nous avions à notre disposition[1].

Deux sources (CONAPO et INEGI) ont été utilisées. Nous nous sommes particulièrement intéressés à la répartition des personnes de plus de 60 ans dans l'agglomération de Monterrey et l'indice de marginalisation. D'une part, nous voulions travailler sur des quartiers composés d'un pourcentage élevé de personnes âgées, et d'autre part comparer des parcs urbains de quartiers au niveau de vie (taux de marginalisation) différents. Nous ne voulions pas avoir des résultats qui correspondent à un quartier de niveau social X. Nous voulions que notre recherche touche les différents niveaux sociaux et donc des quartiers aux aménagements et équipements différents (quantitativement et surtout qualitativement) et faire ressortir toutes les problématiques pouvant exister dans tout type de quartier.

-Etape 2 : Géomatique (SIG). Nous avons réalisé deux cartes de l'agglomération (une carte de répartition des individus de plus de 60 ans par aire/une carte de l'indice de marginalisation par aire), cela nous a permis de distinguer les aires ayant les taux de personnes âgées les plus importants et d'élire 4 parcs (2 dans les aires à faible marginalisation et 2 dans les aires à forte marginalisation). Les parcs ponctuels : Alameda, Las Americas et les parcs linéaires : Anáhuac, Las Arbóledas

-Etape 3 : Inventaire qualitatif des quatre parcs. Nous avons réalisé des relevés techniques : température, humidité, luminosité, bruit à l'aide d'un senseur HOBBO ware et d'une application. Cette étape a permis de réaliser un inventaire des caractéristiques du parc (dimension, dénivellation ...) et des aménagements/ équipements (équipements de confort, végétation, équipements de loisirs, ...)

- Etape 4 : Pré-enquête qualitative menant à l'élaboration du questionnaire final. Nous avons réalisé 5 entretiens auprès de personnes âgées de l'agglomération vivant à proximité de l'un de nos parcs urbains.

- Etape 5 : Enquête quantitative (125 enquêtés, 64 questions, 08 thèmes). Voici l'échantillon et les items du questionnaire :

---

[1] Au Mexique il y a des difficultés d'accès aux données. Pour deux raisons : les deux organismes INEGI et CONAPO qui possèdent les données, n'utilisent pas les mêmes formes, échelles et ordres de classification, ce qui rend impossible le travail si nous voulons coupler des données. Seconde raison : l'insécurité du pays notamment dans l'Etat de Nuevo Léon où se situe l'agglomération de Monterrey. Le recensement de 2010 s'est fait dans un contexte d'insécurité forte et les données sont quasi inexistantes. La population ne voulait pas répondre aux recenseurs par crainte d'être attaqué ou volé.

Figure 1 : Echantillon de l'enquête quantitative et items du questionnaire

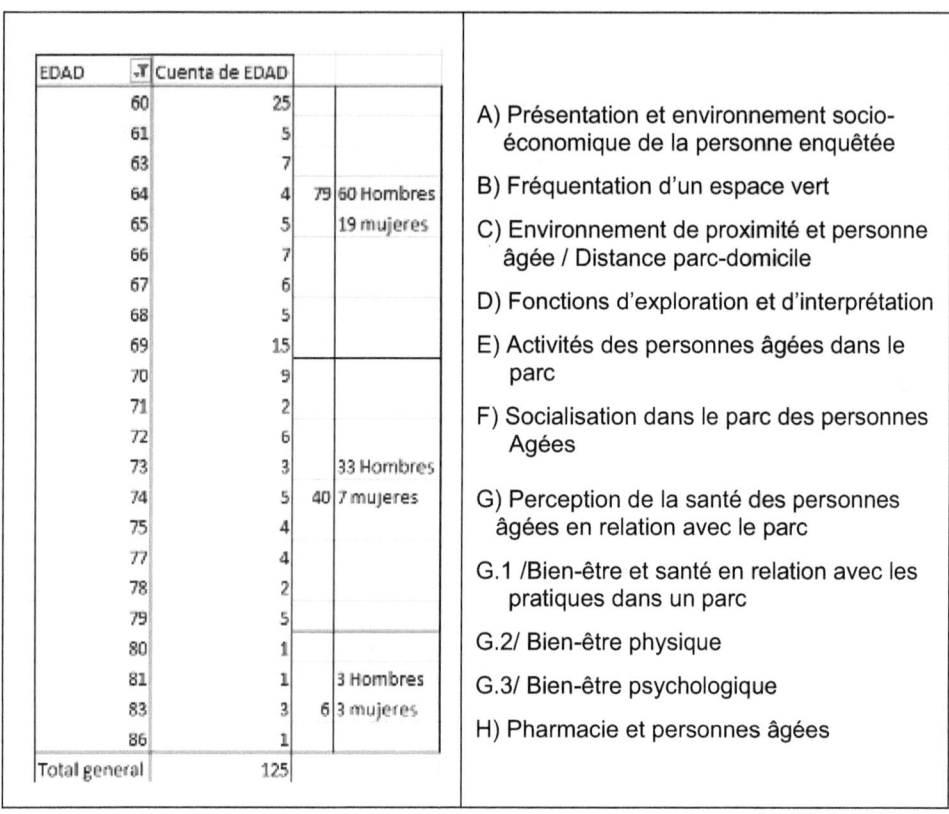

L. Wiesztort, 2016.

2- RESULTATS :

RQ1[2] : LE PARC LINEAIRE PLUS EN ADEQUATION AVEC LES VILLES D'AUJOURD'HUI OFFRE PLUS D'OPPORTUNITES QUE LE PARC PONCTUEL

A) LE PARC LINEAIRE SOLUTION POUR REINSERER DE LA NATURE AU CŒUR DE VILLES DENSES….

Les villes sont denses, minérales et de plus en plus polluées et étouffantes (Levy, 2016 ; Beltrando, 2011 ; Lauffenburger, 2010). La nature a des bienfaits, elle rend un certain nombre de services écosystémiques (Méral & Pesch, 2016 ; Malard, 2012). Prenons des exemples :

---

[2] RQ1 = Réponse au questionnement n°1 : *Quelle forme de parc répond au mieux aux enjeux de la ville de demain ?*

- des services sociaux : ils offrent des espaces de loisirs et de convivialité aux citadins.

- environnementaux : ils permettent l'infiltration des eaux, sont thermorégulateurs et dépolluent.

De plus, la nature a des bienfaits directs et indirects sur la santé des individus. De nombreuses recherches démontrent les bienfaits sur la santé physique (plus de dynamisme, de souplesse, de souffle) (Bilal et al., 2016 ; Björk et al., 2008 ; Van Dillen et al., 2012 ; Wolch et al., 2014) et sur la santé mentale (moins de stress, plus de motivation et de joie) (Grahn et al., 2010 ; MacKerron, 2013).

Notre enquête a également mis cela en évidence pour les personnes âgées. En quelques chiffres : 78.4% estiment avoir plus d'énergie physique grâce à leurs sorties au parc, 36 % plus de motivation et 25 % plus d'autoestime. Les retombées sont positives sur leur santé mentale et physique à court, moyen et long terme. Les personnes âgées en ont conscience (pour 91%), 45% disent même que leur sortie au parc est vitale !

Les parcs urbains sont peu nombreux dans les grandes villes denses telles que Monterrey. Ainsi, peu de gens disposent concrètement d'un parc de proximité. De plus, les villes sont denses et ne disposent plus d'espaces vacants ou alors ils sont soumis à une forte pression foncière. Seule solution : repenser les délaissés le long des axes routiers, des voies ferrées ou des cours d'eau. Ils sont nombreux et souvent traversent une grande partie de la ville, ou d'un quartier.

Le schéma qui suit met en évidence un atout non-négligeable de la linéarité des parcs : l'accessibilité. Les linéaires permettent à davantage d'individus de profiter d'un parc de proximité. Pour illustrer notre idée, le schéma (Figure 2) présente les rayonnements du parc Las Arboledas (parc linéaire) et celle du parc Saint Nicolas (parc ponctuel) dans l'agglomération de Monterrey. Par proximité, nous entendons 200 mètres maximum de rayonnement autour du domicile.

Dans ce rayon, nous sommes dans un espace de proximité auquel peut avoir accès une personne âgée à pied au quotidien (García Ballesteros A., et al., 2016 ; Sánchez González D., 2007).

Figure 2 : Rayonnements de proximité du parc ponctuel Saint Nicolas et le parc linéaire Las Arboledas à Monterrey.

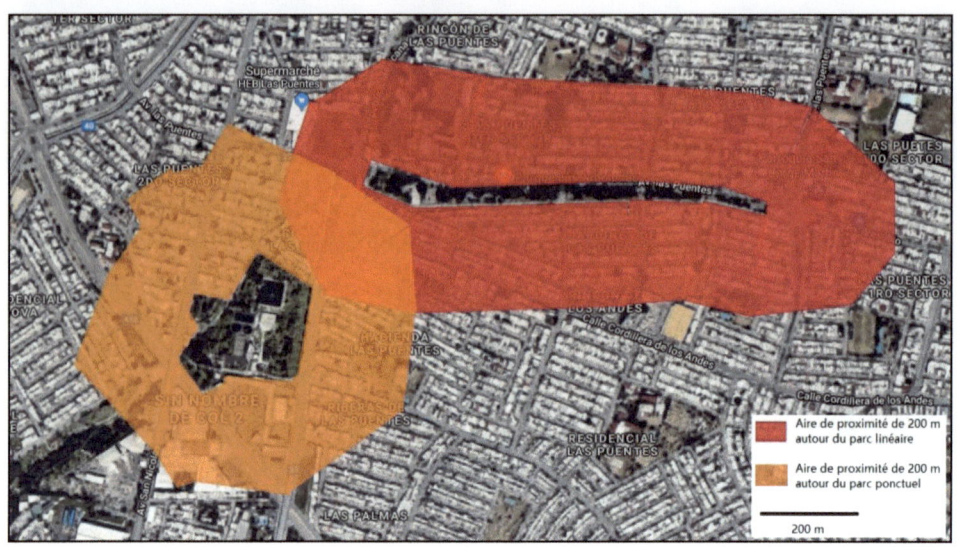

L. Wiesztort, 2018.

De plus, n'oublions pas qu'un linéaire bien conçu peut avoir un intérêt écologique (corridor écologique qui relie des biotopes et permet les migrations faune/flore).

B) ... ET PERMETTANT UNE MEILLEURE ACCESSIBILITE, CLE DE LA FREQUENTATION D'UN PARC.

« *Les recherches sur le vieillissement en ville s'accordent sur les particularités des espaces, relevées à partir des besoins des personnes âgées, concernant un meilleur accès aux services, un cadre de vie bien entretenu, et le besoin de sécurisation et de confort* » (Bigo et Depeau, 2014, p3). Ces recherches portent majoritairement sur la marche étant le mode de déplacement privilégié par les seniors (Ridolfi et Dumont, 2006 ; Borst *et al.*, 2008). C'est à la fois un mode d'activité physique et un mode de déplacement. L'enjeu est ainsi de penser d'un espace inclusif, ou *inclusive design* (KT-EQUAL, 2010).

A Monterrey, l'enquête confirme l'importance de la proximité pour les personnes âgées. Les citadins plébiscitent les squares de proximité (Boutefeu, 2007). A Monterrey, la majorité des personnes âgées qui fréquente un parc urbain vont dans celui qui se situe le plus près géographiquement de son domicile (pour les piétons) ou celui qui nécessite le moins de temps de trajet (pour les utilisateurs de véhicules motorisés ou transports en communs). 41 % vont à un parc situé à moins de 400 mètres de leur domicile et 45,5% mettent moins de cinq minutes pour s'y rendre. (Figure 3).

Figure 3 : Mode de déplacement et temps de trajet pour aller au parc

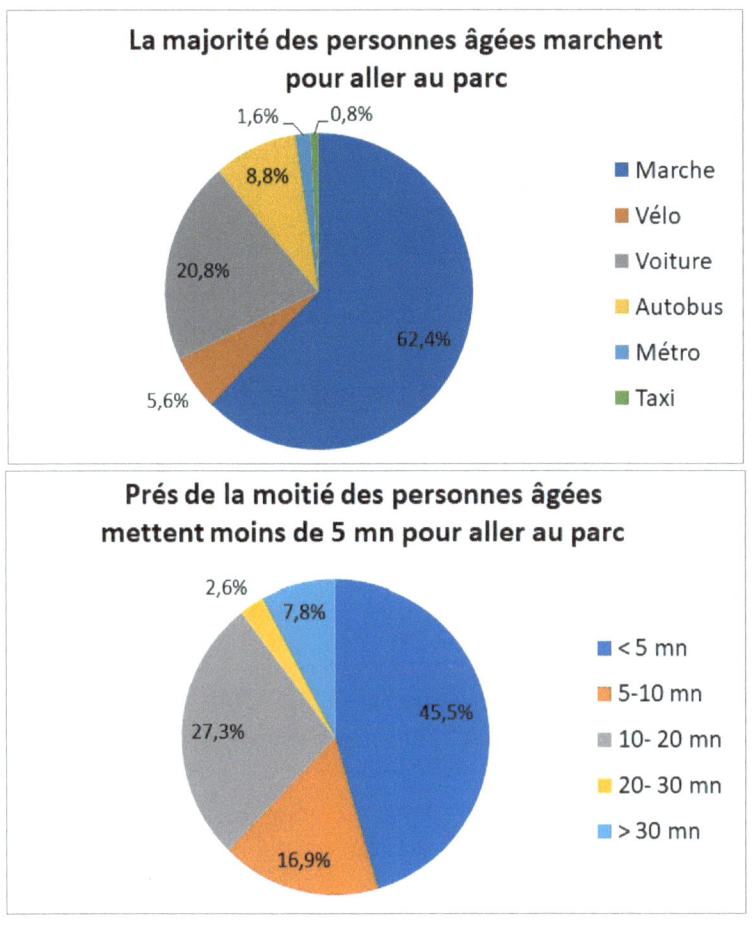

Wiesztort L., 2016.

Notons aussi que 33% vont à un parc situé à plus d'un kilomètre de leur domicile mais ces derniers utilisent dans ce cas leur véhicule ou les transports en commun. Ce choix s'explique : ces 33 % ont évoqué venir à ce parc éloigné pour retrouver des amis, ou car dans le passé ils vivaient dans le quartier où se situe le parc. Ils y ont donc des repères qui les rassurent et qu'ils aiment retrouver régulièrement. Il y a un attachement affectif au lieu.

Parmi nos variables, nous avions envisagé que les personnes âgées pouvaient ne pas venir au parc en raison d'obstacles rencontrés sur le trajet. Cette variable était d'autant plus importante que les rues et trottoirs de l'agglomération de Monterrey sont très accidentés (câbles, racines d'arbres, des niveaux différenciés, des compteurs d'eau implantés au milieu du trottoir, ...). Or, les entretiens révèlent que ces obstacles ne limitent pas les déplacements des personnes âgées qui souhaitent aller au parc. Ils s'adaptent et connaissent parfaitement le chemin et les obstacles qu'ils vont rencontrer. Seuls 5% prétendent devoir modifier leur trajet pour les éviter.

Nous pouvons également préciser que la moitié de ces 5% ont déclaré que l'obstacle majeur qu'ils rencontraient est la traversée d'une route fréquentée pour venir au parc, comme nous l'expose ce verbatim tiré d'un des entretiens.

Verbatim[3] 1 : « *Ce qui me dérange c'est de devoir traverser la route. Il y a des voitures et moi je ne marche plus très vite* » (traduit de l'espagnol au français)

Par contre, de nombreux enquêtés ont révélés (verbatims 2 et 3) qu'ils apprécieraient qu'il y ait plus de banquettes dans les rues qui mènent au parc, ils veulent des « *points de repos* » afin de leur permettre de faire le trajet sans trop de fatigue et pouvoir profiter du parc. A l'intérieur du parc, le constat est le même.

Verbatim 2 : « *Il n'y a pas assez de bancs dans les rues qui mènent au parc, alors parfois j'arrive au parc déjà très fatiguée et je ne peux pas en profiter ... il faut déjà penser au retour* »

Verbatim 3 : « *Je fais un effort pour venir au parc afin de profiter de la fraicheur mais il n'y a pas assez de bancs pour cela et à mon âge je ne peux pas rester debout des heures* »

RQ2[4] : Les parcs doivent être aménagés et proposer des équipements adaptés aux personnes âgées

Nous avons observé les pratiques des personnes âgées et nous sommes intéressés à leurs attentes. Les personnes âgées veulent :

---

[3] Les verbatims sont traduits de l'espagnol au français
[4] RQ2 = Réponse au questionnement n°2 : *Faut-il adapter les équipements aux personnes âgées (population la plus affectées par les îlots de chaleur) afin de leur permettre l'usage des parcs ?*

Requête 1 : Des équipements de confort et qui facilitent les échanges

78,2% des personnes âgées déclarent aller au parc pour profiter de la nature, la végétation et les animaux, notamment les oiseaux qu'ils peuvent nourrir. Ils profitent également de l'air frais et de l'ombre que peuvent offrir des parcs arborés tels qu'Anáhuac ou Las Arboledas à San Nicolas de los Garza, à hauteur de 68 %.

Il y recherche un certain confort, qu'ils n'ont pas chez eux (maison non climatisée). Dans l'Etat de Nuevo Léon, la température peut avoisiner les 40 degrés sur de longues périodes. Le fait que le parc soit ombragé influence le choix des personnes âgées. S'ils ont deux parcs à proximité, ils préféreront le parc le plus arboré pour les heures les plus ensoleillées. S'ils ne disposent que d'un seul parc, dans ce cas ils y chercheront les endroits les moins exposés. On observe alors dans ces cas des rassemblements d'individus à proximité de quelques arbres (ou à défaut d'arbres, des monuments). Il faut donc y prévoir des banquettes.

Le parc est un lieu de rencontre (Long et Tonini, 2012) et un point de rendez-vous pour les personnes âgées. « *Le lien social créé est alors plus ou moins fort et plus ou moins concret selon que les usagers se contentent de la proximité de l'autre, qu'ils échangent quelques banalités et politesses ou qu'une véritable conversation s'installe* » (Long et Tonini, 2012, paragraphe 44)

Il permet de rompre l'isolement des personnes âgées. Nous ne parlerons pas de la notion de solitude qui est bien plus complexe et « *ne doit pas se réduire aux seules formes d'isolement « statistiquement observables » et encore moins au seul fait de vivre seul. Si ces situations peuvent constituer des terreaux favorables à son émergence, la solitude, notamment dans sa forme éprouvante, est surtout liée à la représentation d'une privation* » (Campéon, 2016, p. 13), d'un manque (Élias, 1998). « *On vit son entourage et on se vit soi-même comme une béance* » (Lalive d'Épinay, 1992, p. 172).

Certains enquêtés ont déclaré se rendre au parc pour rompre leur isolement et être au contact d'autres personnes. Pour 98% c'est plus qu'important et pour plus de la moitié c'est indispensable (Figure 4, graphique 2). 60,8% vont au parc pour être au contact de personnes d'âges différents et 44,8% pour retrouver des connaissances. Certains expliquent qu'ils s'y sont créés une petite famille.

Par exemple, ils peuvent voir les enfants de leurs voisins jouer et discuter avec leurs parents, un semblant de famille lorsque leurs propres enfants vivent loin. Ils peuvent alors passer une partie de leur journée au contact d'autres personnes. 45.4% restent plus de deux heures dans le parc pour y rencontrer leurs amis ou d'autres personnes (Figure 4, graphique 1)

Figure 4 : Le parc urbain un lieu pour se réunir

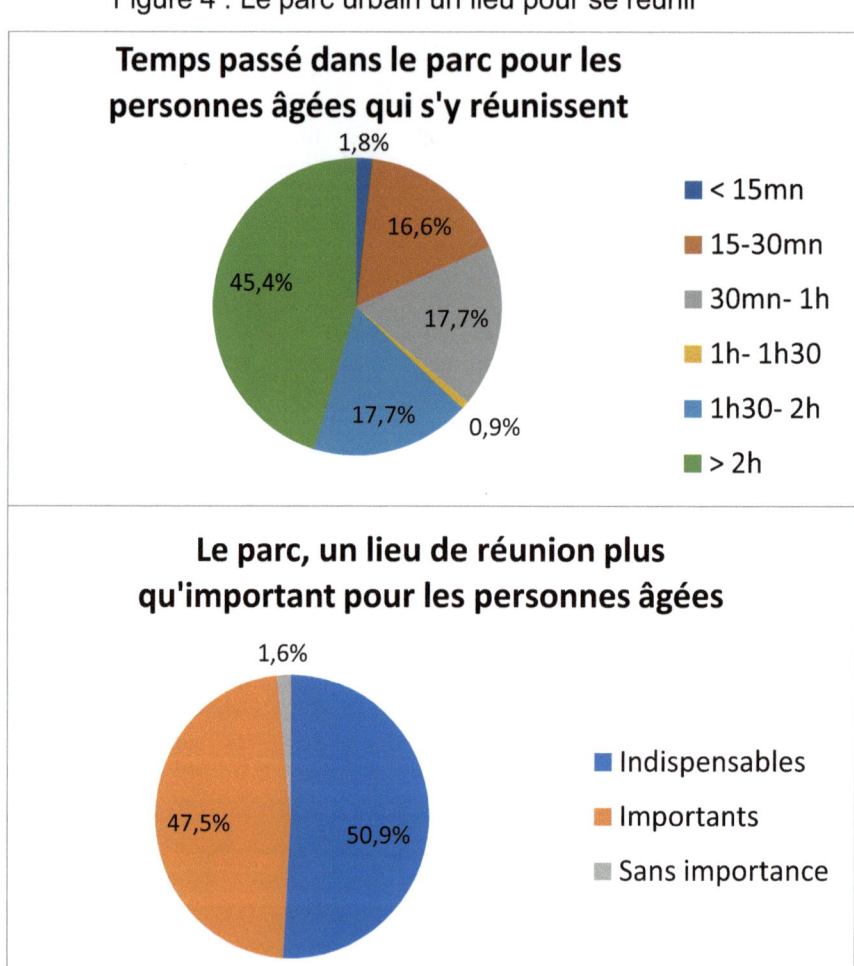

Wiesztort L., 2016.

« *Les interactions sociales permettent le maintien d'un mode de vie autonome pour les personnes âgées ainsi que la consolidation des réseaux de solidarité* » (Bonanomi, 1998). Cattell et Curtis en 2008 observent également qu'elles contribuent au bien-être des aînés sur le plan émotionnel. Il faut donc des équipements qui favorisent les échanges. Voici quelques équipements proposés par des entreprises privées innovantes, qui vont dans ce sens :

Figure 5 : Equipements urbains de confort favorisant le dialogue et les rencontres.

Anonymes[5]

Requête 2 : Le parc doit être un lieu sécuritaire

Notons que certains interrogés ont déclaré ne pas aller au parc en raison de l'insécurité. En effet, Monterrey a connu des temps difficiles en 2010-2012 en raison de la présence de cartels et d'affrontements avec les forces de l'ordre. Les habitants ont alors vécu reclus dans leurs maisons derrière des murs et des grilles hautes. Aujourd'hui encore, il y a de nombreuses violences. Les vols sont fréquents, ainsi que les enlèvements.

Pour ces raisons, les personnes âgées adaptent leurs horaires de sorties. Ils vont privilégier des heures où la fréquentation est élevée et en journée (notamment le matin où il fait plus frais).

En réalité, l'heure de sortie dépendra également de la composition et la situation géographique du parc. Par exemple au parc Las Américas, les personnes âgées vont s'y rendre très tôt le matin (5- 6 h) ou tard le soir (20- 22 h) car celui-ci n'est pas très arboré et offre peu de zones d'ombre. Par contre, il est très bien éclairé et situé dans une zone stable et sécuritaire.

Dans le parc Las Arboledas, les personnes âgées vont préférer le matin ou l'après-midi (entre 8h et 17h) car le parc est très arboré donc frais mais il est dans un quartier peu sécuritaire, donc ils choisissent des horaires de fréquentation élevée, en journée. Certaines personnes interrogées ont précisé que :

---

[5] Afin d'éviter toute publicité pour les entreprises qui vendent ces équipements.

Verbatim 1 : « *Le soir il est préférable d'être chez soi dans ce quartier ! Les parcs servent de rassemblement aux délinquants ou point de rendez-vous des trafiquants et des drogués* » (Traduit de l'espagnol au français).

Verbatim 2 : « *Le parc est trop arboré par endroit, il y a des coins sombres et c'est dangereux* » (Traduit de l'espagnol au français).

Les femmes sont peu nombreuses à se rendre au parc, et lorsqu'elles y vont elles sont accompagnées en raison de l'insécurité. Les seules femmes rencontrées sans accompagnement étaient au parc Las Americas dans le quartier le plus sécuritaire.

Il est recommandé de penser des parcs ouverts, sans jeu de dénivellation qui peut créer des espaces cachés ou à l'inverse des points d'observations en hauteur pour les voleurs. Eviter les recoins et les zones trop sombres comme il en existe à Las Arboledas. Il faut un parc aéré, visible de tous, avec des accès facilités.

Requête 3 : Les personnes âgées sont actives et veulent des équipements sportifs adaptés

Dans l'agglomération de Monterrey, les personnes âgées sont nombreuses à venir pratiquer du sport dans les parcs urbains de proximité. En effet, ceux-ci proposent un certain nombre d'équipements sportifs permettant de faire toutes sortes d'exercices. Les résultats d'enquêtes menées en France sont très différents puisqu'ils montrent un faible intérêt des personnes âgées pour le sport.

A Monterrey, 59% des personnes âgées interrogées passent plus d'une demi-heure à faire du sport dans le parc et 45% plus d'une heure. Parmi les pratiques, nombreux font de la marche sportive, courent jusqu'à 75 ans (Figure 6, graphique1) ou utilisent les appareils sportifs. Quasiment aucun n'utilise les terrains sportifs tels que le terrain de basket. Notons à la lecture des données que les hommes sont plus nombreux à pratiquer des activités sportives.

Les pratiques sont assez diversifiées, avec également du trot, de la course, des exercices de musculation sur les appareils. En toute logique nous avons pu observer une forte corrélation entre la diversité de pratiques des individus et leurs âges. Plus les individus sont âgés, moins il y a de diversité, et notamment moins d'activités demandant au corps un mouvement dynamique. Exemple : la course à pied qui disparait de notre graphique 1 (Figure 6) après 75 ans. Au-delà de 75 ans, les individus utilisent des appareils de musculation et font de la marche sportive.

Figure 6 : Des pratiques sportives différenciées dans les parcs de l'agglomération de Monterrey, selon l'âge et le sexe des individus

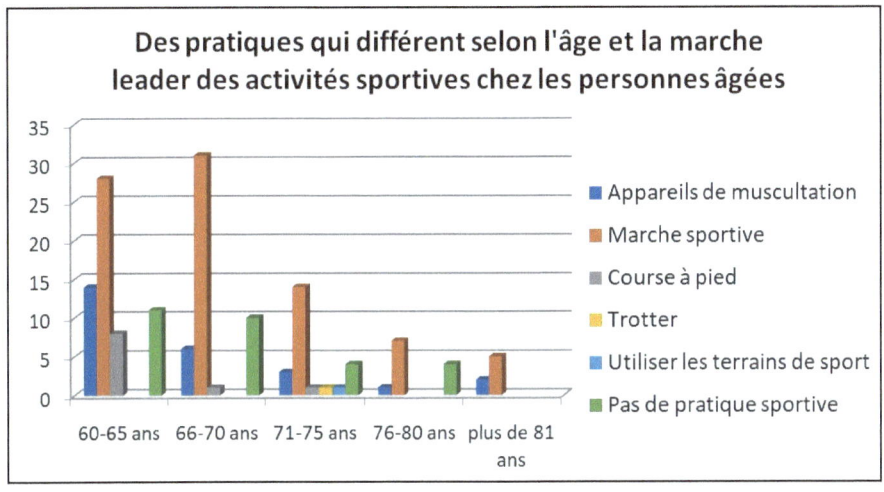

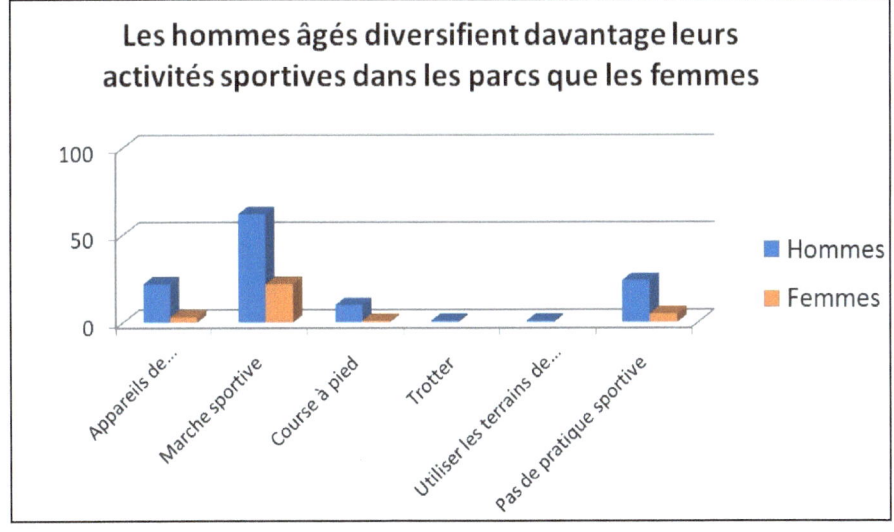

Wiesztort L., 2016.

Nous avons pu également observer une différence de pratiques selon le sexe des individus (Figure 6, graphique 2). Les femmes âgées sont peu nombreuses à pratiquer des activités sportives, notamment car un grand nombre d'entre-elles viennent au parc en compagnie de leurs enfants ou petits-enfants qu'elles doivent surveiller. Peut-être pourrions-nous envisager de placer des équipements sportifs à proximité immédiate des jeux pour enfants. Les données permettent également de relever que les plus sportives pratiquent en majorité de la marche sportive (graphique 2).

Notons également une information importante, dans la pratique du sport se pose un problème lié à l'autonomie ; certes il faut penser à installer des équipements sportifs, tels que des machines de musculation (Figure 7) mais il faut également penser à un accompagnement.

Figure 7 : Machines de musculation dans les parcs Anáhuac et Las Arboledas

L. Wiesztort, 2017.

En effet, les personnes âgées ont besoin d'être conseillées. La première étape serait de penser à une signalétique plus détaillée des exercices à réaliser sur chaque équipement selon les tranches d'âges et les objectifs. Des enquêtés ont également insisté sur la nécessité d'avoir des conseils personnels d'un coach.

La municipalité peut alors envisager l'intervention ponctuelle d'un coach afin de conseiller les pratiquants selon leur état de santé et capacités. Ne serait-ce qu'une à deux fois par mois afin d'éviter les erreurs, qui à certains âges peuvent avoir des conséquences importantes.

DISCUSSION ET CONCLUSION

1- Dans un premier temps, le parc linéaire est plus en adéquation avec la configuration des villes d'aujourd'hui. Celles-ci sont denses et le peu d'espace vacant subis la pression foncière.

Cependant, les délaissées linéaires sont nombreux : berges des cours d'eau, bas-côté d'axes routiers ou délaissées de chemin de fer. Ce sont de parfaites opportunités pour y créer des parcs.

Les exemples sont nombreux à travers le Monde : le parc Madeiro à Rio de Janeiro (Brésil) sur un délaissé de chemin de fer, les berges du Rhône à Lyon (France), le parc linéaire Antoine Longue Pointe à Montréal (Canada), et bien d'autres exemples.

L'insertion est plus simple car ils sont souvent trop étroits et en zone non-constructible et ainsi ne permettent pas de construire des immeubles ou habitations.

De plus ces linéaires offrent une plus grande proximité et accessibilité. Par leur forme, ils permettent la pratique de la marche ou de la course et parfois des parcours de remise en forme. Dans l'agglomération de Monterrey, certains linéaires tels que le parc Anàhuac longent plusieurs rues du quartier et créent des boucles de nature, idéales pour la pratique de la marche et de la course à pied.

2-L'enquête a mis en évidence la primordialité **d'adapter les parcs urbains** dès leur conception. Il est recommandé de penser des parcs ouverts, sans différentiel de dénivellation qui peut créer des espaces en contrebas, cachés ou à l'inverse des points d'observations que peuvent utiliser les voleurs pour repérer les victimes. Il faut éviter de créer des recoins et des zones trop sombres ou arborées comme il en existe à Las Arboledas.

Il faut un **parc aéré, visible de tous, avec des accès facilités** (configuration, revêtement, …).

Dans l'agglomération de Monterrey, nous avons pu constater que les parcs urbains linéaires ou ponctuels sont fréquentés par les personnes âgées au quotidien. Ils sont très importants pour eux et notamment pour leur bien-être quotidien. Ils en ont conscience puisque 92% déclarent que leur sortie au parc contribue beaucoup à leur bien-être chaque jour.

La **proximité** est la clé. Les personnes âgées fréquentent le parc le plus proche de chez eux. La variable de l'**accessibilité** est importante en gérontologie mais nous avons pu remarquer dans le cadre de notre étude que les individus s'adaptent au territoire et le connaissent parfaitement ;

Ainsi, la présence d'obstacles influence très peu la possibilité de sortie des personnes âgées et la fréquence. Seule la distance domicile-parc a des conséquences sur la fréquentation du parc.

Il y a une **adaptation** des individus à leur environnement. Cependant, l'enquête révèle que les personnes âgées souhaiteraient d'avantage d'équipements de confort (tels que les banquettes <u>avec dossiers</u>) le long de leur trajet et au sein du parc.

La variable obstacle territoriale peut donc porter à discussion. Les habitants de l'agglomération de Monterrey semblent avoir moins d'attentes, en termes d'aménagement des voieries, de leur municipalité. Ils semblent moins demandeurs et s'adaptent. Est-ce dû au niveau de confort général ? Celui-ci est plus rudimentaire au Mexique qu'en Europe ou en Amérique du Nord où nous pensons les villes en termes « accessibilité et adaptation du territoire urbain aux besoins des personnes à mobilité réduite dont les personnes âgées ».

Le parc est **un lieu de réunion**, où les personnes âgées et autres générations peuvent discuter et se remémorer des histoires passées. Nous avons pu noter que ces instants sont très importants pour eux. Les personnes âgées vont au parc pour rompre l'isolement parfois la solitude, discuter, échanger. Ils se créent des souvenirs conviviaux dans les parcs, créant des lieux de mémoire. Il faut donc penser les équipements de sorte à **favoriser ces échanges** tout en apportant du **confort** pour leur long stationnement.

Enfin le parc permet également d'être actif et cela passe notamment par la pratique d'une activité sportive. Ils ont conscience que cela est bénéfique pour eux aussi bien au niveau de leur santé mentale que physique. Ainsi, leurs autoévaluations révèlent des résultats très positifs sur le plan mental et physique après leurs sorties au parc, que je n'aborderai pas dans ce chapitre.

Nous avons pu mettre en évidence qu'il est primordial d'**équiper les parcs de machines de musculation, linéaires de marche ou de course** afin de permettre aux individus de pratiquer leurs activités physiques et sportives. Il faut en particulier penser à les adapter aux personnes âgées afin qu'ils puissent pratiquer une activité en totale autonomie ou accompagnés.

Nous avons évoqué la signalétique qui doit être davantage présente afin d'expliquer le fonctionnement des machines mais aussi la présence d'un coach sportif qui pourrait accompagner les pratiquants et les conseiller de manière ponctuelle. Un investissement de la municipalité qui participerait au bien-être et à la bonne santé mentale et physique de ses habitants.

Chapitre 11

Villes et changements climatiques : risques, impacts, résiliences et mesures d'adaptation « *non regret* » : cas du futur port financier de la baie de Tunis.

Liminaire : L'enjeu des villes et de l'urbanisme durable
Selon l'Organisation des Nations Unies (World Urbanisation Prospects, 2014), les villes abritent aujourd'hui plus de 50% de la population mondiale, une proportion qui devrait s'accroître à plus de 75% d'ici 2050. Bien que n'occupant que 4% de la surface terrestre, elles consomment 60 à 80% de l'énergie mondiale, 75% des ressources naturelles et sont sources de 75% des émissions de CO_2.

Selon le Groupe intergouvernemental d'experts sur le Climat (GIEC, 2014), le bâtiment est à l'origine de 32% de la demande énergétique mondiale et de 51% de la demande en électricité. Le secteur dans son ensemble consommerait annuellement plus de 3 milliards de tonnes de matières premières et 12% de l'eau potable, tandis que la construction, rénovation et démolition génèreraient plus de 40% des déchets solides dans les pays développés. Sous l'effet combiné de la croissance démographique et d'une urbanisation massive, ces chiffres pourraient atteindre des proportions bien plus importantes dans les années à venir, particulièrement en Afrique où la population urbaine pourrait être multipliée par trois d'ici 2050.

La question des bâtiments et des villes durables constitue un enjeu majeur de l'Agenda International, et la thématique de l'environnement construit a occupé une place capitale dans la feuille de route de la COP 21 à Paris en décembre 2015, tant sur le plan de l'atténuation des émissions de Gaz à effet de serre, que de l'adaptation aux changements et aux risques climatiques attendus. A ce titre, le « Stern review » (2006) recommande de prendre des mesures préventives aux défis climatiques dès maintenant. Il démontre grâce à une analyse coût - bénéfice que l'inaction a un coût particulièrement important.

I. Mise en contexte du site historique
Le processus de littoralisation remonte à des époques lointaines. Encore de nos jours, d'importants flux migratoires ne cessent de rejoindre la côte. Les agglomérations côtières, devenant de plus en plus rapprochées, oppressent les tissus existants et font évoluer l'étendue urbaine de manière fulgurante en transcendant les règles générales de sécurité. Aujourd'hui, les zones côtières menacées par un ou plusieurs aléas naturels, peuvent se présenter comme des lieux très convoités pour d'éventuelles

implantations de nouvelles agglomérations urbaines. C'est le cas du site prévu pour la construction d'un nouveau port financier sur la baie de Tunis. Ce dernier se trouve au nord de Tunis et s'implante directement sur la côte longeant le golfe de Tunis à l'est. Faisant partie de la plaine deltaïque de l'oued Medjerda, le terrain est caractérisé par sa basse altitude qui le rend sujet aux risques d'inondations.

Ce site a été par le passé, le théâtre du comblement rapide de l'ancien golfe de la ville portuaire d'Utique[1] depuis 3000 ans (figure 1). Ainsi cet ancien port stratégique sur la méditerranée se trouve aujourd'hui à plus de 10 kilomètres du rivage (figure 2).

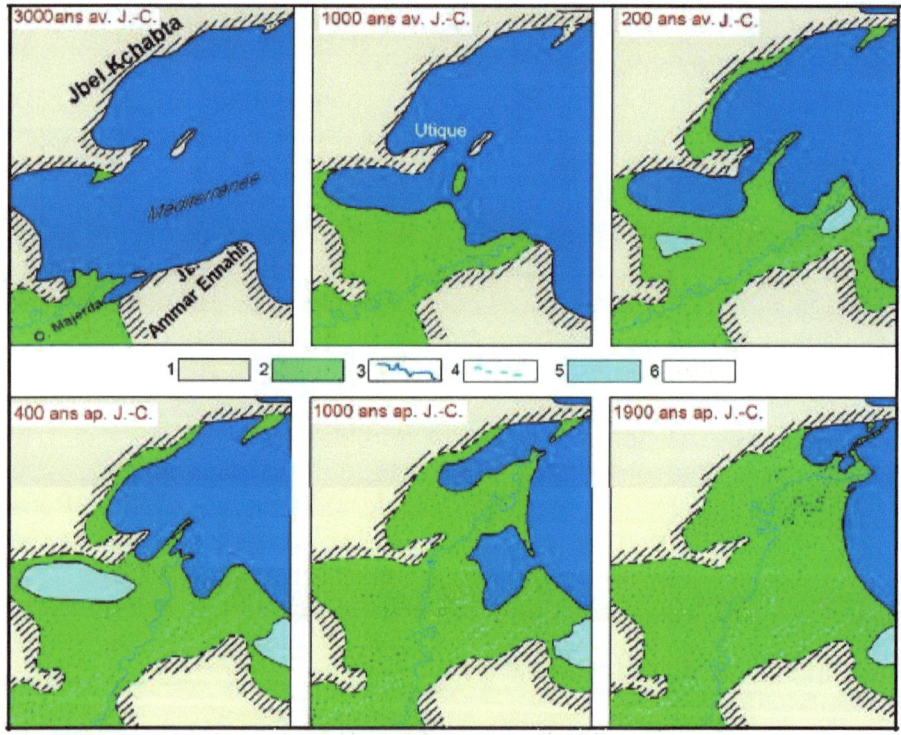

(D'après Jauzein, 1971 ; repris au niveau du dessin)
1-jbels et collines ; 2-plaine 3-Oued Majerda ; 4-bras morts de l'Oued ; 5-*sebkhas* et *garaas* ; 6-dunes d'argile

Figure 1 : Le comblement du golfe d'Utique au cours de l'histoire depuis 3000 ans.

---

[1] https://fr.wikipedia.org/wiki/Utique. En latin Utica, son nom signifie « ville ancienne » en langue punique; celui-ci est à opposer à celui de Carthage, signifiant « ville nouvelle ».

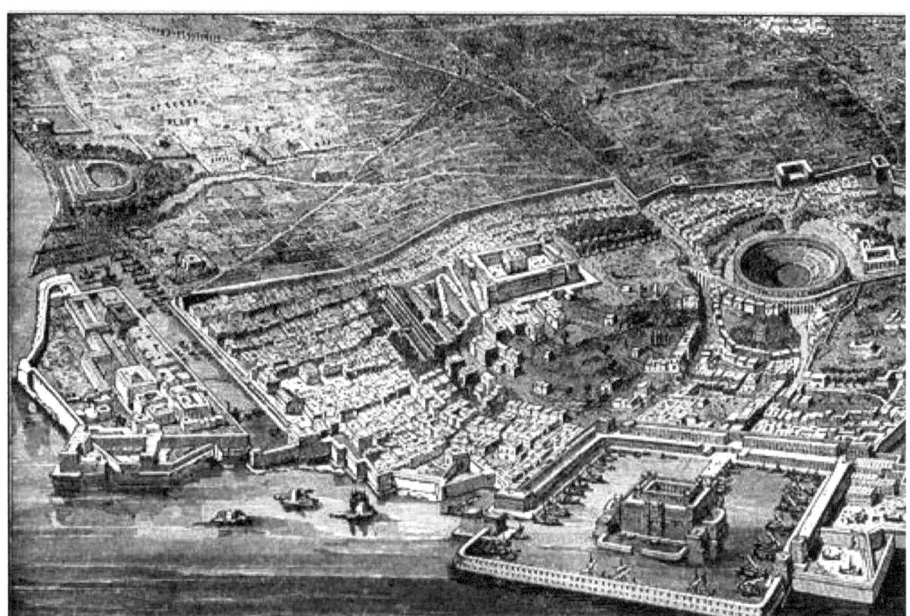

Figure 1 : Utique et son port en 46 av. J.-C. [2]

Etant situé sur la zone deltaïque de la Medjerda (figure 3), le site de la future ville enregistre des crues violentes et soudaines à forts charriages de matières solides, dont certaines mémorables et catastrophiques telles que celles de 1931, 1973 et 2003 qui ont inondé toute la plaine deltaïque jusqu'à l'embouchure de l'Oued Medjerda (figures 4, 5, 6) :

---

[2] Hanno.G., 1881. Les villes retrouvées. source :< https://mediterranees.net/voyageurs/hanno/carthage.html >

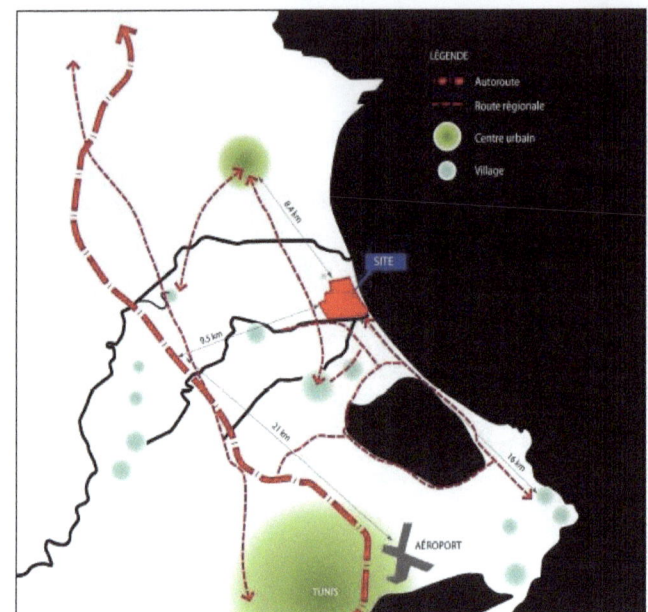
Figure 3 : Site du projet sur la zone deltaïque de la Medjerda[3].

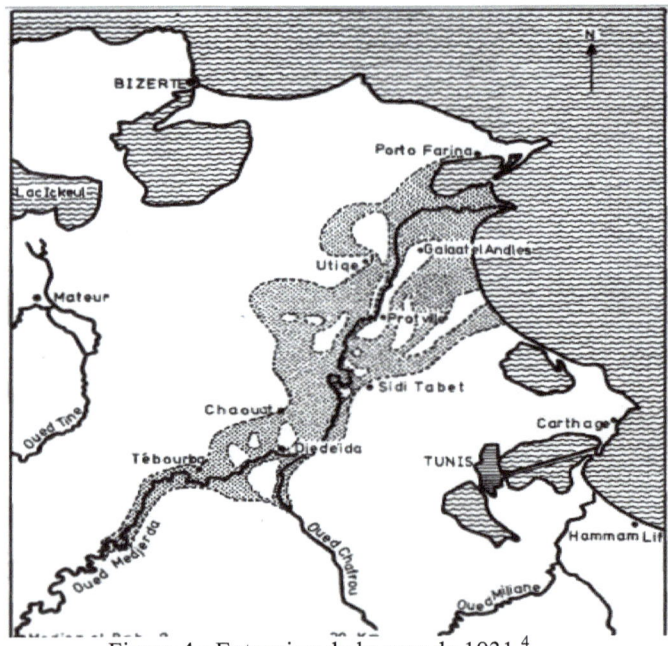
Figure 4 : Extension de la crue de 1931 [4]

---

[3] TUNIS FINANCIAL HARBOUR Tunis Bay, Tunisia PLAN D'AMÉNAGEMENT DE DÉTAIL MAI, 2009.
[4] Claude.J., Francillon.G., Loyer.J.Y., 1977. Les alluviums déposées par l'oued Medjerda lors de la crue exceptionnelle de mars 1973, Cah. ORSTOM, sér. H-ydrol., vol. XIV, no 1, 179 p., p 17.

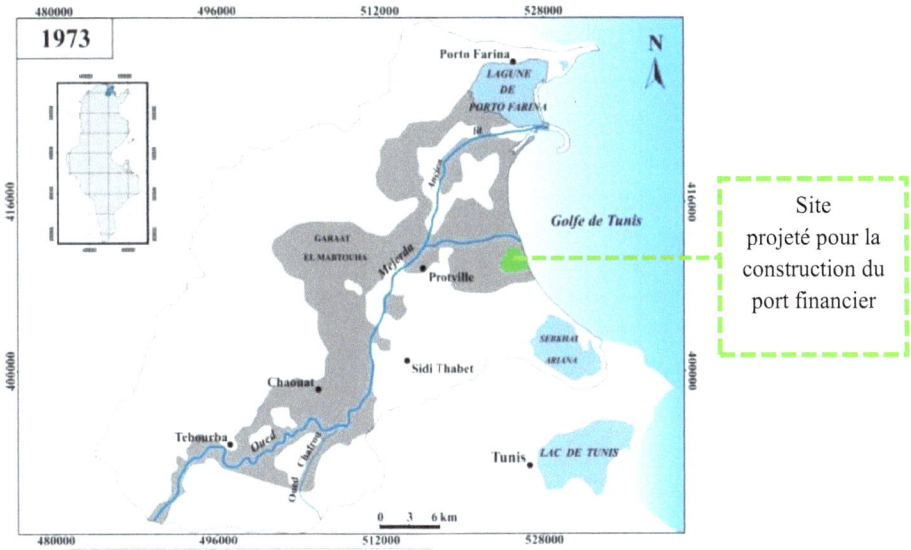

Figure 4 : Extension des terrains inondés lors des crues de 1973 [2]

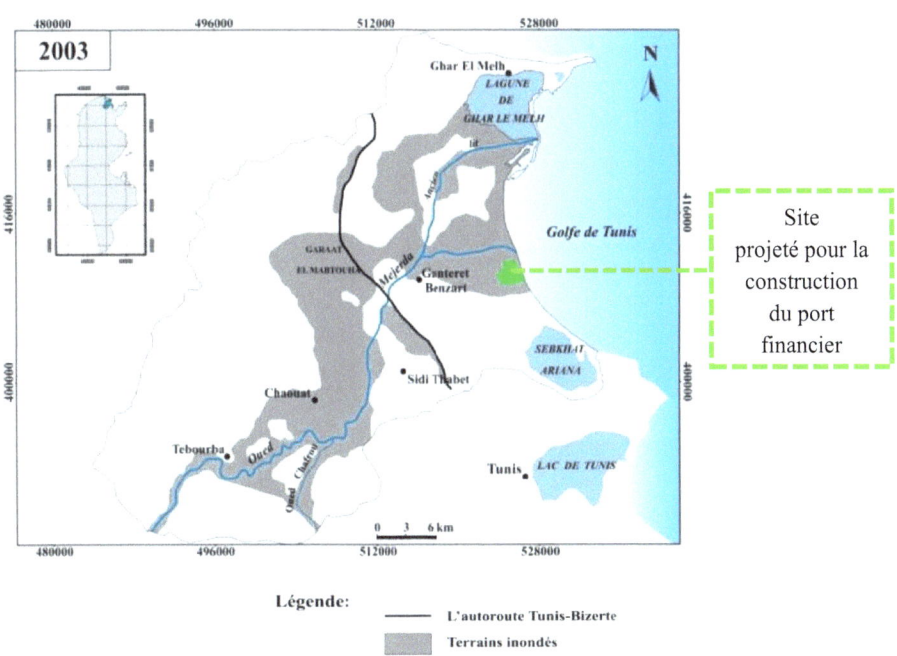

Figure 5 : Extension des terrains inondés lors des crues de 2003 [5]

---

[5] Samaali.H., 2011. Etude de l'évolution, de l'occupation et de l'utilisation du sol dans le Delta de Medjerda par télédétection et systèmes d'informations géographiques, Université de Tunis, Faculté des Sciences Humaines et Sociales, 390 p., p 257.

De nos jours, huit barrages ont été érigés sur le bassin versant de la Medjerda (figure 6) avec le double rôle de mobilisation des ressources en eau et d'écrêtement des crues. Le risque d'inondations s'est amoindri, mais l'équilibre sédimentaire entre continent et mer s'est rompu, par le piégeage des particules solides dans les retenues des barrages et dans le lit de l'oued Medjerda, avec comme conséquence, la recrudescence de l'érosion marine côtière sur le littoral (Oueslati & al. : 2006)[6].

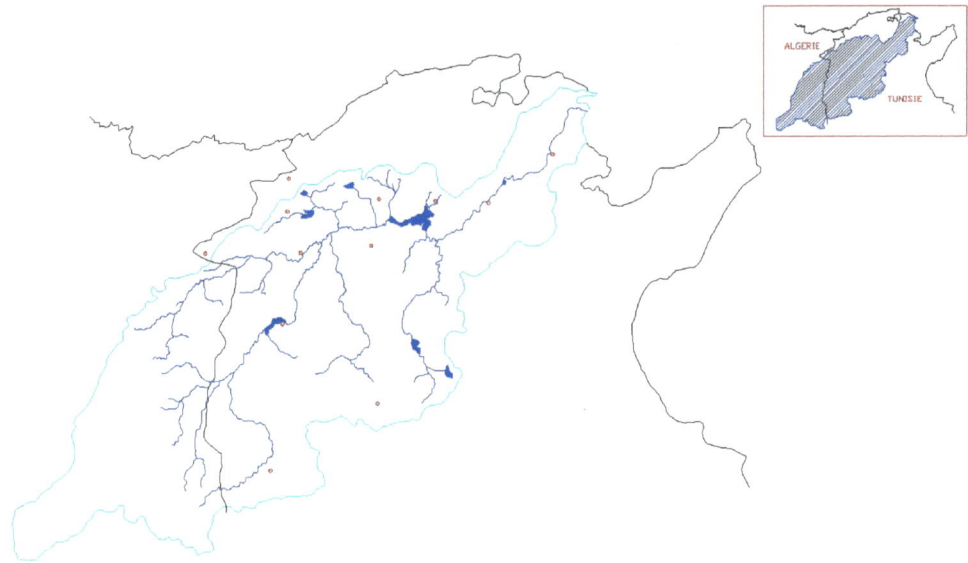

Figure 6 : Réseau hydrographique et sites des retenues des barrages de la Medjerda.

Partant de ce constat que la réalisation du projet de « Tunis Bay » s'opèrera sur un site sensible, une analyse des vulnérabilités du site face aux différents aléas naturels et anthropiques climatiques permettrait d'estimer les risques et les impacts qui en découleraient. Une comparaison entre l'évaluation des vulnérabilités et les capacités d'aménagement du site

---

[6] Oueslati.A., Charfi.F., Baccar.F., 2006. Presentation of the Tunisian site : La basse vallée de Oued Majerda et la lagune de Ghar El Melh, Wadi Project Fifth International Meeting, Tunis 6-9 December 2006.

permettrait de cerner quelques mesures « non-regret » qui pourraient conditionner la résilience du projet de la future ville nouvelle.

II. Scénarios climatiques futurs probables

Chaque rapport du GIEC réévalue à la hausse ses projections pour le siècle à venir. En 1990, le premier d'entre eux prévoyait une hausse maximale de 3 °C de la température moyenne du globe à la fin du XXIe siècle, le deuxième en 1995, une augmentation de 3,5 °C, puis 3,6 °C en 2001 avant une prévision à 4 °C en 2007. Le 5ème rapport de 2014 prévoit 4,8°C (figure 7).

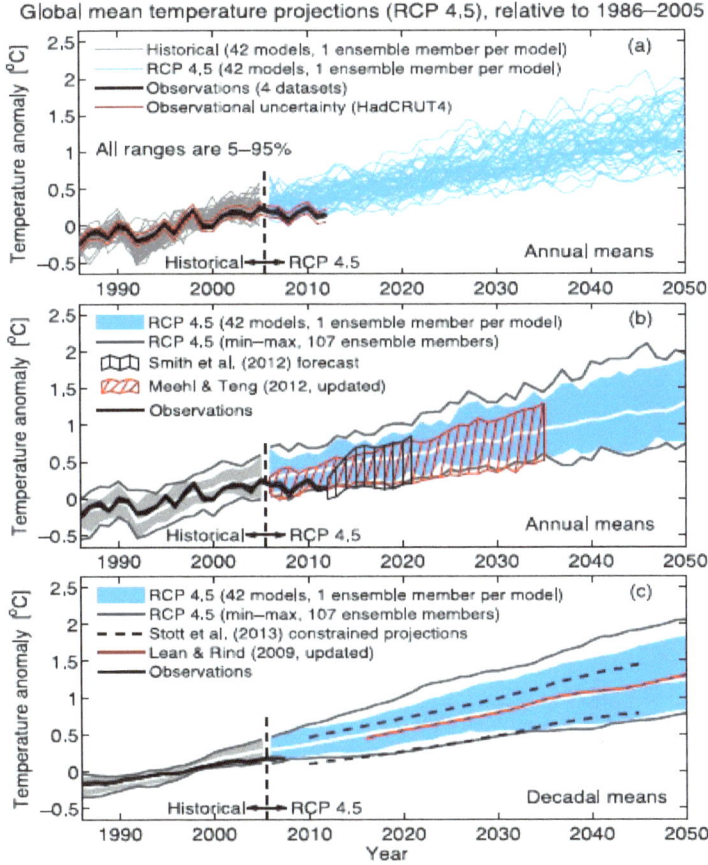

Figure 7 : Tendances des projections des températures moyennes globales selon le GIEC.

Les éléments scientifiques du 5ème rapport du GIEC présentent des conclusions claires et solides, issues d'une évaluation mondiale des éléments scientifiques du changement climatique, dont l'une, et non des moindres, est que la science montre à présent avec 95% de certitude que depuis le milieu du XXe siècle, l'activité humaine est la cause principale du réchauffement observé. Selon ce dernier rapport du GIEC, les océans se sont élevés de 19 cm depuis la fin du XIXe siècle. Le niveau des océans en 2100 par rapport à la période 1986-2005 pourrait s'élever de quasiment un mètre (+1m), dans le scénario le plus pessimiste.

L'Institut National de la Météorologie a élaboré des projections climatiques pour la Tunisie à l'horizon 2050 et 2100, avec une résolution fine de 12,5 km² [7]. Les résultats s'appuient sur l'utilisation de l'information climatique à une échelle réduite. Cette approche de réduction d'échelle est celle suivie par l'ensemble de la communauté internationale (CORDEX). Les projections climatiques sont maintenant disponibles à partir d'un certain nombre de modèles climatiques[8].

Les sorties des modèles en Tunisie (figures 8 et 9) révèlent une augmentation sensible de la température annuelle prévue pour 2100 par rapport à la période de référence 1971-2000. Les zones côtières du pays devraient connaître un réchauffement moindre, mais supérieur à 2°C.

Horizon 2100

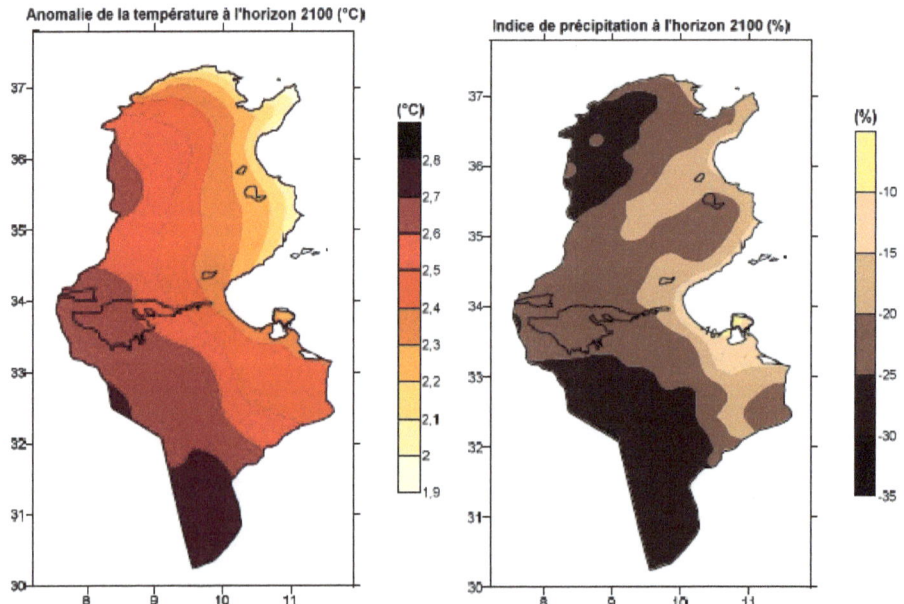

Figures 8 et 9 : Anomalie de température et indice de déficit de précipitation annuels à l'horizon 2100.

---

[7] INM, 2017 : Etude des tendances et des projections climatiques en Tunisie. Hayhtem Belghrissi. 46 pages.
[8] http://cmip-pcmdi.llnl.gov/cmip5/data_portal.html

Les précipitations connaitraient une baisse importante à l'horizon de 2100. Celles-ci varieraient entre 10% et 35% sur l'ensemble du pays et atteindraient probablement les 60% dans quelques régions. A l'horizon 2100 les moyennes des précipitations vont connaitre probablement une diminution plus importante, mais avec des extrêmes climatiques (sécheresses et inondations) plus fréquentes et d'amplitudes plus fortes (Zahar : 2006)[9].

Les pluies diluviennes et les inondations observées de façons récurrentes dans différentes régions de la Tunisie : Tunis (septembre 2003), Sousse (septembre 2016), Nabeul (septembre 2018), démontrent toute la variabilité climatique de la Tunisie et signalent surtout que les investissements hydrauliques sont encore insuffisants autant pour atténuer les sécheresses que pour la protection contre les inondations.

Les pluies orageuses et intenses sur Tunis en 2003 ont été particulièrement localisées et exceptionnelles, et ont provoqué des pertes et des dégâts importants (Fehri & Zahar : 2016)[10]. Les augmentations attendues dans la fréquence et l'ampleur des phénomènes climatiques (tels que les inondations, les sécheresses, les vents, les tempêtes, etc.) vont mettre à rude épreuve les villes et leurs infrastructures hydrauliques. Par ailleurs les augmentations attendues pour le niveau de la mer engendreront de sérieux problèmes pour bon nombre de nappes côtières, d'ouvrages et de réseaux (eau potable, eau pluviale, assainissement, etc.).

III. Risques probables liés aux aléas et changements climatiques futurs

1. Des précipitations probablement plus intenses et plus récurrentes

L'année 2003 a été marquée par trois événements hydro-climatiques extrêmes qui méritent d'être rappelés en prévision des risques de pluies extrêmes futures. En janvier 2003, des pluies diluviennes se sont abattues sur le nord-ouest. Ces pluies ont provoqué des crues très importantes sur le réseau hydrographique du nord, et particulièrement sur la Medjerda et ses affluents, qui ont causé de nombreux dégâts aux villes et infrastructures riveraines. L'été 2003 a été caniculaire et marqué par des records de température qui ont coïncidé avec la canicule plus gravement

---

[9] ZAHAR Y. (2006) : Guide d'information sur la vulnérabilité et l'adaptation aux changements climatiques. Agence Nationale de Maîtrise de l'Energie. Centre d'information sur l'énergie durable et l'environnement. 143 pages.

[10] FEHRI N., ZAHAR Y. (2016) : Etude de l'impact de l'extension et de la densification du tissu urbain sur les coefficients de ruissellement dans le bassin versant des oueds El-Ghrich et El-Greb (Tunis) par l'application de la méthode SCS aux évènements de septembre 2003. Physio-Géo, articles, volume X p. 61-79.

subie en France et en partie en Europe (environ 15 000 décès). Passant d'une extrême à l'autre, le mois de septembre a enregistré le record de pluie jamais observé sur Tunis, soit 182,5 mm le 17 septembre 2003. Une semaine plus tard, la pluviométrie a atteint 130 mm/jour, dont 97 mm en 1,5 heures le 23 septembre 2003. Ces pluies d'origine convective ont été orageuses et intenses, et ont causé de nombreux dégâts dans le Grand Tunis. Elles sont manifestement conséquentes à la canicule de l'été 2003. A cela trois observations concordantes qui corroborent ces phénomènes climatiques extrêmes :

    i.   Le réchauffement remarquable de la mer méditerranée, et particulièrement son bassin occidental qui reçoit par le nord-ouest des infiltrations de cellules nuageuses poussées par des vents océaniques frais et humides par rapport à l'atmosphère ambiante en méditerranée (figure 10).

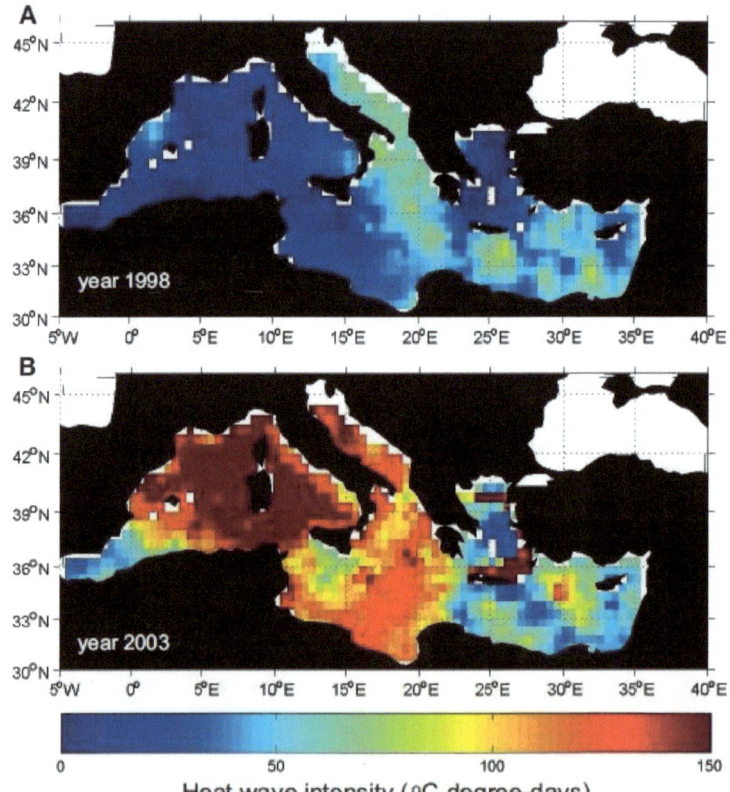

Figure 10 : Intensité de la canicule de l'année 2003 par rapport à 1998 dans le bassin de la Méditerranée[11].

---

[11] Marbà N, Jordà G, Agustí S, Girard Cand Duarte CM (2015) Footprints of climate change on Mediterranean Sea : Footprints of climate change on Mediterranean Sea biota.

ii. La température de la mer excessive, et la condensation de la vapeur d'eau sur la méditerranée ont sans doute causé le développement de cellules nuageuses très chargées. A l'approche des côtes, l'effet convectif des terres occasionne des pluies brèves et intenses très localisées, comme le montre l'image radar (figure 11).

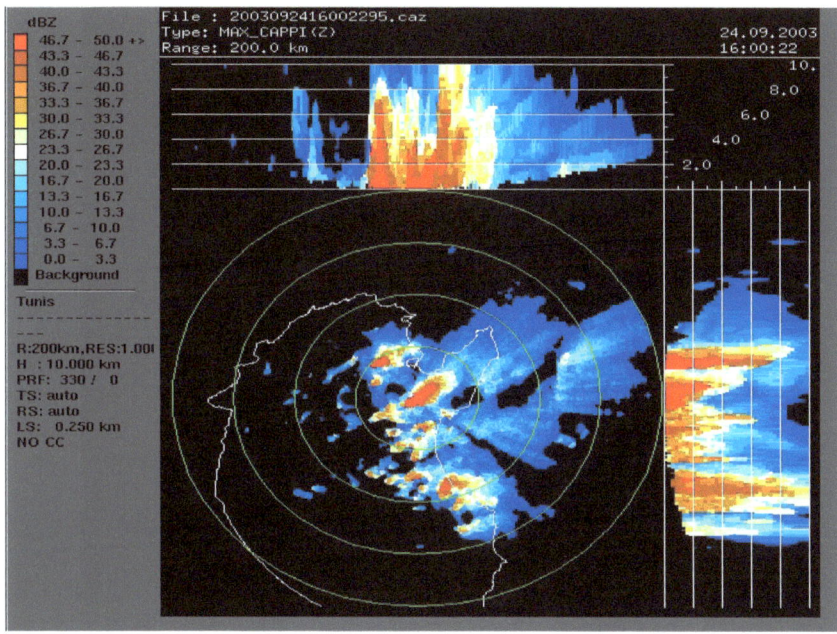

Figure 11 : Situation orageuse fortement localisée sur Tunis le 24 septembre 2003

iii. Les mêmes noyaux de cellules de pluies convectives et orageuses ont également été observés en septembre à Marseille et à Montpellier ainsi qu'en péninsule italienne, avec des inondations localisées.

La canicule, sans occasionner l'impact humain catastrophique enregistré en France, a été ressentie sur l'ensemble du pays, et plusieurs records ont été dépassés. Les températures de juin juillet et août ont dépassé de plusieurs degrés les moyennes normales d'été (figure 12).

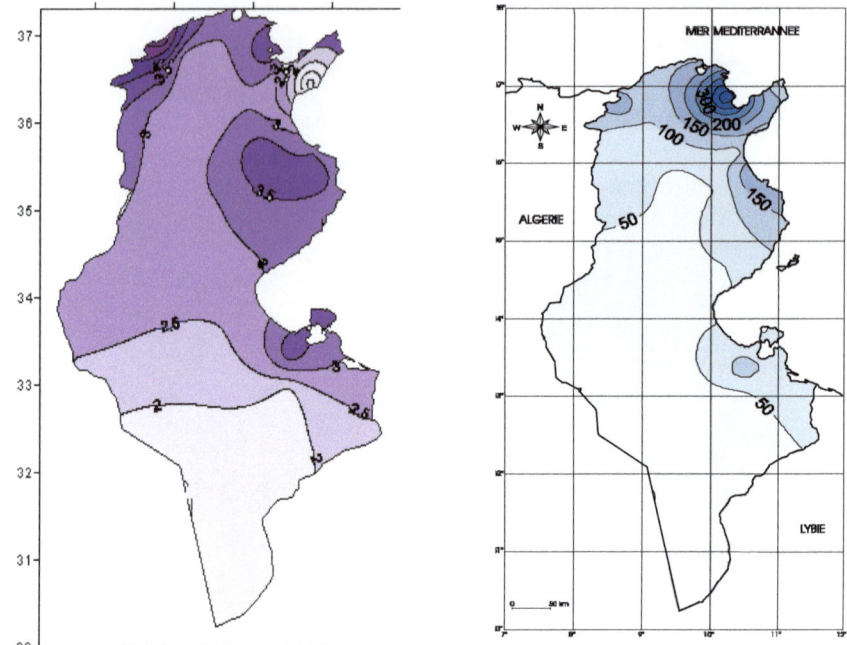

Figure 12 et 13 : Cartes de la canicule de juin juillet août et des pluies extrêmes de septembre de l'année 2003.

2. Des risques de crues et de débordements plus fréquents de l'oued Medjerda

Conséquemment aux précipitations intenses, le premier facteur de vulnérabilité est l'implantation du projet sur des terres sujettes à de probables inondations induites par le débordement de la Medjerda. La période de retour pour de pluies similaires à celles de 1973, où les conséquences furent désastreuses, est de 100 ans. Cependant, les terrains de la basse plaine de la Medjerda ont connu des dégâts considérables lors de crues ayant des périodes de retour plus courtes comme celles de janvier-février 2003 (période de retour de 15 ans).

Les huit barrages érigés sur le cours de la Medjerda et de ses affluents ont contribué à une réduction des risques d'inondations en effectuant un laminage des débits de pointes surtout pendant les fortes crues. Cependant, la construction d'un barrage sur le cours de la Medjerda est une perturbation du régime hydraulique. En effet, ces infrastructures se révèlent comme de véritables pièges aux quantités remarquables d'alluvions déposées par l'oued. La faiblesse du débit surtout dans la basse plaine deltaïque caractérisée par une faible pente n'aident pas non plus à chasser les particules déposées jusqu'à la mer. Par conséquent, la Medjerda connait un exhaussement de son lit et une réduction de sa section mouillée (Zahar et al. 2008) [12]. A long terme, ces effets constitueraient un facteur de déclenchement d'inondations qui peuvent alors survenir à des débits beaucoup plus faibles que ceux signalés lors des évènements exceptionnels précédents.

3. Des risques de submersion par l'élévation du niveau de la mer

L'élévation du niveau de la mer est sans doute un des effets les plus importants induits par les changements climatiques. Le littoral du golfe de Tunis du côté de la plaine de la Medjerda, à cause de sa basse altitude, est menacé de submersion marine. Actuellement en Tunisie, « *la côte d'eau retenue pour un évènement de période de retour de cinquante ans est de +1,13m NGT* » (Banque mondiale, 2011)[13]. C'est la résultante de l'addition des variations du niveau de mer engendrées à la fois par les variations à grande échelle, la marée astronomique et les surcotes et décotes causées par les perturbations atmosphériques.

Les fortes houles s'abattant sur cette portion du littoral, lors d'évènements météorologiques exceptionnels, peuvent aussi présenter un obstacle à l'évacuation des eaux douces vers la mer surtout au niveau des estuaires. Le risque d'inondations aux débouchés des cours d'eau est alors plus grand. Les terrains présentant un risque de submersion ont été cernés et cartographiés.

La carte suivante (figure 14) présente les zones à risque d'inondation ou d'érosion à cause de leur basse altitude (inférieure à 1 m). Ces terres risqueraient à long terme d'être annexées à la mer. En cas d'une élévation accélérée du niveau de la mer, les sebkhas seront inondées plus souvent et deviendront des plans d'eau permanents (lagunes).

Les résultats d'une élévation du niveau des eaux de la mer en Tunisie sont estimés en se basant sur le scénario le plus pessimiste du rapport GIEC. L'étude réalisée prévoit une élévation moyenne de +1 m NGT, due au réchauffement climatique vers l'an 2100. L'élévation du niveau de la mer apparait donc comme une menace future surtout pour les zones littorales sensibles caractérisées par leur basse altitude.

---

[12] ZAHAR Y., GHORBEL A., ALBERGEL J. (2008) : Impacts of large dams on downstream flow conditions of rivers: Aggradation and reduction of the Medjerda channel capacity downstream of the Sidi Salem dam (Tunisia). Journal of hydrology. Vol. 351 n° 3-4. pp. 318-330.

[13] BANQUE MONDIALE. (2011) Adaptation au changement climatique et aux désastres naturels des villes côtières d'Afrique du Nord. Séminaire régional – Marseille, 30-31 mai 2011.

Dans le nord du golfe de Tunis, les surfaces risquant d'être annexées à la mer sont estimées à 4600 ha (2000 ha pour la lagune de Ghar El Melh, 2600 ha pour le Delta de la Medjerda).

Plus que la moitié de la superficie du port financier se trouve sur des terres menacées de submersion marine. Il faut néanmoins signaler que le risque dépend aussi de la durée de la submersion. En effet, les durées des tempêtes signalées sur cette côte sont en général de courtes durées (une demi-journée à une journée maximum). Les impacts engendrés seraient donc limités dans le temps, mais pas dans l'espace.

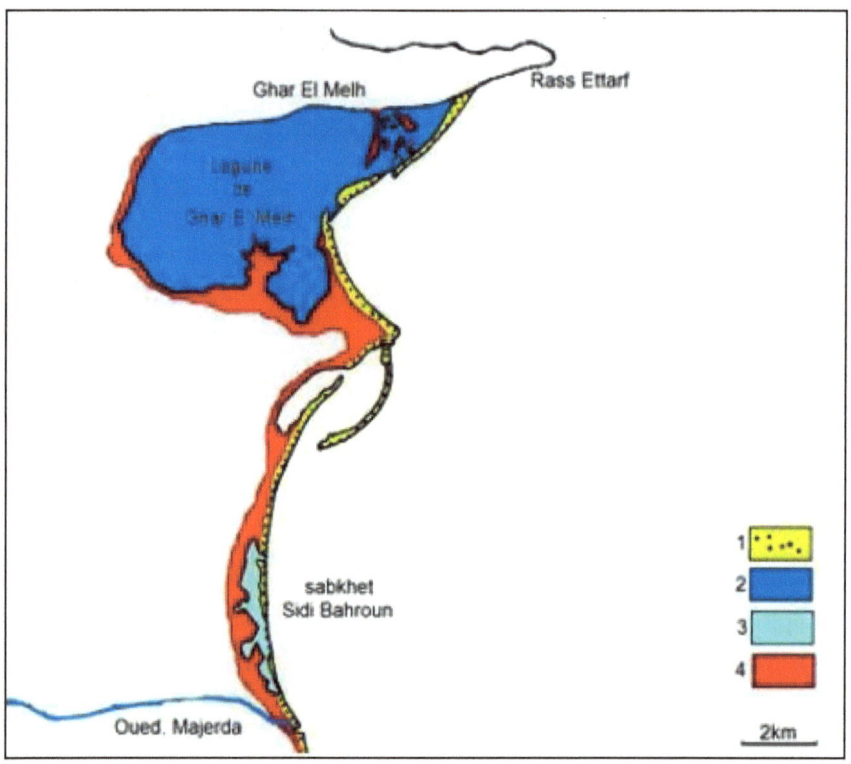

Espaces potentiellement submersibles autour du Lac Ghar El Melh et dans le delta de la Medjerda.
1-plage sableuse ; 2-lagune qui pourrait (en cas d'une érosion de la plage) évoluer vers une baie ; 3-sebkha qui pourrait être annexée à la mer ou se transformer en un plan d'eau permanent du type lagune ; 4-terres situées à des altitudes comprises entre 0 et 1m (souvent quelques décimètres) et qu'on pourrait considérer comme submersibles avec une élévation marine d'une cinquantaine de centimètres

Figure 14 : Zones à risque de submersion marine longeant la côte de Raoued et de Kalâat El Andalous[14]

---

[14] APAL, 2015., Le littoral Tunisien, Atlas de la vulnérabilité à l'élévation du niveau marin, 45 p.

Le niveau d'eau extrême, dépendant de l'élévation du niveau de la mer, est de même envisagé à la hausse. Les parcelles du littoral encore meubles se présentent comme les zones les plus vulnérables. C'est le cas du front littoral de la basse plaine de la Medjerda. Les terres très basses potentiellement submersibles forment une bande quasi continue jusqu'à Raoued. L'espace jugé à risque dans cette zone serait de 2600 ha à l'horizon de 2100 (Banque mondiale, 2011). Il est à noter que ce littoral, actuellement sujet à un développement ascendant de ses activités économiques ne dispose pas jusqu'à maintenant de moyens de protections efficaces contre l'aléa en question, à l'exception de celles développées dans le périmètre du projet du port financier.

4. Les risques d'intrusion marine et de salinisation de la nappe phréatique

Les études géologiques réalisés sur le site montrent que la nappe phréatique se trouve à un niveau élevé et subaffleurant en années humides. Celle-ci est généralement présente à une profondeur allant de -3 m à -0.5 m. A longueur de l'année, le site regorge d'eau et est donc sujet au risque d'élévation des eaux souterraines du fait notamment de l'élévation accélérée du niveau de la mer, et de l'intrusion du biseau salé sur les terrains agricoles et futurs urbanisés.

5. Des problèmes de subsidence

Le sol sur lequel va être implanté le projet est formé d'alluvions récentes. Ce critère le classifie comme étant un sol meuble, probablement soumis au risque de tassement, surtout avec la présence d'une couche de vase dans les 25 premiers mètres de profondeur. Il est à noter que le sol, serait soumis au poids des futures constructions, mais aussi à la charge des remblaiements envisagés.

Le sol est considéré également comme hydromorphe et halomorphe, étant affecté par la montée intermittente de la nappe souterraine salée. Au nord du site, il est composé d'alluvions argilo-limoneuses calcaires avec une dominance d'argiles gonflantes, considérées comme néfastes pour les fondations. En effet, les variations de niveau de la nappe libre, selon les conditions météorologiques, s'accompagnent d'une variation de volume des particules argileuses. Celles-ci tendent à être rigides quand l'humidité est faible et deviennent flasques voire liquides lorsque l'humidité augmente. Ces variations de volume, dues aux changements de teneur en eau, engendrent des mouvements différentiels en surface qui peuvent être éventuellement dommageables pour les fondations superficielles.

6. Les risques d'érosion des plages et de recul accéléré du trait de côte

Une grande partie de la superficie du projet sera exécutée sur le domaine public maritime avec une implantation rapprochée du trait de côte à l'est. Au niveau de certains quartiers, l'estran qui sépare les zones aménagées de la mer est inférieur à 100 m.

A ce niveau le littoral est déjà marqué par un affaiblissement du dépôt sédimentaire depuis le début du XXI siècle ((Oueslati & al. : 2006). Les alluvions déposées à la nouvelle embouchure empruntée par le cours de la Medjerda suite au changement de son lit lors des crues de 1973, ne parviennent plus à gagner du terrain sur la mer à cause de l'implantation de plusieurs barrages et canaux de dérivations sur le cours principal de l'oued. Un processus d'érosion débute. Celui-ci est dû en fait à l'action de la houle, facteur principal de ce phénomène dans le golfe de Tunis. Le littoral qui accueillera l'emplacement projeté du port financier indique une vulnérabilité élevée à très élevée face à l'amplitude et à la hauteur des houles sur cette côte (Apal : 2015). Le rapport de la Banque Mondiale de 2011 qualifie l'aléa de moyen. Du côté de Raoued et vers la zone du projet, le processus d'érosion est plus marqué. On remarque un recul du trait de côte et une régression apparente de l'estran (figure 15).

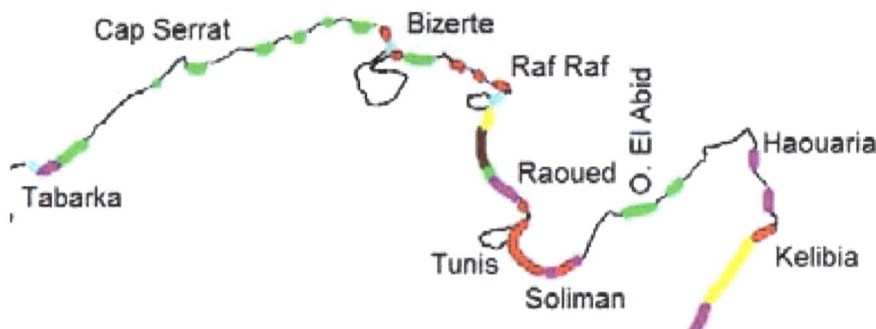

a) Plages développées sans signe net d'érosion ou avec des signes d'engraissement ;
b) Plages encore larges malgré l'existence d'aménagements importants ;
c) Plages avec des signes d'évolution régressive malgré l'absence d'aménagement sur le rivage ;
d) Plages en migration en direction du continent ;
e) Plages à évolution contrastée sur de courtes distances ;
f) Plages soumises à une forte érosion et ayant parfois nécessité des travaux de protection.

Figure 15 : Carte de caractérisation de l'érosion littorale et côtière[15].

---

[15] APAL, 2015., Le littoral Tunisien, Atlas de la vulnérabilité à l'élévation du niveau marin, 45 p.

D'un autre côté, les deux digues de la marina construites en mer constituent des obstacles qui bloqueraient le transit sédimentaire (nord-sud) et favoriseraient l'engraissement de l'estran en amont au dépens d'une érosion en aval (figure 16).

Figure 16 : Dérèglement du transit sédimentaire : accumulation en amont et érosion en aval.

7. **L'urbanisation comme facteur aggravant de la vulnérabilité future du site**

Le nouveau port financier représente un point de départ autour duquel se développerait une nouvelle manière d'appropriation de l'espace rural.

Actuellement, une partie du terrain sur lequel va être implantée la ville nouvelle appartient au domaine public maritime. La construction y est formellement interdite. Vu l'augmentation que va subir le prix du foncier grâce à cette opération d'aménagement, les scenarii envisagés prédisent le développement de tissus urbains spontanés sur les terres naturelles et agricoles à ses alentours en risquant d'abimer les dunes côtières et le cordon littoral (figure 17). Le déploiement spontané de ces quartiers sur des terres sujettes au risque d'inondations et d'érosion met les futures populations résidantes et qui s'installeraient en périphérie face à de réels risques futurs. L'élargissement de surfaces imperméabilisées aurait un impact direct sur le ruissellement et augmenteraient le risque d'inondations aux environs du projet.

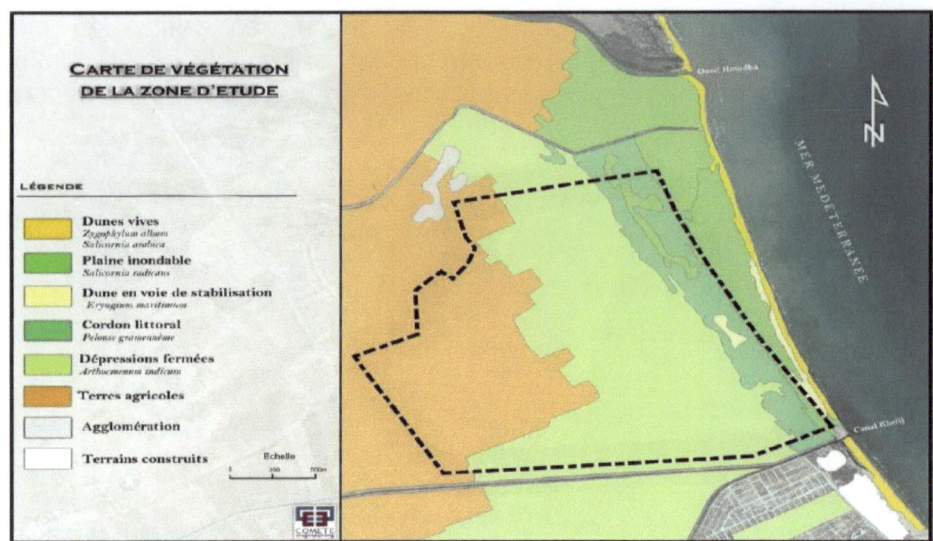
Figure 17 : Carte des états de surface et de l'occupation du sol avant-projet [16]

IV. Mesures de résilience et d'adaptation climatique

1. L'adaptation des zones basses

L'opération de remblaiement permettrait la surélévation de +2 m des terrains front de mer. Cette mesure protègerait les constructions et les réseaux contre le niveau d'eau extrême actuel évalué à +1,13m NGT. La cote d'arase est supérieure à celle de la majorité des infrastructures portuaires, souvent calées à +1,20 m NGT. Cette dernière reste néanmoins une valeur minimale. Elle est souvent dépassée pour conférer aux projets érigés une meilleure protection contre l'aléa en question.

D'un autre côté, l'évaluation de la résilience de l'infrastructure portuaire face à l'élévation du niveau de la mer sur un horizon temporel d'une durée d'un siècle est nécessaire pour dégager les tendances lourdes. Lorsque les études ont été accomplies en 2009, l'implantation des ouvrages de protection du projet s'est basée sur les études de l'APAL qui indiquaient que la cote d'arase devait se réaliser à une cote de référence résultat de l'addition des cotes relatives à la surélévation du niveau de la mer liée au changement climatique et évaluée à 50 cm, au marnage de l'ordre de 37 cm, et au niveau des eaux en tempête exceptionnelle qui est égal à 70 cm. Tenant compte d'une mise hors d'eau incluant une élévation accélérée du niveau de la mer en conséquence du réchauffement climatique, l'exhaussement du terrain au niveau +2 m NGT est supérieur à la cote de référence précédemment définie à +1,57 m NGT.

---

[16] Tunis Financial Harbour Tunis Bay, Tunisia Plan d'aménagement de détail, 2009.

2. L'adaptation de subsidence

Un remblaiement de surcharge sera encore opéré. Cela consiste à déposer provisoirement une épaisseur de 2 m de remblai de surcharge au-dessus du remblai définitif. Le remblai de surcharge permettrait un tassement du sol pendant la période d'adaptation du site.

Combinée au remblaiement de surcharge, l'accélération de la consolidation par drainage vertical sera opérée. Cette technique, consiste à installer des drains verticaux de 27m de long espacés de 1,5m, permettant de réduire le temps de chargement à 9 mois [15].

3. L'adaptation des infrastructures d'évacuation des eaux pluviales et de drainage routier

Le manque d'exactitude dans la prévision des événements rend la projection future sujette à des discussions. Néanmoins, il est admis que le réchauffement climatique influencerait d'une manière ou d'une autre la récurrence des précipitations et leurs intensités. Les projections prévoient une réduction des épisodes pluviométriques et envisagent en retour une alternance entre des périodes d'aridité et d'autres plus humides incluant des extrêmes pluviométriques. Le risque d'inondations deviendrait alors plus intense et plus récurrent.

La mise hors d'eau des infrastructures routières et le dimensionnement préventif des réseaux d'évacuation des eaux pluviales face à des risques de pluies extrêmes plus intenses et plus récurrentes, permettrait de faire face aux aléas futurs liés aux changements climatiques attendus.

4. L'adaptation des ouvrages de protection portuaires

En vue de s'adapter à l'élévation accélérée du niveau de la mer, il est judicieux de rehausser les ouvrages de protection de la marina et des deux digues de son canal. L'altitude de l'exhaussement minimal exigée correspondant au scénario de maximum de risque égal à +1 m, prévu à l'horizon de l'an 2100.

V. Plan de résilience et mesures d'adaptation « non regret »
1. Scénarios envisageables

Scénario passif : pas de prise en compte des risques climatiques et hydrologiques dans l'urbanisation du site (les coûts de l'inaction seront élevés). C'est le cas des quartiers spontanés qui existent et qui risquent de se développer aux alentours du projet ;

Scénario BaU (Busness as Usual) : la politique des affaires prédomine, et la conception du projet se fait sans prise en compte des changements climatiques : le plan d'aménagement de détail reste inchangé face aux changements climatiques attendus ;

Scénario BaU amélioré : scénario avec mesures préventives de résilience et d'adaptation aux changements climatiques attendus (Mesures non regrets d'adaptation et de résilience climatique). Ce scénario serait celui à développer en phase II du projet ; plan d'aménagement de détail.

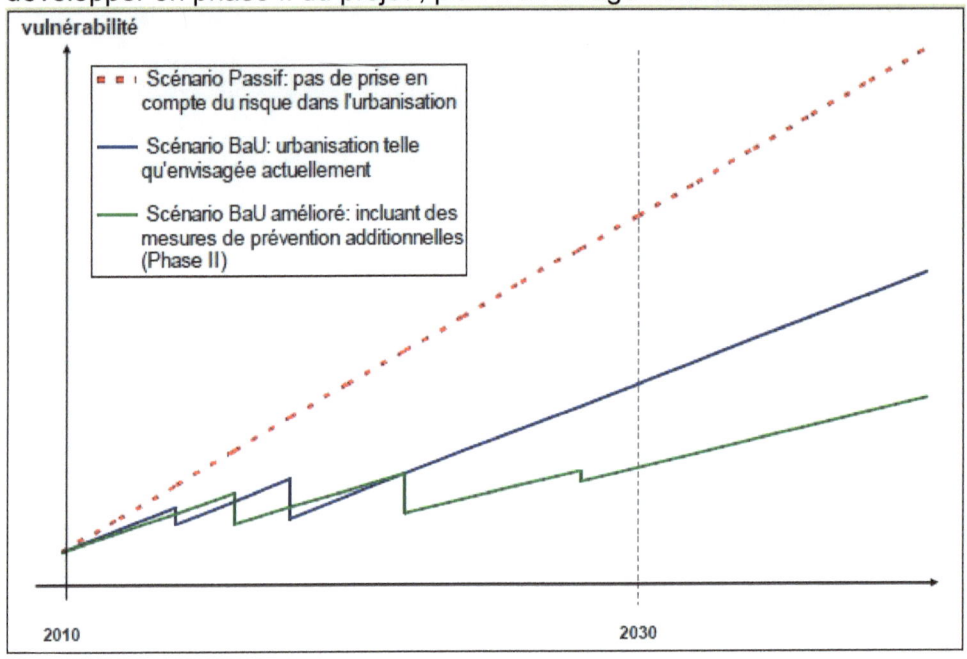

Figure 18 : Scénarios possibles d'un plan de résilience et d'adaptation [17]

2. Coûts de l'inaction et mesures non regrets

Malgré tous les efforts entrepris et vu l'ampleur que prend l'urbanisation du littoral tunisien, le phénomène d'érosion se révèle de plus en plus menaçant. En réalité, l'implantation quasi front de mer de la plupart des infrastructures touristiques, des tissus résidentiels ainsi que la construction d'ouvrages maritimes au large constitue la cause principale de l'aggravation du phénomène. Les retentissements des changements climatiques s'annoncent déjà comme facteurs d'amplification des risques éventuels.

Comme la plupart des infrastructures sont destinées à durer plusieurs décennies, le problème de l'adaptation se pose avec encore plus de pertinence. En effet, les infrastructures, les ouvrages, les réseaux d'approvisionnement en eau et d'assainissement d'eaux pluviales et usées,

---

[17] BANQUE MONDIALE (2011) Adaptation au changement climatique et aux désastres naturels des villes côtières d'Afrique du Nord Évaluation des risques en situation actuelle et à l'horizon 2030 et plan d'adaptation.

ont un cycle de vie prévu de 50 ans. Cette longévité crée un obstacle considérable pour l'adaptation aux changements climatiques. Il est économiquement et logistiquement difficile d'envisager le remplacement de tels ouvrages avant la fin de leurs vies utiles. Selon une autre logique voulant que le coût de l'inaction soit supérieur à celui de l'action préventive, il s'avère économiquement viable de prendre en compte les nouvelles contraintes climatiques dans la planification des ouvrages et même parfois de devancer certains projets de rénovation et remplacement des infrastructures en prévision des effets des changements climatiques[18].

La Tunisie n'a pas véritablement énoncé de plan de sauvegarde des infrastructures (réactif ou proactif) lui permettant d'assurer une résilience aux changements climatiques. Comme la plus grande vulnérabilité de la Tunisie a trait à la concentration de son activité économique et de sa population sur les zones littorales, un plan stratégique dans le domaine devrait veiller à identifier les infrastructures les plus vulnérables. De plus, l'ajustement des normes aux conditions climatiques anticipées constituerait un atout certain dans la réduction des impacts des changements climatiques. Le coût de l'inaction rendra encore plus coûteux les futurs ajustements, de là l'impératif de concevoir des stratégies d'adaptation au plus tôt.

Dans le contexte du développement économique et social rapide de la Tunisie et d'un aménagement du territoire de plus en plus urbanisé pourvu de nouvelles infrastructures, la vulnérabilité de la Tunisie aux scénarios futurs et prévisibles du réchauffement climatique risque de s'accentuer fortement. Plus tôt la Tunisie se préparera à cette échéance, et mieux elle pourra s'y adapter. Afin d'optimiser les mesures d'adaptation, il est préférable d'anticiper les nouvelles difficultés et même les opportunités, là où il y en a, notamment où des décisions d'investissement à long terme se présentent. Dans bien des cas, les mesures d'adaptation prises au moment de la planification des ouvrages se traduisent par des coûts relativement minimes et par des co-bénéfices qui en font des initiatives « sans regrets ». Dans d'autres cas, les coûts réels procureront à la société et à l'économie tunisienne une sécurité accrue face aux aléas naturels permettant de diminuer la vulnérabilité du pays face aux risques de sécheresse, d'inondation, d'aridité, d'érosion, et de désertification. Il s'agit là de raisons suffisantes pour mettre en œuvre un dispositif de mesures d'adaptation au réchauffement climatique annoncé.

---

[18] Stratégie nationale de positionnement dans le domaine du changement climatique. Ministère de l'Environnement et du Développement Durable. GTZ. 2009.

Utilisant les résultats de modèles économiques officiels, la Revue Stern estime que si l'on ne réagit pas, les coûts et les risques globaux du changement climatique seront équivalents à une perte d'au moins 5 % du PIB mondial chaque année, aujourd'hui et pour toujours. Si l'on prend en compte un éventail plus vaste de risques et de conséquences, les estimations des dommages pourraient s'élever à 20 % du PIB ou plus. Par contre, les coûts de l'action, à savoir éviter les pires conséquences du changement climatique, peuvent se limiter à environ 1 % du PIB mondial chaque année.

Selon une étude du ministère de l'environnement (MARH : 2007)[19], portant sur l'évaluation des impacts socio-économiques potentiels de l'Elévation Accélérée du Niveau de la Mer (EANM) à l'horizon 2050, les pertes potentielles en capital productif par catégorie sont d'environ 3600 MDT (millions de dinars) soit près de 10% du PIB, ventilées comme suit :

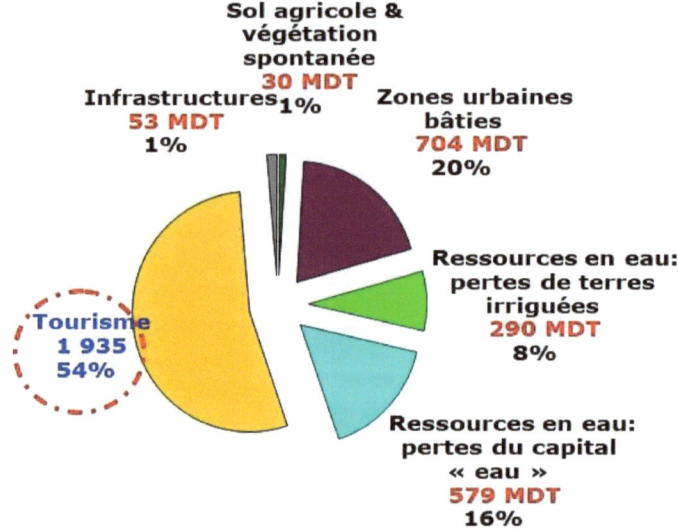

Figure 18 : Pertes potentielles en capital productif par catégorie (estimation en 2007).

En revanche, la synthèse des coûts du plan d'action proposé pour l'adaptation à l'EANM sont d'environ 1460 MDT soit près de 40% de la valeur du capital dégradé en cas d'absence de mesures d'adaptation (4% du PIB). Ces coûts (en millions de dinars MDT) sont déclinés comme suit :

---

[19] Ministère de l'Agriculture et des Ressources Hydrauliques. 2007. Changements climatiques : effets sur l'économie tunisienne et stratégie d'adaptation pour le secteur agricole et les ressources naturelles.

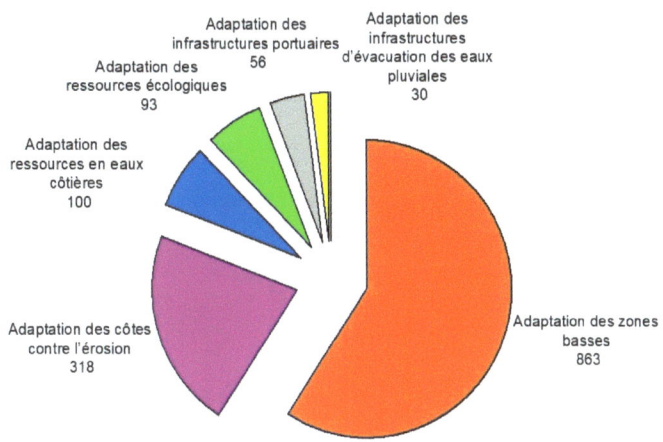

Figure 19 : Synthèse des coûts par type de mesures du plan d'action proposé pour l'adaptation à l'EANM.

Le site du projet nécessite des travaux de réhabilitation et des mesures de protection pour défendre les futurs ouvrages contre les différents aléas climatiques accélérés, les menaçant. Dans ce contexte, l'analyse coût-avantage permet de discuter, au moyen d'arguments pertinents et basés sur les données socio-économiques adéquates, l'efficience de certaines de ces mesures à générer des bénéfices sur le long terme. Les dommages cumulés dépendent à la fois du niveau du risque environnemental et du comportement défensif entrepris par les individus. En ce qui concerne les catégories **Environnement bâti** et **Environnement naturel**, le comportement défensif peut être quantifié par le calcul de la somme des ressources dépensées pour éviter le risque futur ou l'atténuer. Les bénéfices de l'amélioration de l'environnement sont mesurés comme étant la valeur des dommages évités (mesures non regrets). La répartition des coûts par types de mesures d'adaptation aux changements climatiques est représentée par le diagramme suivant :

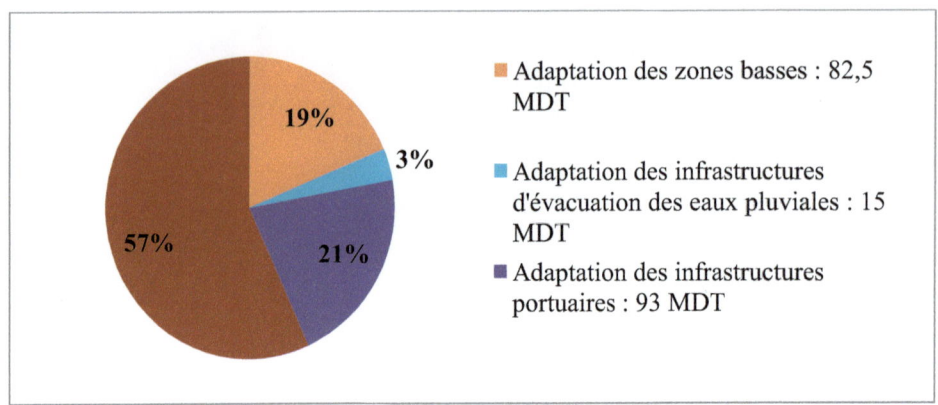

Figure 20 : Répartition des coûts par type de mesure d'adaptation aux changements climatiques.

Les coûts estimés de toutes les mesures d'adaptation aux changements climatiques (440,5 MDT) représentent 4,9 % du coût total du projet (9000 MDT). En revanche, les coûts des dégâts estimés en cas d'inaction s'élèvent à 867,6 MDT, et représentent 9,6% du coût total du projet.

VI. Conclusion

L'objectif du Projet de Tunis Financial Harbour est de créer un développement urbain de très grande qualité destiné à abriter un centre financier international pour la Tunisie. Ainsi, le site d'une superficie de 517 hectares tend à devenir la plaque tournante financière de l'Afrique du Nord. Ce nouveau développement en front de la Méditerranée est conçu de manière à devenir une communauté autonome articulée autour d'un Centre financier offrant aux entreprises internationales tant un cadre professionnel de haut niveau qu'un environnement intégré composé de résidences, de commerces, d'institutions et de services.

Le site va accueillir une ville sur 517 ha. Elle est supposée abriter une population résidente permanente d'environ 108 000 habitants et des visiteurs transitaires au nombre de 72 000 habitants. Ceci a incité les concepteurs à inclure au nouveau centre financier, en dehors des espaces de bureaux, un port de plaisance, un terrain de golf, une hôtellerie de luxe destinée aux congrès, des appartements, des villas, des souks, une université, et des services collectifs.

Figure 21 : Image de synthèse de la ville portuaire projetée.

D'une manière générale, le thème de la résilience tend à se questionner sur le bien-fondé des installations urbaines dans les zones dites à risque : les mesures de protection mobilisées pourraient-elles être efficaces, aujourd'hui et demain, afin de pouvoir contrer les effets néfastes des aléas et des tendances climatiques sur le long terme? Les coûts dépensés pour l'adaptation pourraient-ils être pris en charge à l'avenir, avec le développement ascendant de l'urbanisation sur de grandes superficies des zones vulnérables?

Le projet du port financier de la baie de Tunis est un mégaprojet dont le coût est estimé à 3 milliards de dollars (US$). Le coût de résilience climatique est estimé à ~147 millions de dollars), soit 4,9% du coût du projet. Un coût certainement sans regrets comparativement au coût de l'inaction. Les risques de dégâts en cas d'inaction sont en effet estimés à ~290 millions de dollars (sensiblement le double), soit 9,6% du coût du projet.

Chapitre 12

La vulnérabilité d'Haïti face au réchauffement climatique et à la croissance urbaine non planifiée : le cas de Port-au-Prince.

Introduction
Fondée sur un site exceptionnel, entre la mer des caraïbes à l'Ouest, le morne l'Hôpital à l'Est et les plaines du cul-de-sac et de Léogane respectivement; la ville de Port-au-Prince jouit d'énormes potentielles hydriques. La région de Port-au-Prince marqué par un climat intertropical présentant des caractéristiques générales d'un type courant aux Antilles favorise des précipitations variant entre 1340 mm en moyenne annuelle à 44 mètres et 1500 mm d'altitude à 500 mètres d'altitude (Théodat, 2010). Elle possède une riche réserve d'eau souterraine qui peut répondre aux besoins de la population (Calmont & Mérat, 2015). En outre, elle est arrosée par un riche réseau hydrographique dominée par quatre grands bassins versants : les rivières grise, Blanche, froide et du Bois-de-chêne (Théodat, 2010) alimentés par le massif karstique de la Selle qui donne naissance à elle seule à plus de 10 sources (Adam, 2006) et possède une couverture végétale très importante.

Mais depuis la fin du 20ème siècle la capitale connait une croissance urbaine accélérée et non planifiée dans un contexte où le climat montre une variation de plus en plus inquiétante. La ville s'étale vers les plaines alluviales inondables, s'avance vers la mer par le biais du phénomène «faire terre» et grimpe les mornes de haute altitude détenant la dernière réserve végétale. Parallèlement, le climat à l'échelle nationale ne cesse de réchauffer. A Port-au-Prince, on assiste à un dérèglement climatique caractérisé par une augmentation de la température d'une part et par une variation du régime pluviométrique.

Il est largement prouvé par des relevés d'observation et des projections climatiques que les ressources en eau sont vulnérables et auront à souffrir gravement du changement climatique, avec de grandes répercussions sur les sociétés humaines et sur les écosystèmes terrestre et marins, notamment sur les ressources hydriques. En effet, comment cette croissance urbaine et le réchauffement climatique aggravent-t-ils la vulnérabilité de la ville de Port-au-Prince? Quels sont les impacts de ceux-ci sur les ressources en eau à Port-au-Prince?

Cette contribution vise à expliquer de façon non exhaustive les impacts du réchauffement climatique et de la croissance urbaine sur les ressources en eau en Haïti à travers l'étude de cas de Port-au-Prince. Pour ce faire, nous réalisons des observations de terrains, nous mobilisons essentiellement des données de documentation comme des rapports d'études réalisées par des organismes nationaux et internationaux, des articles scientifiques.

1. Le réchauffement climatique en Haïti et ses caractéristiques Port-au-Prince

Le réchauffement climatique est sans conteste un paradigme mondial. Il fait l'objet de grands débats relatifs aux grands problèmes mondiaux tant dans les sphères académique, politique, que médiatique. Mais, sans doute, il pose plus de problèmes sur les territoires qu'à travers les papiers, les écrans et les micros qui occultent certains faits en fonction des enjeux socio-politico-économiques. A Haïti le climat a changé depuis les quatre dernières décennies. La variation décennale du climat haïtien durant la période de 1970-2013 est observée par une augmentation moyenne de 0,12^{oc} au nord et au sud du pays, et parfois même 0,14^{oc} pour certaines décennies (PNUD, 2014). Ce réchauffement climatique d'une part se caractérise, présentement, par le retard des périodes pluvieuses de trois mois par rapport à l'habitude. D'autre part, la variabilité des précipitations commence à augmenter, entrainant plus de sécheresses sévères en saison sèches et de plus grande fréquence des averses violentes en saison des pluies qui peuvent générer des dégâts catastrophiques. De 1976 à 2014, les événements hydrométéorologiques ont causé au pays des pertes et des dommages de $150 millions US en moyenne par an, soit 1,7 % du PIB. Les cyclones sont de plus en plus de catastrophiques. L'ouragan Jeanne en 2004 et les principaux cyclones enregistrés en 2008 (Faye, Gustave, Hanna et Ike), ont causé des pertes et des dommages équivalant à respectivement 7 et 14,6 % du PIB (Calais, 2017).

Les projections de changement climatique les plus proches indiquent que les températures moyennes continueront à augmenter tout au long du 21ème siècle (MARNDR, 2003). Elles indiquent que les températures moyennes annuelles devraient continuer d'augmenter à un rythme accéléré dans l'océan atlantique et dans les caraïbes en 2020 et 2080 (PNUD, 2015). Selon le GIEC (2015), le niveau de la mer monte à un rythme de 1.8 millimètres par an et un déferlement de tempêtes est prévu dans les années à venir. En Haïti, par rapport à son exiguïté péninsulaire les observations et les prévisions concluent que les impacts du changement climatique seront de plus en plus sévères. Une hausse de la température et du niveau moyen des eaux vont engendrer une perturbation des écosystèmes aquatiques. Cette montée des eaux traduira automatiquement une augmentation des surfaces inondables et inondées et à terme une réduction de la superficie terrestre du pays qui s'urbanise de plus en plus rapide et précaire.

1.1 Une urbanisation rapide sans l'urbanisme

Le processus de libéralisation de l'économie et de la mondialisation, ainsi que l'émergence d'une ère des activités informelles dans les années 1990 en rapport aux crises politiques et socio-économiques qu'a connu Haïti, ont radicalement changé la configuration spatiale de la capitale et de ses zones périphériques. L'habitat qui s'était déjà distribué sur des superficies plus vastes depuis la fin de 1950 est désormais suivi par des activités urbaines intenses qui s'étalent sur des sites périphériques fragiles en dehors des normes urbanistiques (Lefèvre, Roseau, & Vitale, 2013). En 30 ans, la superficie de la zone métropolitaine de Port-au-Prince est multipliée globalement par 7. Elle s'étend sur 37.12 km^2 en 1982 sur 4 communes de l'arrondissement. En 2012, elle s'entend sur 266 km^2 touchant 9 communes: Port-au-Prince, Delmas, Pétion-Ville, Carrefour, Gressier, Cité-soleil, Croix-des-Bouquets et Tabarre.

Figure 1: Tache urbaine de la zone métropole de Port-au-Prince (1982-2012).

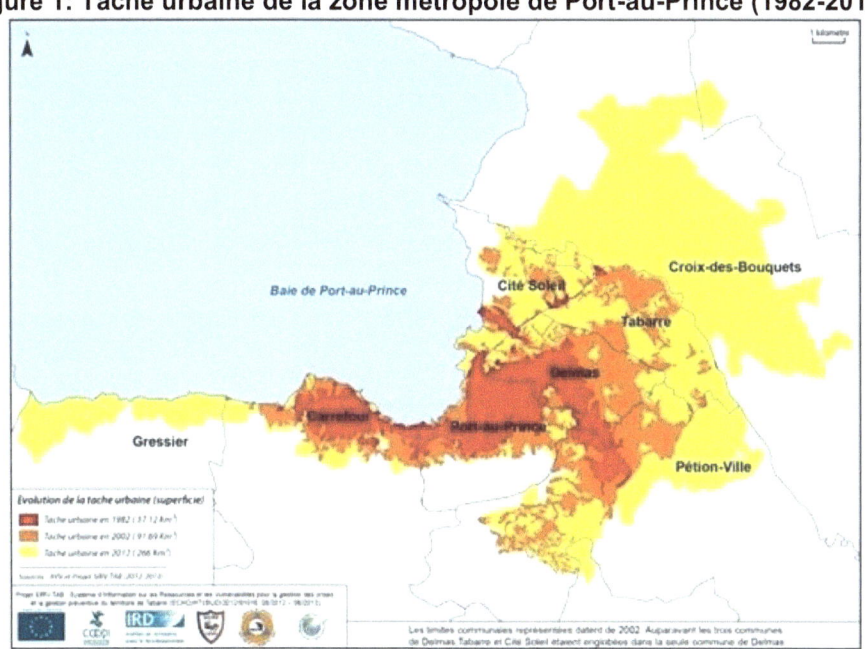

Source : IHSI et projet SIRV-TAB (2012-2013).

Malgré l'extension rapide de la superficie de Port-au-Prince, la densité reste très forte. Elle est estimée entre 800 et 1.000 personnes/hectare. A l'échelle nationale, on dirait que seule Port-au-Prince grandit (Georges, 2013). La ville s'étale sur une surface qui dépasse de loin celle des principaux centres urbains haïtiens. En 1998 aucun centre urbain en Haïti, sinon la zone métropolitaine de Port-au-Prince, n'a eu une superficie dépassant 2 000 hectares tandis qu'elle s'est presque étalée sur 10 000 hectares en 2003 et plus de 16 000 hectares en 2010 (Fig. 3). Cependant, jusque dans les années 2000, la ville se développe sans aucune planification et sans aucun principe directeur pour donner un sens à l'extension spatiale et la répartition des fonctions urbaines sur une base rationnelle tandis que sa population s'accroit de façon exponentielle (Théodat, 2010). Port-au-Prince devient de plus en plus une cité tentaculaire où les bidonvilles grossissent.

La désorganisation urbaine devient totale. Elle ne s'exprime pas seulement par une forte concentration de population, des mutations au niveau de l'organisation sociale et fonctionnelle de l'espace mais aussi et surtout par un faible niveau d'investissement en infrastructures et en équipements pour répondre aux besoins de la ville et de la population fortement sans cesse croissante.

La croissance rapide la population de Port-au-Prince alimentée par l'exode rural, l'accroissement naturel et la migration interurbaine a entrainé une demande de plus en plus forte d'espaces en étalant la ville de plus en plus loin, par le biais de la périurbanisation et de la rurbanisation grignotant progressivement les espaces agricoles inondables, les mornes à fortes pentes susceptibles au mouvement de terrain et s'avance vers la mer menaçante par le biais de «‹fè tè›»[1].

---

[1] Fè tè, expression du terroir signifiant «‹faire terre›» (en français) est un phénomène socio-spatial très complexe. Cette pratique consiste à remblayer des espaces inondables, marécageux ou côtiers avec des matériaux de toute sorte (des sables, des détritus, des graviers, gravats, des déchets ménagers) pour y construire des maisons. Ce phénomène met en place de véritables réseaux qui profitent de l'enchérissement du foncier urbain pour en tirer profit. Dans certains cas, l'Etat par le biais des chauffeurs de camions de la mairie vend des déchets, qui devraient être déchargés, aux infortunés aux fins de construction.

Figure 2 : Urbanisation désordonnée du Morne l'Hôpital.

Source: Bernard Millet cité in Gerald Holly, éd., 1999.

Cette croissance spatiale est caractérisée par une détérioration de l'environnement marquée par le déboisement pour les constructions, par l'érosion, la pollution, etc. dans un contexte d'irrespect des rares articles régissant les normes urbanistiques et environnementaux. A titre d'exemple, le morne l'hôpital, pour sa richesse et son importance forestière et hydrologique[2], a fait l'objet de plusieurs statuts juridiques (Zone protégée, zone d'utilité publique, et d'autres.). Un Organisme de Surveillance et d'Aménagement du Morne l'hôpital (OSAHM) a été créé pour faire appliquer les règlements relatifs. Mais, avec le laxisme des responsables caractérisé par l'inapplication de ceux-ci, les collines s'urbanisent progressivement par une population globalement pauvre qui suit les riches qui accaparent, connivence avec les plus hautes autorités de l'Etat, les zones de hautes altitudes à topographie contraignante et écologiquement

---

[2] Le morne l'hôpital est une partie du massif de La Selle. A part des rivières qu'il donne naissance, on y exploite 17 sources dont leurs rendements varient de 1100 m3/jour à 25 920 m3/jour (IBI-DAA, 2013) pour l'alimentation d'une grande partie de l'agglomération en eau. En outre, il constitue la zone ayant la plus grande couverture végétale de la zone métropolitaine de Port-au-Prince.

fragile dont leur occupation est préjudiciable à l'environnement. Autrement dit, l'occupation des espaces fragiles à Port-au-Prince, ne sont pas la pratique des pauvres gens. Et, elle est une pratique ancienne. Les élites politique, économique et sociale du pays, notamment de Port-au-Prince cherche toujours à s'installer dans des espaces «sans»[3]. *«La logique «sans» autorise précisément à s'installer n'importe où pourvu qu'il y ait de la place : dans les interstices des grandes maisons bourgeoises, dans les fonds des ravines et les embouchures inondables des torrents côtiers. Ainsi, sont émergés les quartiers tels que Cité l'Eternel, Cité de Dieu, Jalousie, et d'autres. Dans ces quartiers, la règle consiste à se contenter de peu en attendant de recevoir plus par une sorte d'anticipation de promesses d'aménagements qui ne sont jamais devenues réalité. Tout le long de la rivière du bois-de-chêne, de la rivière froide, du Boucan Brou, de la rivière grise, de la rivière blanche.... On voit proliférer les logements insalubres»* (Théodat, 2010). L'agglomération est gérée comme une propriété privée: seul le profit à court terme et la rentabilité immédiate importent à la plupart des responsables, à commencer par les responsables (Godard, 1983).

Dans les zones de plaines comme à Tabarre, Croix-des-bouquets, carrefour, Gressier ; la ville fait disparaitre les fertiles jardins de bananes, de haricots, de mais, de petit-mile au profit des constructions en béton qui imperméabilisent le sol sédimentaire et alluviale dont le toit de la nappe phréatique n'est à quelque mètres.

Les zones littorales qui étaient jadis des zones marécageuses, des lagons constitués de mangroves et où l'on fait de façon éparses des dépotoirs par les habitants de la partie Est du boulevard Harry Truman. Dans le cône de réception, on observait une quantité importante d'alluvions, de matériaux détritiques qui se sédimentent et s'avancent de plus en plus vers mer. L'observation des photographies montre qu'entre 1956 et 1980, près de 25 hectares ont été «gagnés» sur la mer par le dépôt des alluvions provenant de la rivière du Bois-de-Chêne (Godard, 1983). De 1980 et 2010, on estime que plus de 50 hectares ont été «gagnés» sur la mer.

---

[3] Le «sans» est pluriel. Il traduit d'une part selon l'auteur l'obsession idéale des riches du pays notamment de Port-au-Prince dans ce cas, de vivre sans et loin des pauvres. Il fait référence, d'autre part, à l'état des quartiers aisés qui sont dépourvus ou sans des services communaux. Ils sont dépourvus, en réseau, d'eau, d'électricité, de service postal, de ramassage des ordures, de la police, etc.

Figure 3 : Vue aérienne d'une partie du littoral de Martissant en 1980.

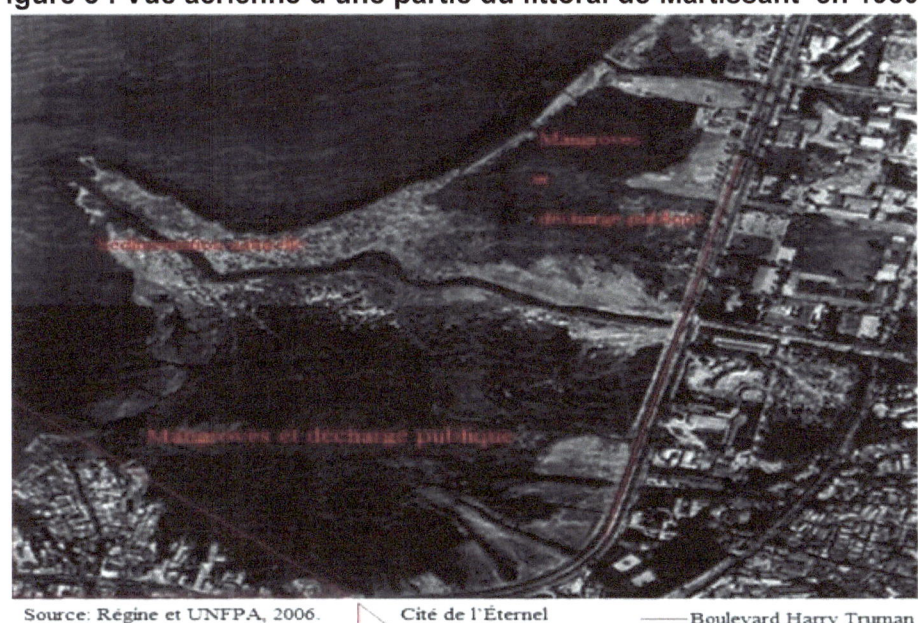

Source: Régine et UNFPA, 2006.
Légendé par L.M PIERRE, 2017.

La plaine alluviale qui était essentiellement constituée de mangroves et des dépôts de déchets et quasiment vide de maison, est complètement et densément bâtie. Le delta allongé, d'avant, de forme convexe s'enfonce à la mer en déposant des barres alluvionnaires qui progradent sur les sédiments fins du pro-delta. Il donne naissance à une plaine deltaïque de forme convexo-concave parcourue par un réseau de chenaux ramifiés dont les distributaires délimitent physiquement les quartiers résidentiels providentiels témoignant la croyance religieuse de ceux qui les ont construits: Cité de Dieu, Cité l'Eternel et Cité plus.

Figure 4 : Littoral de Martissant en 2010

Source : Google earth, 2010.

La plaine alluviale devient de plus en plus élargie grâce au phénomène «‹fè tè›› et densément bâtie à moins d'un mètre d'altitude inondable même par les marées hautes, encore plus par les houles. Cette population doit s'attendre à se déplacer avec l'élévation du niveau de la mer même à quelques centimètres si rien n'est fait.

Cette situation découle essentiellement d'une forte demande en logement pendant que le taux de croissance moyen annuel des logements dans la zone métropolitaine de Port-au-Prince s'accroisse à 8.76% dans les années 1900. Ce qui est très insuffisant par rapport à la croissance rapide de la population. Et, cette croissance en logement quantitativement médiocre l'est encore plus qualitativement. Dans la mesure où les logements s'accroissent de façon précaire et ne peuvent recevoir un nombre important de personne. Ils sont très souvent exigus et ne comprennent en moyenne que 2 pièces. Selon les données de l'Habitat II (1996), le taux d'occupation des logements varie autour de 5 personnes en moyenne. Tandis que dans les bidonvilles qui, il atteint plus de 6 personnes. En 1986, au niveau des bidonvilles de la zone métropolitaine de Port-au-Prince, on relève cinq personnes en moyennes par logement, généralement d'une ou deux pièces, ce qui sous-entend un taux d'entassement élevé. 50% des logements avaient moins de 10m^2; 50% des maisons avaient moins de 2m^2 de plancher/personne. 65% des ménages sont locataires ou fermiers, 28 seulement sont propriétaires. Ce qui donne une idée de l'importance du marché de logement à Port-au-Prince, encore plus du foncier. Les instances en charges de logement dans le pays n'arrivent pas à se tenir par rapport à l'ampleur de la question, et se change de temps en temps.

L'office d'administration des cités ouvrières (OACO), chargé d'administrer les logements construits par l'Etat pour venir en aide à la population ouvrière défavorisée, est remplacé en 1966 par l'office national du logement (ONL) chargé de gérer les 2 000 logements qui ont été construits dans les citées de Saint-Martin et de Cité soleil. En 1982, cette structure a été restructurée et remplacer par l'Entreprise de Promotion des Logements Sociaux (EPPLS), sous la tutelle du ministère des affaires sociales. Les institutions passent mais le problème de logement reste et même devient plus grave. Car, sur les 1.500 logements/an, l'EPPLS ne répond qu'à moins de 15% de la demande. Et, les logements ne vont pas dans le sens de leur destination, celle d'assurer au plus pauvre un logement (Habitat II, 1996). La majorité de bénéficiaires des logements dans les années 80 ne fait pas partie des pauvres. En conséquence, la population utilise des stratégies personnelles même si c'est préjudiciable au ‹‹Res-Publica›› comme l'occupation illégale des terres. Cette pratique est devenue au fil du temps la solution la plus économique pour résoudre l'épineuse question de l'accession au sol urbain et au logement. Les mutations se font donc au gré des habitants qui n'ont pas toujours les moyens d'acheter et/ou de construire un habitat solide en respectant les normes urbanistiques.

En outre, les nouveaux migrants se trouvent dans la difficulté voire dans l'impossibilité d'intégrer le marché de l'emploi à cause de l'étroitesse du marché, d'une part et de leur faible niveau de qualification, d'autre part, ils se trouvent majoritairement au chômage et dans l'impossibilité de se doter d'un logement décent, faute de moyens financiers. Dès lors, ils se dirigent vers les zones périphériques pour se créer leur propre bidonville composé des maisons de fortune privées d'infrastructures et du minimum en termes de normes de construction. Si la croissance urbaine planifiée implique la mise en place d'infrastructures diverses (système d'adduction d'eau potable, réseaux d'électricité, de voirie, d'assainissement, etc.) qui nécessitent d'importants investissement, la croissance urbaine spontanée s'accomplit sans que soient effectués ces travaux, qui sont, pourtant nécessaire. Ainsi, les quartiers anciens se dégradent de plus en plus pendant que les nouveaux deviennent des bidonvilles dépourvus de tout et très dense. La densité de la population dans ces bidonvilles s'estime à 1.500 personnes à l'hectare et parfois plus (Habitat II, 1996). En 2003, la population des bidonvilles de Port-au-Prince s'élève à 1 528 739 habitants tandis que la population totale est estimée à 2 296 386 d'habitants (IHSI, 2003). Enfin, la ville devient un véritable bidonville caractérisé essentiellement par des taudis ou des logements de fortune tandis que, dans certains quartiers, furent construites des maisons de plusieurs étages en béton armé sur des pentes raides, des berges des rivières et des zones traversées pas des failles (Morne l'hôpital).

Dans ces zones, on construit, on y habite, on aménage. Même dans les quartiers plus ou moins accessibles créés par des moins pauvres, la mise en place des infrastructures de bases est souvent à la charge du secteur public. Elle est souvent postérieure à la construction des logements, ce qui crée une de-corrélation entre l'urbanisation et les services sociaux de base et les infrastructures: routes, assainissement, drainage…

A Port-au-Prince, le problème de transport constitue un enjeu majeur. Selon Rameau (2014), le système de transport de la zone métropolitaine de Port-au-Prince est inadapté et inefficace. Marqué par son atomisation dans sa structure de possession des équipements et par son incapacité de libérer des excédents permettant le renouvellement du parc, il reste artisanal dans son mode de fonctionnement et des pratiques d'exploitation. Souvent importées des Etats unis, les voitures sont très polluantes. Elles polluent encore l'air quand les encombrements provoquent l'arrêt total de la circulation appelé blocus en Haïti.

En outre, le réseau de drainage, les insuffisantes ressources infrastructurelles, d'équipements et de services sont rapidement dégradés par manque d'entretien, bien que le réseau de drainage ait été amélioré en 1988. Les réseaux d'égouts existants sont à certains endroits complètement obstrués par les alluvions et les détritus, ce qui crée à Port-au-Prince une situation d'insalubrité chronique. Aucun système d'égouts sanitaire n'existe, l'élimination des déchets humains se fait dans les différents quartiers au moyen de fosses d'aisances individuelles. 92% des ménages n'ont accès qu'à des latrines ordinaires dans leur cours ailleurs, alors que 1% dispose d'un WC (Habitat II, 1996). Ces latrines ordinaires constituent une source de contamination pour les nappes d'eau souterraines. Dans les bidonvilles, en très grande proportion, les ménages n'ont pas de latrines. Ils font leurs besoins physiologiques à fleur de sol. Ce problème des excrétas qui menace de plus en plus la santé de la population. En conséquence, les nappes d'eau souterraine sont devenues de plus en plus polluée. La centrale autonome métropolitaine d'Eau Potable (CAMEP) qui n'arrive qu'à produire la moitié de la demande journalière en eau, soit environ 100 000 m^3/jour, est contrainte d'abandonner l'exploitation de certaines sources (plaisance, et d'autres.) d'approvisionnement polluées par les matières fécales. Jusqu'en 2010 moins de 15% des logements sont connectés au réseau d'eau potable à Port-au-Prince (Calmont & Mérat, 2015). Malgré la création de la direction nationale d'eau potable (DINEPA) remplaçant le CAMEP en 2009 qui vise à l'amélioration de l'accessibilité à l'eau potable, une grande partie de la population s'approvisionne de plus en plus des sources non captées, des fontaines publiques, et notamment d'achat des bouteilles et des sachets d'eau qui viennent s'ajouter au problème de la gestion des déchets dans la capitale.

A Port-au-Prince, la collecte et l'élimination d'ordures ménagères constituent aussi un véritable problème. Selon le rapport de l'Habitat II (1996), la production moyenne journalière d'ordures est passée de 310 tonnes en 1976 à 800 tonnes en 1988, soit un accroissement de plus de 150%. Elle dépasse probablement 2000 tonnes dans les années 2000. L'empilement de ces détritus, au niveau des principaux quartiers de la capitale, pose le problème de la salubrité de l'environnement. Les services publiques sous équipes, tant en matériel qu'en ressources humaines, ne sont plus ne mesure de faire face à leurs obligations. Il existe, uniquement à Port-au-Prince, un service métropolitain de collecte des résidus solides (SMCRS) est créé en 1985, en vue du ramassage et traitement des déchets urbains. Les déchets sont déversés sur des terrains de l'Etat dans les zones proposées à cet effet: Tuitiers, Titanyen, et autres ou les toits de la nappe phréatique. La population déverse parfois les déchets directement à la mer ou dans les canaux de drainage comme des rivières, des ravins, des égouts, entre autres. Dans certains quartiers de la capitale, les déchets sont brulés à l'air libre, en dégageant une fumée toxique qui ne peut être que préjudiciable à la santé de la population.

Enfin, il est important de souligner que, le déficit de gestion et de planification urbaine en Haïti est historique. Jusqu'en 1992, la capitale n'a toujours pas de cadastre, ni plan d'utilisation de sol, ni plan directeur qui ait une valeur légale (Godard, 1994). Et, bien que de grands travaux soient parfois exécutés dans la capitale. Ils se sont toujours révélés insuffisants, probablement par manque de moyen dans un contexte où l'occupation illégale des terres devient la forme dominante de production de foncier urbain. Ce qui fragilise non seulement l'espace, mais encore plus l'Etat qui ne peut ni recenser ni collecter l'impôt foncier qui pourrait l'aider à entreprendre des travaux d'aménagement dans la ville. En plus, malgré le pays ait connu des catastrophes majeures au cours de son histoire, il n'a jamais eu un plan national de gestion des risques jusqu'en 2002 (date de sa mise en œuvre). L'absence de cet outil essentiel est un obstacle majeur à la réduction des vulnérabilités en termes de prévention et de secours. En outre, l'agglomération de Port-au-Prince qui s'étend sur plus de 5 communes dès le début des années 2000 en passant, selon certains chercheurs comme Goulet et Bodson (2016), de l'Aire métropolitaine à l'Aire métropolitaine élargie n'a jamais fait l'objet d'un statut juridico-administratif spécial ou d'un type de gouvernance inter-municipale pour une gestion efficace et intégrée des problèmes qui leur sont communs et spécifiques.

2. Les conséquences du réchauffement climatique et l'urbanisation non planifiée sur les ressources hydriques à Port-au-Prince.

Les variations de phénomenes extrêmes, notamment les crues et les sécheresses, devraienr influencer la quantité et la qualité de l'eau et aggraver de nombreuses formes de polutions fluviales, marine, etc. Ces conséquences peuvent être agravées par la croissance urbaine accélérée et non planifiée marquée par l'occupation des zones notamment écologiquement fragiles et par le déficit grave en équipements, en infrastructures et en services sociaux de bases.

En outre, le rapport entre la croissance urbaine marquée par la croissance rapide de la population urbaine, la forte densité de population urbaine, l'extension accélérée et gigantesque des espaces urbains sur un site naturellement fragile, a conduit une grande partie de la population à s'installer dans les zones à risques où les aléas naturels peuvent provoquer des pertes considerables ou catastrophiques.

2.1. Une ressource de plus en plus rare.

Depuis longtemps, l'eau de boisson a été une ressource relativement difficile d'accès à Port-au-Prince bien que la région contient d'abondantes ressources hydriques et d'assez bonne qualité (Calmont, 2015). En effet, le problème est moins de ressource en eau que de sa gestion. Depuis les années 1970, les familles ont dû recourir à des solutions de fortunes. Pour pallier à ce problème qui dépasse le CAMEP, un commerce important d'eau à différentes échelles. Des camions se recharges dans la plaine du Cul-de-sac pour l'approvisionnement des citernes privés qui revendront l'eau par gallons ou par sceau de 20 litres dans les quartiers. Le prix de l'eau était relativement bas seulement dans le centre connecté ou proche du réseau hydraulique. Cependant, durant la grande crise politique qui s'abat sur le pays notamment dans la capitale avec le coup d'état contre le président Jean Bertrand Aristide qui s'est soldée aussi par un embargo, beaucoup de ONGs s'installent dans la capitale en investissant aussi dans ce secteur. Dans ce contexte, des citernes communautaires ont été aussi aménagées depuis 1995 par des organismes internationaux, dont l'OMS pour prévenir la menace du choléra présent dans la Méso-Amérique (Verdeil, 1999). Mais, avec le doublement de la population de Port-au-Prince de 1986 à 1996 (IHSI,), le problème d'eau devient de plus en plus crucial au début des années 2000. Avec une disponibilité de 23,7 millions de m^3 d'eau par an, Port-au-Prince ne peut fournir que 11, 85 m^3/an à chacun de ses 2 164 207 habitants (..). La production quotidienne de la CAMEP est d'environ 100 000 m3. Cela correspond à la moitié de la demande. En 2012, on considère que seulement 58% de la région métropolitaine de PAP a accès à l'eau potable. La quantité de l'eau fournie par le service public est insuffisante car, les ¾ de la population se contentent de moins de 30 litres par jour (Théodat, 2016).

2.2. Pollution des eaux fluviales et marine.

La rivière du Bois-de-chêne est le plus grand collecteur du système de drainage de Port-au-Prince. Et, ce système est unitaire car les collecteurs drainent à la fois les eaux fluviales dans certains cas, les eaux usées urbaine (domestique, industrielle) et rurales de toute sorte et les eaux pluviales. Ce réseau de drainage se caractérise par de grands et de moyens collecteurs à ciel ouvert, de conduites circulaires quasi totalement en béton et des canaux rectangulaires (Emmanuel et al. 2007) généralement de très faible diamètre. Ces infrastructures existent du piémont jusqu'au centre historique de la ville. Le réseau se dirige vers la mer à travers des canaux en terre battue, des rivières, des ravins, et autres. Tandis qu'en amont, au niveau des mornes jusqu'à la ligne de partage des eaux, il est constitué de canaux naturels et artificiels, à ciel ouvert (Lacour, 2005). Tout le long de la rivière du Bois-de-chêne et de ces affluents, les maisons majoritairement sont connectées au réseau d'égouts au moyen de petits canaux artificiels ou de conduites en PVC servant au rejet des eaux usées sans aucun traitement préalable, par les ménages, les industries et les centres de services urbains (hôpitaux, écoles, marché, restaurants, hôtels, etc.) (Mompoint et Theleys, 2004). Du coup, les eaux fluviales sont polluées. Selon Lacour (2005), les eaux du Bois-de-chêne détiennent un niveau de concentrations en azote ammoniacal générant un danger allant de la pollution nette (0.5 à 2 mg/L), jusqu'à dépasser le seuil de pollution importante (2 à 8 mg/L). La présence excessive de ces subsistances azotées dans les cours d'eau qui se jettent directement dans la mer s'explique globalement par le ruissellement des eaux polluées urbaines ayant pour origine d'une part du lessivage de l'atmosphère et d'autre du lessivage et/ou de l'érosion des surfaces urbaines. Les eaux de ruissellement de chaussées apportent dans les hydro-systèmes des matières minérales et organiques de façon chronique ; ces apports provoquent une modification des caractéristiques physiques, chimiques et biologique du réceptacle, ils peuvent ainsi provoquer des phénomènes d'eutrophisation ou avoir des effets toxiques sur les organismes (Boisson, 1998).

Ce phénomène est principalement dû aux sels minéraux de l'azote et du phosphore (Menoret, 1984). Par ailleurs, certains polluants trouvés dans les eaux de ruissellement peuvent provenir de l'érosion des surfaces urbaines par la pluie. A titre, l'apport de terre, sable et graviers en provenance des surfaces non imperméabilisées, l'apport d'hydrocarbures provenant de l'usure du goudron, l'apport de métaux provenant des surfaces métalliques, notamment les toitures des tôles constituent quelques exemples (Garnaud, 1999). En outre, elle s'explique aussi par les déversements d'effluents urbains et ruraux pollués par des matières organiques (eaux usées non traitées) ou pollutions diffuses liées aux activités agricoles qui se développement en amont au niveau du morne l'hôpital dont certains habitants font usages d'intrants chimiques.

D'autres pratiques jouent aussi un rôle non négligeable dans cette question. Il est scientifiquement admis que les matières fécales et l'urine de l'homme et des animaux détiennent une forte teneur en azote. A Port-au-Prince, les cours d'eaux, les ravins et les espaces vides (plaines montagnes), fautes d'infrastructures urbaines sont utilisés comme des sites de défécation. L'élevage libre des caprins et bovins dans les zones urbaines et les activités domestiques et industrielles des centres hôteliers, hospitaliers etc. peuvent expliquer la présence des métaux lourd dans les effluents des rivières se jetant dans la mer. En effet, sous l'effet de ces activités humaines qui se font dans les bassins versants de Port-au-Prince, la dystrophisation génère la perturbation d'un milieu aquatique par une richesse excessive en éléments minéraux nutritifs (notamment l'azote et le phosphore) constituant un danger de pollution pour l'environnement aquatique et marin de la zone. Dans cette veine, l'existence excessive et continuelle des substances chimiques dans les écosystèmes aquatique génère une prolifération massive de la végétation aquatique et une diminution de la teneur en oxygène dissous dans les eaux. Pendant que le taux de décomposition bactérienne s'accroit. En outre, les algues et les plantes aquatiques qui se développent en surface forment une couche opaque qui empêche la lumière de pénétrer dans les compartiments inferieurs du plan d'eau. Les poissons de type salmonidé (truites, saumons), qui affectent les eaux claires et oxygénées, disparaissent au profit des poissons de la famille des cyprinidés (comme les carpes et les brèmes). Progressivement l'oxygène devient de plus en plus rare, ce qui conduit au fur et à mesure à la migration ou à la mort des animaux aquatiques. A ces risques sanitaires, écotoxicologique, s'ajoute un risque économique important, car la pêche occupe une part très importante sur l'échiquier économique en Haïti dans la mesure où les ressources halieutiques y constituent la source principale de protéines.

Ajouter à cela, la côte est aussi menacée par non seulement son alluvionnement découlé de l'érosion du sol mais aussi par son remblaiement au moyen de «*fè tè*». Malgré que la mer des caraïbes connaisse une élévation non négligeable, la ville ne cesse de s'avancer vers la mer. La population côtière, d'une part, est victime souvent des inondations pluviales et fluviales surtout l'altitude de la plaine deltaïque devient plus élevée que la partie amont de la plaine alluviale où des bidonvilles s'étalent sur les berges de la rivière et entre les chenaux, entre autres. D'autre part, comme l'altitude reste malgré tout très bas par rapport à la marée haute, ces quartiers sont victimes souvent de l'inondation marine et seront victimes de l'élévation éventuelle du niveau de la mer et d'éventuels tsunamis.

2.3. Les ressources hydriques entre crise de quantité et de qualité.

Si certains chercheurs notamment des géographes comme Jean Marie, Verdeil, Calmont lient le problème de l'eau à Port-au-Prince à la gestion inefficace de la distribution de l'eau (fuite, gaspillage, prise illégale, etc.), depuis des décennies le problème se pose aussi au niveau de son cycle dans un contexte de croissance urbaine et de réchauffement climatique, ce qui piste mérite une attention spéciale. Car, à travers une étude réalisée dans le cadre du projet «gestion des ressources en eau de la plaine du cul de sac pour l'agence internationale de l'énergie atomique (AIEA)» menée par Pierre Adam, force est de constater que 2 sources sur trois à Port-au-Prince, spécialement dans le massif de la selle au niveau du morne l'hôpital, de 1982 à 2002, ont enregistré une chute considérable au niveau de leur débit.

Figure 5 : Réduction du débit des sources à Port-au-Prince (morne l'hôpital).

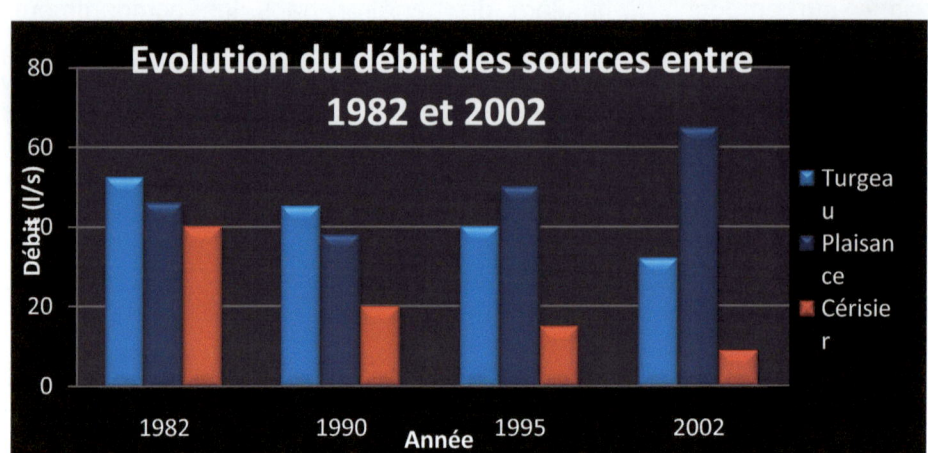

Source : Précis d'hydrogéologie et de forage d'eau, Tome 3, 2009.

En 20 ans, le débit des sources de Turgeau et de Cérisier ont passé respectivement de 52.2 et de 40 à 32 et 9 litres par seconde. Le cas de la source Cérisier est très grave. En deux décennies, son débit est devenu 4.44 fois plus faible. Dans ce même bassin, on constate que la source plaisance a connu une augmentation considérable en débit qui passe de 46 à 64.4 litres par seconde. Toutefois, cette augmentation ne suffit pas pour compenser la diminution enregistrée dans la source de Cerisier accusant à elle seule une diminution de 31 litres par seconde. Encore moins, si l'on y ajoute celle de Turgeau qui accuse une diminution de 20.2 litres par seconde. Cette diminution peut expliquer par le réchauffement climatique qui produit des changements survenus dans le cycle hydrologique notamment dans l'augmentation de la teneur en vapeur d'eau de l'atmosphère, la modification de la configuration, de l'intensité et des extrêmes des précipitations, la modification de l'humidité du sol et du ruissellement.

En effet, les périodes de sècheresse deviennent de plus en plus longues, ce qui crée une situation de sous-alimentation des nappes. Au moment de pluies, compte tenu du temps record qu'une quantité exagérée de précipitations s'abattent sur la zone, la majeure partie de l'eau ruisselle en laissant encore la nappe sous-alimentée. Ce ruissellement se renforce par l'urbanisation désordonnée des périphéries. S'installant précairement et illégalement sur des terres qui jouissaient des statuts spéciaux, compte tenu de leur fragilité et importance écologique, la population au moyen du déboisement provoque une baisse des infiltrations de l'eau à cause de l'érosion et l'imperméabilisation du sol.

Par ailleurs, ces conditions peuvent aussi conduire à la dégradation de la qualité de l'eau. Des études effectuées sur la qualité des eaux souterraines au niveau des sources et des forages démontrent que les eaux des sources ont presque les mêmes comportements chimiques. Elles ont relativement une faible teneur en Cl, NO_3^- et SO_4^{2-}. Les analyses physico-chimiques réalisées sur l'ensemble des points d'eau permettent de constater que les eaux de Port-au-Prince sont majoritairement agressives et incrustantes. Aussi des paramètres tels : des nitrites, du fer, des métaux lourds et d'autres éléments chimiques qui n'ont pas pu être analysés dans le laboratoire de CAMEP. La présence de ces derniers dans certaines sources est l'objet d'une contamination très sérieuse, suite à la dégradation environnementale.

En outre, selon (Emmanuel et al. 2007) on retrouve des oocystes de cryptosporidies dans l'eau de consommation distribuée par adduction publique que dans celle conservée dans des réservoirs, témoignant de l'importance de la contamination fécale. L'estimation des risques biologiques liés à la présence de ce protozoaire a été quantifiée entre 1 et 97% (PAUP) selon le degré de contamination du point d'eau testé et le groupe de la population. Ce qui permet de confirmer que la qualité de l'eau liée à la consommation humaine dans la zone métropolitaine de Port-au-Prince constitue des risques sanitaire graves comme des maladies diarrhéiques. Car, il s'agit d'une eau de mauvaise qualité avec un taux de solide dissous élevé environ 10 000 mg/L dépassant le seuil normal qu'est 1000 mg/L. La contamination de l'eau de boisson est due, entre autres, par le mode de gestion de déchets humains tant solides que liquides générant la pullulation murine (réservoir de Cryptospridium sp) et consistant à déféquer dans les ravins, les rivières ou dans une savanes dans les zones périurbaines ; par le mode de gestion de déchets notamment industriels marqués par des centres hospitaliers, des hôtels, entre autres, qui déversent leurs eaux, sans être épurées, directement dans le réseau de drainage des eaux pluviales de la villes. A part de ces facteurs, la présence d'animaux domestiques, principalement de porcs, est importante dans certaines zones et joue certainement un rôle non négligeable dans le degré de pollution fécale de l'eau. Dans ces conditions les Cryptospridium s'infiltrent dans le réseau de distribution d'eau potable, dont les canalisations délabrées et mal entretenues se trouvent en surface dans de nombreuses rues.

En outre, faut noter que l'eau contient de nombreuses substances que l'on retrouve partout dans la nature, notamment des carbonates, des sulfates, du sodium, des chlorures, du calcium, magnésium et du potassium qui sont des matières totales dissoutes. Ces substances proviennent du sol à partir des formations géologiques et du terrain dans les bassins versants; de la végétation et de la faune avoisinantes ; des précipitations et des eaux qui s'écoulent par ruissellement sur les terres adjacentes ; des processus biologiques, physiques et chimiques dans l'eau et des activités anthropiques locales. En effet, les sources de Port-au-Prince certainement pour la plus part des sources d'affleurement notamment celles du bassin hydrologique du Morne l'hôpital. Dans le cadre de la croissance démographique qu'a connu Port-au-Prince, on a procédé à d'autres forages en vue de répondre à la demande sans cesse croissante de la population en eau.

A noter que, les nappes souterraines contiennent des eaux qui offrent toutes garanties sur le plan bactériologique, si les prélèvements sont techniquement effectués selon les normes. Mais lors des forages d'exploitation, il y aurait lieu de cas de pollution. Car, ils créent une liaison directe entre le sol et la nappe captée, et augmente ainsi le risque d'introduction d'eau polluée dans le réservoir d'eau naturellement protégé. De ce fait, le captage des nappes souterraines nécessite la grande vigilance de technicien responsable qui suivra le déroulement du chantier depuis l'implantation jusqu'à la cimentation de la tête du forage.

Si le captage est mal fait et leurs émergences peuvent constituer une véritable source de pollution pour la nappe souterraine. L'eau est refoulée au réservoir à l'aide d'un captage par puits appliqué aux sources diffuses. Les forages peuvent donc des points d'eau susceptibles d'être pollués pendant les phases du chantier, d'exécution et d'exploitation (Adam, 2009).

Ainsi, l'intrusion des corps étrangers comme des détritus sous forme de bactéries de toute sorte peuvent avoir lieu. Selon une étude réalisée en mai 1991 par le sous-comité chargé de l'eau potable et de l'évacuation des déchets humains, pour compte du MSPP, il est montre presque que tous les points d'eau (sources, forages) desservant la capitale et des centres urbains en général, sont pollués. L'eau est fécalement polluée et même l'eau des forages réalisés à peu près de 100 mètre de profondeur contient aussi des amas de coliformes. En conséquence, les autorités haïtiennes notamment la DINEPA ont interdit l'exploitation et la consommation de l'eau de la source de Plaisance.

2.4. Des pluies et des cyclones de plus en plus devastateurs

Les manifestations du rechauffement climatique caracterisées par une élevation de température sont marquées en Haiti par une pluviométrie atypique avec des saisons sèches plus longues, une rareté des pluies dans certaines périodes et une abondance dans d'autres (PNUD, 2015). Par ailleurs, ce rechauffement s'exprime aussi par une augmentation des cyclones et leurs catégories. Dans les années 70 le pourcentage de cyclones classés categories 4 ou 5 est de 20 tandis qu'il s'élève à 35 dans les années 90. En effet, l'augmentation de l'intensite et la variabilite des précipitations devrait, entre autres, augmenter les risques d'inondations. A Port-au-Prince les inondations d'origines cycloniques ou de pluies diluviennes deviennent récurrentes et causant de plus en plus des dégâts énormes. En 1994, le cyclone Gordon plus ou moins ancien par rapport aux autres évoquées ci-avant, a inondé environ 20000 maisons. Le pont qui relie la capitale à la région Nord a été gravement affecté.

A Cité soleil, l'eau monte à environ 70 cm. Mais avec la détérioration de l'environnement à toutes les échelles[4], la capitale n'a pas besoin d'être frappée par des cyclones pour enregistrées de dégâts considérables. De faibles pluies de courte durée provoquent des dégâts matériels considérables ainsi que des pertes en vies humaines. Les rues se transforment en de véritables bourbiers. L'inondation de la partie Nord-est de la zone métropolitaine de Port-au-Prince (Tabarre, Pernier, Pétion-Ville), entre 1 et 3 octobre 2005, ont pris au ministère des travaux publics au moyen des engins lourds plus de 5 jours pour déblayer les routes comblées d'alluvions, de boues, et autres[5] et emportées des mornes urbanises sans aucun ouvrages de drainage.

---

[4] La dégradation de l'environnement en Haïti est totale. Elle est l'une des facteurs des catastrophes causes par les aléas cycloniques. En effet l'extrême pauvreté de la population surtout rurale a poussé les paysans à abattre les arbres pour la fabrication du charbon de bois très demandé en ville, surtout durant la période de l'embargo. Mais ce phénomène est aussi structurel dans la mesure, le charbon de bois reste jusqu'à présent la principale source énergétique pour la cuisson. En 1950 1/4 du territoire haïtien était constitué de forets tandis qu'en 2000 la couverture forestière n'est réduite qu'à 2%. L'urbanisation rapide qu'a connue le pays en joue un rôle majeur. La croissance des villes surtout vers les mornes qui autrefois étaient très boisés comme le morne l'hôpital dans l'érosion, le ruissellement, le ravinement et l'alluvionnement du système de drainage naturel ou artificiel. Ce qui ne fait que constituer des conditions aggravants aux aléas hydro-climatiques.
5https://reliefweb.int/report/haiti/haïti-intempéries%C2%A0-inondations-récurrentes-à-lest-de-port-au-prince

L'inondation de 2011 a causé encore plus de dégâts et a fait la une même au niveau des medias internationales. Le journal français, l'Express, en décrivant la situation mentionne qu'*«en Haïti la plupart des victimes ont été dénombrées à Pétion-ville, une banlieue de l'Est de la capitale ou treize personnes ont été tuées dans l'effondrement de leur maison construites aux abords des ravines ou dans des éboulements de terre………Sept autres personnes ont été trouvées mortes à Delmas et à Carrefour, deux communes de Port-au-Prince ainsi que dans le quartier de Christ-roi proche de la capitale…Six personnes en outre sont portées disparues à Port-au-Prince et six blessés ont été recensés…Les inondations ont entrainé de dégâts matériels considérables dans plusieurs communes de la capitale …….des rues ont été transformées en rivière et des maisons ont cédé à la pression des eaux qui ont renversé des véhicules»*[6]. En mars 2012, les communes de Tabarre et de Croix des bouquets (au nord-Est de la capitale) sont gravement inondées. Les populations des boulevards du 15 octobre et de Toussaint Louverture, de Clercine ont subi des pertes énormes en matériels. Suite à ces cas, le Maire de la commune de Tabarre a déclaré lui-même que ces inondations sont dues à la multiplication des constructions anarchiques et à l'absence d'un plan d'aménagement de la zone métropolitaine de Port-au-Prince. Dans la partie Sud de l'agglomération, à plusieurs reprises en 2016, des averses encombrent les maisons dans les parties basses de l'agglomération.

Photos 9 et 10: Inondation à Martissant

Source: Haïti-liberté, 2016. Source: Alter Presse, 2016.

---

[6] https://www.lexpress.fr/actualites/1/monde/inondations-23-morts-en-haiti-des-effondrements-en-republique-dominicaine_1000251.html

Les coulées de boues et les alluvions emportées par les eaux de pluies rendent souvent impraticables certains quartiers. Elles perturbent la circulation au niveau de champs de mars, du Bicentenaire, du marché Salomon, du portail Léogane, de Bolosse, de Martissant, et autres.; surtout l'axe routier stratégique (RN1) qui relie les régions du Nord et de l'Ouest à la région du Sud du pays (Fig.9). Plusieurs personnes ont été retrouvées mortes.

Le journal Monde noir agence de presse (2004), n-a-t-il pas écrit : «*La situation est encore plus grave dans le quartier de Martissant, au sud de la capitale. Après chaque pluie, déchets, boue et autres alluvions bloquent un long tronçon de la Nationale 2, provoquant de gigantesques embouteillages. Des hauteurs déboisées où s'accrochent de plus en plus de masures, les ordures jetées à la volée sont charriées par le courant et vont s'échouer au bas de la ville, dans la zone du Bicentenaire, autrefois le plus beau boulevard de la Caraïbe*»[7].

L'année de 2007 a été marquée par plusieurs cas d'inondations. Mais celle du 20 juillet a une spécificité importante à mentionner. C'est l'ampleur des dégâts causés par des averses de courte durée. Après seulement trois quarts d'heure de pluie, les parties basses de la ville étaient profondément inondées. Comme la force de l'eau est surtout son blocage, étant bloquée par l'obstruction des égouts, elle envahit les maisons trouvées sur son passage. Certains habitants n'ont même pas eu le temps de s'échapper avec leurs pièces importantes (actes de naissance, papier de titre de propriété). Les routes sont devenues de véritables rivières. La circulation y est très difficile, quel que soit le moyen de transport utilisé. «*la chaussée jonchée de cailloux, de boue, inondée d'eaux, impraticable depuis la première avenue Bolosse jusqu'à Fontamara 43, des alluvions de toutes sortes, des piles d'immondices encombrant les canaux d'évacuation, des canaux ensablés, des monticules de graviers et de boue accumulés aux coins des rues, une «rivière» occupant la largeur de la chaussée, des maisons inondées, une population aux abois*» a écrit le journal Le matin (2007)[8]. Le 17 juillet 2016, les parties basses de la ville, notamment Portail Léogane, Bicentenaire et Martissant ont subi des dégâts majeurs. Plusieurs quartiers sont totalement inondés et plusieurs zones sont difficiles d'accès.

---

[7] Monde noir agence de presse, En attendant la prochaine pluie, 2004.
[8] Le Matin, Martissant : entre eaux et boue, 2007

Trois personnes sont mortes, une dizaine est blessée et des milliers de maisons inondées (Haïti-liberté, 2016)[9]

La police, la seule force publique du pays qui devrait aider la population en situation difficile, est elle-même en situation de grandes difficultés. L'entrée et la sortie du Sous-commissariat de Martissant est bloquée par des coulées de boue, d'immondices et d'eau piégeant une voiture de service[10]. Des automobilistes sont bloqués pendant environ 5 à 6 heures dans leurs véhicules (Alter Presse)[11] Réf.: photo 10. ‹‹*Infranchissable, la route nationale # 2 (RN2) à hauteur de Martissant et de Fontamara est, ce mardi, inaccessible aux automobilistes, motocyclistes, piétons. Rien ne bouge. «Anwo pa monte anba pa desann»…. Les averses qui se sont abattues lundi soir sur Port-au-Prince ont transformé Martissant et Fontamara en une rivière boueuse. Déchets et gravats sur la chaussée, cette situation ont provoqué un bouchon monstre sur cette route nationale qui dessert plusieurs grandes villes dans cinq départements du pays, notamment les villes de Jacmel, des Cayes, de Jérémie…. On pouvait observer des enfants en uniforme parcourant de longues distances à pied, des hommes et des véhicules tombés dans les égouts à ciel ouvert dissimulés sous les eaux, des personnes qui ont dû rebrousser chemin, des passagers impatients qui se plaignent sans arrêt…11h p.m*››[12].

Cette situation a provoqué beaucoup de paniques dans la zone connue pour sa capacité de violence urbaine. Car, elle abrite des réseaux de gangs parmi les plus redoutables de la capitale. Réputée violente, à tort ou à raison, la population de Martissant proteste contre le blocage de la route et se dit être prêt à bruler les voitures si l'Etat n'intervient pas.

---

[9] Haïti-liberté, Inondation à Martissant, 3 morts !, 2016.
[10] Haiti Press Network, 2016
[11] AlterPresse, Haïti-Intempéries : Coulées de boue à Carrefour, cinq blessés, deux maisons effondrées, 2016.
[12] Journal509, Martissant : quand une inondation paralyse complètement la circulation, 2016.

Conclusion

Haïti commence à subir grandement les conséquences du réchauffement climatique. Ce dernier conduit à une hausse de la température et une exagération des précipitations dans un temps record, notamment dans la ville de Port-au-Prince. En outre, depuis des décennies la ville connait une urbanisation accélérée et désordonnée. En dix ans, la capitale devient une vaste tache urbaine qui fuse de toute part en s'attaquant aux ressources hydriques de la région.

La dégradation de ses bassins versants caractérisée spécialement par le déboisement, l'érosion conduit à la dérégulation des débits des sources, des cours d'eau et de l'alimentation des nappes phréatiques. Par rapport à la croissance rapide de la population a la recherche de plus en plus d'eau, certaines nappes souterraine côtières notamment celle du Cul-de-sac se trouvent de plus en plus dans une situation de surexploitation tout en devenant contaminer par les eaux marines. A l'inverse, les eaux uses en provenance depuis des mornes érodés jusqu'à la basse ville se jettent directement dans la mer sans aucun traitement conduit à sa dystrophisation.

Face à ces problèmes, la ville doit donc développer un modèle de développement durable qui concilie les temporalités respectives, et les exigences environnementales, économiques et politiques. Les diverses actions publiques doivent être en harmonie afin de répondre aux interdépendances spatiales e temporelles des différents enjeux et domaines qui constituent la ville (Laganier, Kaszynski, & Scarwell, 2008) en invitant les acteurs territoriaux à repenser la ville dans une approche intégrée.

Conclusion

Conclusion

Les changements climatiques qui touchent tous les pays du monde nous obligent chaque jour à penser aux mesures d'adaptation dans les différents domaines pour réduire au maximum la survenue des dégâts. Certes que certains secteurs sont parfois touchés rapidement par rapport à d'autres. Mais le milieu ou vit l'être humain est à classer prioritaire d'autant que le degré du risque de perte humaine est très important. Cela n'empêche pas d'orienter notre attention vers les autres milieux ou territoires, lesquels constituent également notre environnement de vie.

Le milieu urbain, partout dans les pays du monde, abrite aujourd'hui une grande partie de la population mondiale, laquelle est menacée par les conséquences négatives des changements climatiques. Les vagues de chaleur continuent d'avoir une influence sur la qualité de vie des habitants des villes. La tranche de population la plus défavorisée est la plus exposée à cette hausse de chaleur vu les moyens financiers qu'exigent les mécanismes de refroidissement des habitations. La présence d'un couvert végétal insuffisant dans de nombreuses villes a favorisé l'apparition des impacts de cette hausse de température. En plus les techniques et les matériaux pour construire les habitations et les autres structures et infrastructures de base viennent aussi compliquer le vécu dans les villes, d'autant qu'ils ne sont pas tous adaptés à ces changements climatiques.

Ces fortes précipitations et ces inondations qui apparaissent ces derniers temps très rapidement dans plusieurs villes du monde et engendrent des dégâts très importants, nous obligent à chercher des solutions adéquates pour faire face à cette situation. Les aménagements urbains semblent pour de nombreux spécialistes du domaine, l'un des moyens les plus performants pour contrecarrer les impacts négatifs des inondations. Certaines villes au monde travaillent dans ce sens pour éviter l'emprisonnement des eaux dans les conduites d'évacuation puisque pour eux ça déclenche l'inondation. Laisser cette eau à l'air libre exige aussi des mesures à prendre comme la «débitumisation» des villes pour laisser l'eau s'infiltré dans les sols.

Des villes sont très avancées dans l'adaptation au changement climatique à cause des moyens financés engagés et de l'implication de la recherche-action dans le développement et la gestion des villes. En revanche d'autres villes dans les pays en voie de développement se trouvent dans des situations très compliquées ou le degré de risque de perte humaine est très élevé, et ce en plus de l'impact de l'effondrement du cadre bâti sur la vie quotidienne des populations.

Ainsi, il nous semble que l'avenir des villes se planifié beaucoup mieux dans un cadre mondiale ou toutes les villes du monde à travers des concertations entre eux et des échanges permettant à des villes de s'inspirer des actions des autres, et ce dans un cadre de complémentarité. Cela va du fait que le changement climatique concerne tous les pays et toutes les populations....

Les chercheurs scientifiques conscients de cette situation se sont impliqués depuis un certain temps dans cette vision, en attendant l'implication des gestionnaires des villes partout dans le monde.

C'est dans ce cadre que cet ouvrage s'inscrit et vient dans la continuité des réflexions lancées entre les chercheurs scientifiques de plusieurs pays du monde lors du colloque international organisé à l'université du Québec à Chicoutimi (UQAC) Canada, et ce dans le cadre du 86e congrès de l'Acfas en mai 2018.

Les auteurs des 12 chapitres de cet ouvrage nous ont montré à partir de leur territoire d'étude et de recherche au Canada, USA, Haïti, France, Algérie, Sénégal, Tunisie, et Mexique de nombreuses situations sur cette relation « ville-changement climatique ». La lumière a été orientée sur la conception des villes pour voir comment doit-on percevoir les futures villes face à ces CC pour les rendre beaucoup plus résilientes, et ont également montré les formes d'adaptation dans certaines villes du monde à travers la végétalisation des villes et l'agriculture urbaine et périurbaine ainsi que d'autres actions.

La planification urbaine est très importante pour développer les villes, elle doit s'épauler sur de nouvelles formes et des outils de planification. La mise en place par la concertation entre les villes du monde d'un guide d'aménagement urbain, actualisé périodiquement, pour mieux gérer le milieu urbain et orienter les interventions dans un cadre d'adaptation aux changements climatiques peut constituer une solution, à court terme, des moins couteuses que peuvent acquérir les villes partout dans ce monde qui se préserve et se construit par tous.

Azzeddine Madani & Christopher Bryant

Bibliographie

Bibliographie

Chapitre 1

BOUINOT J., 2002, *La ville compétitive : les clefs de la nouvelle gestion urbaine*, Economica.
CONVERSE P., 1938, *The elements of marketing, Prentice Hall*, New York.
FERGUENE A., 2011, *Croissance économique et développement : Nouvelles approches*, Éditions Campus Ouvert.
GUEROIS M., 2003, *Les formes des villes européennes vue du ciel*, U.F.R de Géographie, Université Paris Panthéon – Sorbonne. Thèse de Doctorat en Géographie, Université Paris 1, 15 décembre 2003.
KHELADI M. et al. 2005, *Analyse de l'impact de la libéralisation du transport urbain sur le développement de Béjaïa*, Laboratoire de Recherche Economie & Développement, Faculté de Droit et des Sciences Economiques de l'Université Abderrahmane MIRA de Bejaia, novembre 2005, p. 29, Projet de recherche N° M 0601/07/2003.
LAJUGIE J. et al. 1979, *Espace régional et aménagement du territoire*, Dalloz.
MANTZIARAS P. *La ville-paysage : du phénomène au projet*, Ecole d'architecture de Lyon.
MEADOWS D.H. et al. 1972, *the Limits to Growth*, Universe Books, New York.
MONDADA L., 2000, *Décrire la ville : la construction des services urbains dans l'interaction et le texte*, Collection VILLES, Economica.
PLASSARD F., 1999-2000, *Économie spatiale - Chapitre 3. Réseaux et territoires*, Université Lyon 2, Faculté de Sciences Economiques, année 1999-2000.
REILLY W. J., 1931, *The law of retail gravitation*, New York.

Chapitre 2

Bonneuil Christophe, Fressoz Jean-Baptiste, 2013, *L'évènement anthropocène*, Seuil.
Brun-Picard Yannick, 2014a, *L'interface en géographie, jeux et enjeux*, L'Harmattan.
Brun-Picard, Yannick, 2014b, *Géographicité, interface de notre rapport au monde*, L'Harmattan.
Brun-Picard Yannick, 2017, *Interfaces sociétales d'émulation intergénérationnelles, réalités produites par l'enseignement, l'éducation, la formation et l'instruction*, L'Harmattan.
Brun-Picard, Yannick, 2018, *La carte conceptuelle en éducation, pluralité des cheminements d'une conceptualisation*, L'Harmattan.
Chassande Pierre, 2002, *Développement durable, pourquoi ? comment ?*, Édisud.
Dardel Éric, 1990, *L'homme et la terre*, CTHS.
Dauphiné André, 2003, *Risques et catastrophes, observer, spatialiser, comprendre, gérer*, Armand Colin.
Derruau Maurice, 1988, *Précis de géomorphologie*, Masson.

Ferrier Jean-Paul, 1984, *Antée 1, La géographie, ça sert d'abord à parler du territoire, ou le métier des géographes*, Édisud.
Gilli Éric, Mangan Christian, Mudry Jacques, 2004, *Hydrogéologie, objets, méthodes, applications*, Dunod.
Guyot Gérard, 1997, *Climatologie de l'environnement*, Masson.
Kolbert Elisabeth, 2015, *La 6ème extinction, comment l'homme détruit la vie*, Vuibert.
Lemire Gilles, 2008, *Modélisation et construction des mondes de connaissances, aspects constructiviste, socioconstructiviste, cognitiviste et systémique*, PUL.
Neboit René, 1991, *L'homme et l'érosion, l'érosion des sols dans le monde*, Faculté des lettres et des sciences humaines de l'université Blaise Pascal, Clermont Ferrand.
Paccalet Yves, 2006, *L'humanité disparaîtra, bon débarras*, Arthaud.
Peiger Philippe, Baumann Nathalie, 2018, *Végétalisation biodiversité et biosolaire des toitures*, Eyrolles.
Ramade François, 2012, *Éléments d'écologie, écologie appliquée : action de l'Homme sur la biosphère*, Dunod.
Vallaux Camille, 1929, *Les sciences géographiques*, Félix Alcan.
Wachermann Gabriel, 2005, *Géographie des risques dans le monde*, Ellipses.

Chapitre 3

De la qualité de vie au diagnostic urbain : vers une nouvelle méthode d'évaluation. Le cas de la ville de Lyon .http//www.certu.fr
Colloque régional et international organisé par le laboratoire CITERES (CNRS – UMR 6173) et l'Université François Rabelais de Tours
L'urbanisation et la gestion des villes dans les pays méditerranéens Evaluation et perspectives d'un développement urbain durable par Claude CHALINE Document préparé pour la Réunion méditerranéenne sur Gestion des villes et développement durable; Barcelone, septembre 2001
https://fr.slideshare.net/YanchivanberAlain/projet-ducatif-culture-urbaine
http://affaires.ma/?p=3568
https://tel.archives-ouvertes.fr/tel-00383228
https://halshs.archives-ouvertes.fr/halshs-00857777
https://fr.slideshare.net/YanchivanberAlain/projet-ducatif-culture-urbaine
http://culturesurbainesad76.e-monsite.com/pages/le-mouvement-des-cultures-urbaines.html#RADjfvVeMGv7igeT.99
https://www.lemoniteur.fr/article/quelle-place-pour-la-culture-dans-l-urbain.353169
https://books.openedition.org/irmc/307?lang=fr
https://editionsladecouverte.fr/catalogue/indexLa_ville_et_l_urbain__l___tat_des_s avoirs-9782707133045.htm
https://calenda.org/193844
https://www.avitem.org/fr/dialogues-urbains
https://www.fabula.org/actualites/la-ville-et-l-urbain-visions-nouvelles-et-regards croises_69496.php
http://www.septentrion.com/fr/livre/?GCOI=27574100663150
https://dijoncter.info/?fragmenter-l-urbain-extraits-du-document-de-synthese-226

Chapitre 4

AKRF (2007). *East River Waterfront Esplanade and Piers: Environmental Impact*. Document officiel préparé pour la Lower Manhattan Development Corporation. Document officiel : New York.

Arcadis (2014). *Southern Manhattan Coastal Protection Study : Evaluating the Feasibility of a multi-purpose levee*. Préparé pour la New York City Economic Development Corporation. Document officiel: New York.

Battery Park City Authority (2017). *Wagner Park Site Assessment and South Battery Park City Resiliency Plan*. Document officiel: New York.

Baudoin, T., Collin, M. & Prelorenzo, C. (1997). *Urbanité des cités portuaires*. Paris:L'Harmattan, collection Maritimes.

Blake, E.S. & al. (2013). Tropical Cyclone Report: Hurricane Sandy (AL182012), nhc.noaa.gov, [En ligne]. (http://www.nhc.noaa.gov/data/tcr/AL182012_Sandy.pdf). Page consultée le 20 août 2018.

Bone, K. & al. (2004). *New York Waterfront: Evolution and Building Culture of the Port and Harbor*. New York: The Monacelli Press. [1997]

Breen, A. & Rigby, D. (1994). *Waterfronts : Cities Reclaim their Edge*. New York : McGraw Hill.

Brownill, S. (2013). Just add water. Waterfront regeneration as a global phenomenon, in M. Leary & J. McCarthy (eds.), *The Routledge Companion to Urban Regeneration*, Londres : Taylor & Francis group, p. 45-55.

Bruttomesso, R. (1993). *Waterfronts. A New Frontier for Cities on Water*. Venise : International Centre Cities on Water.

City of New York (2002). *A Vision for Lower Manhattan. Context and Program for the Innovative Design Study*. Document officiel: New York.

City of New York (2004). *Transforming the East River Waterfront*. Document officiel: New York.

City of New York (2013). *A Stronger, More Resilient New York*. Document officiel: New York.

City of New York (2015a). *East Side Coastal Resiliency Project, CB3/CB6 Joint Task Force, 9 juillet 2015*, [En ligne]. (https://www1.nyc.gov/assets/escr/downloads/pdf/community-task-force-presentation-20150709.pdf). Page consultée le 2 septembre 2018.

City of New York (2015b). *East Side Coastal Resiliency Project, Community Workshop, Project Area 1, 20-28 mai 2015*, [En ligne]. (https://www1.nyc.gov/assets/escr/downloads/pdf/round-2-design-workshops-presentation-area-1.pdf). Page consultée le 2 septembre 2018.

City of New York (2015c). *East Side Coastal Resiliency Project, Gouverneur Gardens, 29 octobre 2015*. [En ligne]. (https://www1.nyc.gov/assets/escr/downloads/pdf/Stakeholder-Meeting-Gouverneur-Gardens-151029.pdf). Page consultée le 2 septembre 2018.

City of New York (2015d). *One New York. The Plan for a Just and Strong City*. Document officiel: New York.

City of New York (2017b). *East Side Coastal Resiliency Project, CB3/CB6 Joint waterfront task force, 31 janvier 2017*. [En ligne]. (https://www1.nyc.gov/assets/escr/downloads/pdf/ESCR_170131_CB3CB6%20TF_Final.pdf . Page consultée le 2 septembre 2018

City of New York (2017b). *Lower Manhattan Coastal Resiliency Project, Task Force Update, CB1, 17 avril 2017*. [En ligne]. (https://www1.nyc.gov/assets/lmcr/downloads/pdf/170420_TFUpdate_FINAL.pdf). Page consultée le 2 septembre 2018

City of New York (2018). *Lower Manhattan Coastal Resiliency Project, Workshop, 17 avril 2018*. [En ligne]. (https://www1.nyc.gov/assets/lmcr/downloads/pdf/LMCRCB1Briefing4.17.184PM.PDF). Page consultée le 2 septembre 2018.

City Planning Commission (2013). *Report*, 6 février 2013. [En ligne]. (https://www1.nyc.gov/assets/planning/download/pdf/about/cpc/130055.pdf). Page consultée le 2 septembre 2018.

Dean, C. (1999). *Against the Tide: The Battle for America's Beaches.* Cornelia Dean. Columbia University Press, 1999.

Desfor, J. & al. (2011). *Transforming Urban Waterfront : Fixity and Flow*. Abingdon, New York : Routledge.

Fletcher, E. (1975). *Counting-house days in South Street : New York's Early brick seaport buildings*. New York: South Street Seaport Museum.

Gastil, R.W. (2002). *Beyond the Edge. New York's New Waterfront*. New York: Princeton Architectural Press.

Gras, P. (2010). *Le temps des ports : Déclin et renaissance des villes portuaires (1940-2010)*. Paris : Tallandier, collection Approches.

Hein, C. (2011). *Port Cities: Dynamic Landscapes and Global Networks*. Abingdon, New York : Routledge.

Leidner, I. (2014). *The Brooklyn Waterfront: Building for a Resilient and Sustainable Future*, projet de baccalauréat. Poughkeepsie, New York : Vassar College, Département d'études urbaines.

Lueck, T.J. (1989). Koch looks to rivers for development, *New York Times*, 12 février 1989.

Marshall, R. (2001). *Waterfronts in Post-Industrial Cities*. Londres: Spon.

New York City Department of Parks (1941). *The Improvement of East River Park*. Document officiel: New York.

New York City Department of Parks (2017). John V. Lindsay East River Park, nycgovparks.org, [En ligne]. (https://www.nycgovparks.org/parks/east-river-park/history). Page consultée le 20 août 2018.

New York City Department of Planning (1992). *New York City Comprehensive waterfront plan : reclaiming the city's edge*. Document officiel : New York.

New York City Planning Department (2011). *Vision 2020. New York City Comprehensive Waterfront Plan*. Document officiel: New York.

New York City Economic Development Corporation (2014). *Transforming Water Street's POPS*. Document officiel: New York.

New York City Planning Commission (1966). *The Lower Manhattan Plan; capital projects*. By Wallace, McHarg, Roberts and Todd; Wittlesey, Conklin and Rossant, and Frank M. Voorhees and Associates. Document officiel: New York.

Norcliffe & al. (1996). The emergence of postmodernism on the urban waterfront : geographical perspectives on changing relationships, *Journal of Transport Geography,* 4, 2, 123-134.
Ovink, H. & Boeijenga, J. (2018). *Too Big. Rebuild by Design: A Transformative Approach to Climate Change.* Rotterdam: Nai010 publishers.
Raulin, A. (2006). Manhattan comme une île, *Ethnologie française*, 3, 36, 467-474.
Rebuild by Design (2015). *Rebuild by Design.* New York : Fergus.
Russel, F.P. (1994). Battery Park City: An American Dream of Urbanism, in B.C. Scheer & W.F.E. Preiser (dir.) *Design Review: challenging urban aesthetic control*, New York: Springer, p. 197-208.
Shaw, B. (2001). History at the water's edge, in R. Marshall (ed.), *Waterfronts in Post-Industrial Cities*, Londres : Spon, p. 160-172.
Shipler, D.K. (1971). Manhattan is expanding out as well as up : Manhattan growing outward as landfill takes over water, *New York Times*, 25 août 1971.
ShoP Architects (2018). Pier 17, *shoparc.com*, [En ligne]. (http://www.shoparc.com/projects/pier-17/). Page consultée le 18 août 2018.
Smith, H. & Garcia-Ferrari, M.S. (2012). *Waterfront Regeneration : Experiences in City-Building.* Londres : Earthscan.
South Street Seaport Museum (1969). *A plan for a vital new historic center in Lower Manhattan.* New York : South Street Seaport Museum.
Tidwell, M. (2006). *The Ravaging Tide. Strange Weather, Future Katrinas, and the Coming Death of America's Coastal Cities.* New York : Free Press.

Chapitre 5

-AMOURI A.(2008) ; La Casbah mémoire de Master, EPAU d'Alger.
-CHABI M.(2009) ; Etude bioclimatique du logement social-participatif de la vallée du M'zab : cas du ksar de Tafilelt. Thèse de Magister en Architecture.
-COTE, M., (2002) « Une ville remplit sa vallée : Ghardaïa » in revue Méditerranée, tome 99 n° 34, France.
-DAAS N.(2012) ; Etude morphologique des agglomérations Vernaculaires auréssiennes, thèse de magistère en architecture, université de Batna.
-HARIDI.F(2013) ; Évaluation de l'impact social, économique et environnemental des risques majeurs d'inondation : cas des villes algériennes.
-AITKACI Ali (2008) ; Ghardaïa, une histoire, une culture et une leçon d'architecture » Ecole polytechnique d'architecture et d'urbanisme, Master EPAU.
-MOSTEFA-KARA.K., (2008) :La menace climatique en Algérie et en Afrique-Les inéluctables solutions-édition Dahlab.
-OUGOUADFEL, H. ,1994 ; Le sacré comme concept pour la formation et la transformation des cités, in revue d'architecture et d'urbanisme (H.T.M) n°2, Editions Arcco, Alger.
-RAPPORT de GIEC 2015 sur les changements climatiques.
-RAPPORT Agence spatiale algérienne (Asal) , Atelier technique sur le rôle des technologies spatiales au service du développement du secteur des ressources en eau.2014

Chapitre 6

-Anselme B., Durand P., Goeldner-Gianella et Bertrand F. (2008). Impacts de l'élévation du niveau marin sur l'évolution future d'un marais maritime endigue : le domaine de Graveyron, bassin d'Arcachon (France). *Vertigo la revue électronique en sciences de l'environnement, vol 8, N°1.* http://vertigo.revues.org.

APAL/MEAT(2001) L'hydraulique des zones humides de Maâmoura, Tazarka et Korba,106 p.

-Cariolet J.M.(2011) Inondation des côtes basses et risques associés en Bretagne :Vers une redéfinition des processus hydrodynamiques liés aux conditions météo océaniques et des paramètres morpho-sédimentaires. Thèse de Doctorat en Sciences de la mer, Université de Bretagne Occidentale, 334 p + annexes

-Bourgou M. (1982) Contribution à l'étude géomorphologique des accumulations dunaires de la presqu'île du Cap Bon. Thèse de 3ème cycle, F.S.H.S.T., publications de l'Université de Tunis, 245p.

-BRAHMI N. (2017) Pressions anthropiques, dynamiques environnementales et risques: cas des lagunes littorales du Cap Bon approche cartographique. Thèse de Doctorat en Sciences Géographiques, Université de Sfax-Tunisie, 375p+ annexes.

-Cariolet J.M, Suanez S., Meur-Férec C. et Postec A. (2012) Cartographie de l'aléa de submersion marine et PPR : éléments de réflexion à partir de l'analyse de la commune de Guissény (Finistère, France). CYBERGEO : EUROPEAN JOURNAL OF GEOGRAPHY [En ligne], Espace, Société, Territoire, document 586, mis en ligne le 02 février 2012, consulté le 14 février 2017. URL : http://cybergeo.revues.org/25077 ; DOI : 10.4000/cybergeo.25077

-Chouari W. (2009) Environnement et risques naturels dans le Grand Tunis: approche cartographique. Thèse de Doctorat en Géographie Physique, Université Paris- Diderot (Paris 7) ; 395p.

-Durand et Heurtefeux (2006) Impact de l'élévation du niveau marin sur l'évolution future d'un cordon littoral lagunaire: une méthode d'evaluation: Exemple des étangs de Vic et de Pierre Blanche (littoral méditerranéen, France). *Annales de Géomorphologie/Annals of Geomorphology/ Zeitschrift für Geomorphologie*, Schweizerbart und Borntraeger, pp.221-244

Eche D. (2009) Les submersions marines dans le Bassin d'Arcachon représentations sociales et Gouvernances du risque. Mémoire de master de Géographie – Environnement, Université Paris1 Panthéon-Sorbonne, 131 pages.

-Egis Bceom International/IAU-IDF/BRGM (2011) Adaptation au changement climatique et aux désastres naturels des villes côtières d'Afrique du Nord. Phase 2 : Plan d'adaptation et de résilience – Tunis, Rapport final, 261p.

-Ennesser Y., Cataliotti D. et Terrier M. (2010) Changement climatique et évaluation des risques côtiers en Afrique du Nord. *Journée sur l'impact du changement climatique sur les risques côtiers* ; 15-16 novembre 2010 ; BRGM, Orléans, France

-Geoidd-Ceta-Betbel (2002) Etude d'assainissement, de valorisation et d'aménagement de la sebkha de Soliman. Phase 1 : Bilan diagnostic et

élaboration des scénarios d'assainissement et de valorisation.
- GIEC (2007) : Bilan 2007 des changements climatiques. Contribution des Groupes de travail I, II et III au quatrième Rapport d'évaluation du Groupe d'experts intergouvernemental sur l'évolution du climat [Équipe de rédaction principale, Pachauri, R.K. et Reisinger, A. GIEC, Genève, Suisse, 103 pages.
- I.H.E. (2000) Elévation accélérée du niveau de la mer en Tunisie: vulnérabilité et adaptation, Rapport préliminaire 2c, Tunis, 85 p.
- Oueslati A. (1993) Les côtes de la Tunisie géomorphologie et environnement et aptitudes à l'aménagement. FSHST, série II géographie, vol. XXXIV, Tunis, 387 p.
- Oueslati A. (2004) Littoral et l'aménagement en Tunisie ; Publications de la Faculté des Sciences Humaines et Sociales de Tunis, 534 p.
- Oueslati A. (2010) Plages et urbanisation en Tunisie : des avatars de l'expérience du XXe siècle aux incertitudes de l'avenir. Revue géographique des pays méditerranéens, n° 115, p. 103 – 116.
- Pedreros R., Lecacheux S., Delvallée E., Balouin Y., Garcin M., Krien Y., Le Cozannet G., Poisson B. et Thiebot J. (2010) Mise en place d'une approche multi-modèles pour évaluer l'exposition du littoral languedocien aux submersions marines dans un contexte de changement climatique (Projet MISEEVA). *Journée sur l'impact du changement climatique sur les risques côtiers ;* 15-16 novembre 2010 ; BRGM, Orléans, France.

Chapitre 7

Aguiar, E. & Acle-Tomasini, G. (2012).Resiliencia, factores de riesgo y protección en adolescentes mayas de Yucatán: elementos para favorecer la adaptación escolar. ACTA COLOMBIANA DE PSICOLOGIA. Bogotá: Universidad Católica de Colombia, pp. 53-64.

Alguacil, J. (2009). Reconquistar la ciudad para satisfacer las necesidades humanas. *Papeles de relaciones ecosociales y cambio global*(106).Madrid: Fundación Benéfico-Social Hogar del Empleado (FUHEM), pp. 61-71.

Arrieta, E. (2013). Las aguas bravas de la Acequia Grande. *El Siglo de Durango*. Durango:El Siglo de Durango.https://www.elsiglodedurango.com.mx/noticia/446787.las-aguas-bravas-de-la-acequia-grande.html(29/06/2018).

Ayuntamiento de Durango. (2016). *Programa de Desarrollo Urbano 2015 del Centro de Población Victoria de Durango*.Durango:Municipio de Durango, 64 p.

Banco Mundial (2012). México: Mejor evaluación del riesgo de desastres para minimizar pérdidas financieras. *Noticias*. Washington DC: World Bank. http://www.bancomundial.org/es/news/feature/2012/06/25/mexico-and-the-world-bank-together-to-reduce-the-impact-of-natural-disasters (08/05/2018).

Becoña, E. (2006).La resiliencia en la psicología social. *Revista de Psicopatología y Psicología Clínica* Vol. 11 núm. 3. Valencia: Asociación Española de Psicología Clínica y Psicopatología, pp. 125-146. http://aepcp.net/arc/01.2006(3).Becona.pdf (21/10/2013).

Beck, U. (2002). *La Sociedad del Riesgo Global*. Madrid: Siglo XXI Editores. 300 p.

Bellet, C. & Llop, J. (2004). Miradas a otros espacios urbanos: Las ciudades intermedias. *Scripta Nova. Revista Electrónica de geografía y ciencias sociales. Vol. VIII, núm. 165*. Barcelona: Universidad de Barcelona. http://www.ub.edu/geocrit/sn/sn-165.htm(10/10/2018).

Carabias, J. & Provencio, E. (1992). El enfoque del desarrollo sustentable. Una nota introductoria. *Problemas del Desarrollo. Revista Latinoamericana de Economía (82)*. México: Instituto de Investigaciones Económicas UNAM, pp. 1-13. http://enpro.mx/publica/enfoquel.pdf (02/02/2018).

Cardona, O. (2001). *Estimación holística del riesgo sísmico utilizando sistemas dinámicos complejos*. Barcelona: Universitat Politècnica de Catalunya. 300 p.

Cardona, O. (2012). Un marco conceptual común para la gestión del riesgo y la adaptación al cambio climático: encuentros y desencuentros de una iniciativa insoslayable. Briones, F. (Coord.). *Perspectivas de Investigación y acción frente al cambio climático en America Latina. Número especial de Desastres y Sociedad*. Mérida: La Red de Estudios Sociales en Prevención de Desastres en América Latina (LA RED). 281 p.

Cardona, O., Lavell, A., Mansilla, E. & Martín, A. (2005). *Avances en las estrategias de desarrollo institucional y sostenibilidad financiera de la gestión del riesgo de desastres en América Latina y el Caribe*. Washington: Banco Interamericano de Desarrollo (BID). 178 p. http://services.iadb.org/wmsfiles/products/Publications/762732.pdf(25/01/2018).

Carrión, F. (1994). Las ciudades intermedias en el contexto de la urbanización ecuatoriana: un intento de interpretación. *Revista Interamericana de Planificación,* 19 (73). Quito: Sociedad Interamericana de Planificación, pp. 129-147.https://works.bepress.com/fernando_carrion/59/(21/06/2018).

Carrión, F. (2013). Ciudades intermedias: entre una pirámide trunca y una red urbana en construcción. Canziani, J. & Schejtman, A. (Coord.). *Ciudades intermedias y desarrollo territorial*. Lima: Fondo Editorial Pontificia Universidad Católica del Perú, pp. 21-31.

CEPAL (2017). *CEPALSTAT-Base de Datos*. Santiago de Chile: Comisión Económica para América Latina y el Caribe (CEPAL). http://interwp.cepal.org/sisgen/ConsultaIntegrada.asp?IdAplicacion=22&idTema=703&idIndicador=1837&idioma=e (26 /03/ 2017).

CIMAV-Durango (2018). *Investigación: Lineas de Investigación y Docencia*. Durango: Centro de Investigación en Materiales Avanzados, S. C. Unidad Durango. http://dgo.cimav.edu.mx/lineas-de-investigacion/ (08/04/2018).

Cutter, S. Barnes, L., Berry, M. Burton, C., Evans, E., Tate, E. & Webb, J. (2008). *Community and regional resilience: Perspectives from hazards, disasters and emergency management. CARRI Research Report 1*. Oak Ridge: Community & Regional Resilience Initiative.http://www.resilientus.org/wp-content/uploads/2013/03/FINAL_CUTTER_9-25-08_1223482309.pdf(01/10/ 2018).

Dávila, J. D. (2008). *Desarrollo de la Gestión del Riesgo por fenómenos de origen natural y antrópico en el Municipio de Medellín durante el periodo 1987 – 2007*. Medellín: Universidad De Antioquia. 109 p.

Graizbord, B. (2011). Sustentabilidad Urbana: Frase vacía o estrategia del desarrollo urbano. Graizbord, B. & Monteiro, F. (Coord.). *Megaciudades y cambio climático*. México: El Colegio de México, pp. 27-45.

Gobierno Municipal de Durango & SEDESOL (2012). *Atlas de riesgos naturales del Municipio Durango*. Durango: Secretaria de Desarrollo Social, 289 p. http://www.anr.gob.mx/PDFMunicipales/2012/10005_Durango.pdf(08/04/2018).

Godschalk, D. (2003). Urban Hazard Mitigation: Creating Resilient Cities. *Natural Hazards Review 4*. Reston: American Society of Civil Engineers (ASCE), pp. 136-43.http://folk.ntnu.no/jochenk/Lit_Resilience/2_Value_Resilience/M11Urban_Hazard_Mitigation_Creating_Resilient_Cities.pdf (01/10/2018).

Gutman, V. & López, A. (2017). Producción verde y ecoinnovación. Rovira, S., Patiño, J., Schaper, M. *Ecoinnovación y Producción Verde. Una revisión sobre las políticas de América Latina y El Caribe*. Santiago de Chile: CEPAL, pp. 21-41.

Hofliger, R. (2014). *La solvencia del seguro en América Latina*. Mexico: Swiss Re. http://www.swissre.com/latin_america/insurance_solvency_regulation_latam_sp.html(13/10/2018).

IPCC (2012). Resumen para responsables de políticas. *Informe especial sobre la gestión de los riesgos de fenómenos meteorológicos extremos y desastres para mejorar la adaptación al cambio climático*. Nueva York: Grupo Intergubernamental de Expertos sobre el Cambio Climático, 32 p. https://www.ipcc.ch/pdf/special-reports/srex/IPCC_SREX_ES_web.pdf(01/10/2018).

IPCC (2013). *Climate Change 2013. The Physical Science: Basis Summary for Policymakers*. Bern: Intergovernmental Panel on Climate Change, 27 p. https://www.ipcc.ch/pdf/assessment-report/ar5/wg1/WGIAR5_SPM_brochure_en.pdf (16/01/2018).

Jeffery, C. R. (1971). *Crime prevention through environmental design*. Beverly Hills: SAGE Publications, 291 p.

Lavell, A. (2001). *Riesgo y Desastres en América Latina: Cambios y evolución en la teoría y la práctica: 1980:2001. Una aproximación a los aportes de La Red*. Barcelona: Universidad de Barcelona.

Lobo, N. (2012). Sistemas de seguros, reaseguros y transferencia de riesgos. *Plataforma Regional para la reducción de riesgo de desastres en las Américas III sesión*. Santiago de Chile: UNISDR. https://vdocuments.mx/sesion-tematica-4-inversion-publica-y-herramientas-financieras-para-rrd.html

Maldonado, S. (2017). Otorgarán seguro para vivienda con pago del predial. *El Siglo de Durango*. Durango:El Siglo de Durango. https://www.elsiglodedurango.com.mx/noticia/929784.otorgaran-seguro-para-vivienda-con-pago-del-predial.html(08/04/2018).

Meadows, D., Meadows, D. & Randers, J. (2012). *Les limites à la croissance (Dans un monde fini): Le rapport Meadows, 30 ans après*. Montréal : Les Éditions Écosociété. 35 p.

Olcina, J. (2008). *Prevención de riesgos: cambio climático, sequía e inundaciones. Panel científico-técnico de seguimiento de la política del agua*. Alicante:

Universidad de Alicante. 240 p.
https://fnca.eu/images/documentos/politica/informes/anexo.pdf (16/01/2018).

ONU (2015). Tema 15: Resiliencia Urbana. *Conferencia de las Naciones Unidas para la Vivienda y el Desarrollo Urbano Sostenible: Habitat III*. Quito: Organización de las Naciones Unidas, 10 p. http://habitat3.org/wp-content/uploads/Issue-Paper-15-Urban-Resilience.pdf(01/10/2018).

ONU & Habitat (2016). *Índice de Prosperidad de las Ciudades. Guía Metodológica*. México: Programa de Naciones Unidas para los Asentamientos Humanos, 134 p.
https://www.academia.edu/11017658/%C3%8Dndice_de_Ciudades_Pr%C3%B3speras (05/02/2018).

Oswald, Ú., Serrano, E., Flores, F., Ríos, M., Gúnter, H., Ruiz, T., Lemus, C. & Cruz, M. (2013). *Vulnerabilidad Social y Género entre Migrantes Ambientales*. Cuernavaca: Universidad Nacional Autónoma de México (UNAM).
https://www.crim.unam.mx/web/sites/default/files/Libro_14_08.pdf(01/10/2018).

Revet, S. (2011). El mundo internacional de las catástrofes naturales. *Política y Sociedad, 48 (3)*. Madrid: Universidad Complutense de Madrid, pp. 537-554.
http://revistas.ucm.es/index.php/POSO/article/view/36424/36920(21/01/2018).

Rivas, E. M., Aparicio, C. & Páez, L. D. (2017). Reseña histórica sobre políticas de transferencia de riesgo de desastres en América Latina y el Caribe. *Anales de la Universidad Metropolitana*. Caracas: Universidad Metropolitana. http://ares.unimet.edu.ve/academic/revista/index.html#(06/10/2018).

Rodríguez, J. & Villa, M. (1998). Distribución espacial de la población, urbanización y ciudades intermedias: hechos en su contexto. Jordan, R. & Simioni, D. *Ciudades intermedias de América Latina y el Caribe: propuestas para la gestión urbana*. Santiago de Chile: Comisión Económica para América Latina y el Caribe (CEPAL) – Ministero degli Affari Esteri Cooperazione Italiana (MAE), pp. 23-68.

Romero, G. & Maskrey, A. (1993). Cómo entender los Desastres Naturales. Maskrey, A. (Coord.). *Los Desastres No Son Naturales*. Panamá: La Red de Estudios Sociales en Prevención de Desastres en América Latina (LA RED), pp. 6-10.

Rusticucci, M. (2013). *El Cambio Climático, últimos resultados a partir del reporte del CC 2013, base de ciencia física.*México: Panel Intergubernamental sobre Cambio Climático (IPCC).http://www.cinu.mx/minisitio/Panel_IPCC/re/(04/03/2017).

SEDESOL & CONAPO (2012). *Sistema Urbano Nacional 2012*. México: Secretaria de Desarrollo Social – Consejo Nacional de Población. http://conapo.gob.mx/work/models/CONAPO/Resource/1539/1/images/ParteslaV.pdf(07/03/2017).

SELA (2010). *Mecanismos financieros, seguro y reaseguro contra desastres naturales en América Latina y el Caribe. Experiencias recientes*: Caracas: Sistema Económico Latinoamericano y del Caribe. 49 p.

SENER&Banco Mundial (2015). *Evaluación Rápida del Uso de la Energía: Durango, Durango, México.*Durango: Secretaria de Energía. https://www.gob.mx/cms/uploads/attachment/file/171259/10__Durango.pdf (14/10/2018).

Trujillo, M. A. (2006). La resiliencia en la psicología social. *Psicología Online.* Barcelona: Psicología-Online.http://www.psicologia-online.com/articulos/2006/resiliencia_social.shtml (20/10/2017).

UN (1998). *Kyoto Protocol to the United Nations Framework Convention on Climate Change.* Kyoto: United Nations. 21 p. https://unfccc.int/resource/docs/convkp/kpeng.pdf (27/01/2018).

UN (2012). *Green Economy in the Context of Sustainable Development and Poverty Eradication: A Latin American and Caribbean Perspective.* Ecuador: United Nations. 16 p. http://www.pnuma.org/forodeministros/18-ecuador/Reunion%20Expertos/Informe%20Economia%20Verde/ENGLISH%20Economia%20Verde%2016%20DEC%202011.pdf (20/04/2018).

UNDP (2015). *Sustainable Development Goals.* New York: United Nations Development Programme. 21 p. http://www.undp.org/content/dam/undp/library/corporate/brochure/SDGs_Booklet_Web_En.pdf (28/01/2018).

UNISDR (2012). *How to make cities more resilient A Handbook for Local Government Leaders.* Geneva: The United Nations Office for Disaster Risk Reduction, 100 p. https://www.unisdr.org/files/26462_handbookfinalonlineversion.pdf (07/02/2018).

Yamin, L. E., Ghesquiere, F., Cardona O. D. & Ordaz, M. G. (2013). *Modelación probabilista para la gestión del riesgo de desastre. El caso de Bogotá, Colombia.* Bogotá: Banco Mundial. http://www.observatorioubogrd.cl/descargas/MODELACION%20PROBABILISTICA%20PARA%20LA%20GRD.pdf

Chapitre 8

- Allen, Craig D., Macalady, Alison K., Chenchouni, Haroun, *et al.* 2010, A global overview of drought and heat-induced tree mortality reveals emerging climate change risks for forests. *Forest ecology and management*, vol. 259, no 4, p. 660-684.
- Bindi, M. & Moriondo, M. 2005, Impact of a 2 C global temperature rise on the Mediterranean region: Agriculture analysis assessment. *Climate change mpacts in the Mediterranean resulting from a*, vol. 2, p. 54-66.
- Brunette, J., 2009, Etalement urbain en région montréalaise : Impacts et aménagement durable,
- Cabannes, Y. et Marrocchino, C., 2018, Integrating food into urban planning,
- De Biasi, L., Lagneau, A., Aubry, C. et Danien, A-C, 2018, L'agriculture urbaine au cœur des projets de ville : Une diversité de formes et de fonctions. IAU-IDF N° 779. 6 p.

- FAO, 2004, L'eau, l'agriculture et l'alimentation. Une contribution au Rapport mondial sur la mise en valeur des ressources en eau.
- Gauquelin, T., Michon, G., Joffre, R., *et al.* 2016, Mediterranean forests, biocultural heritage and climate change : a social-ecological perspective.
- Hocine M., 2011. Comment concilier activité agricole et urbanisation ? Un défi pour notre planification urbaine. Vies de Villes, Hors Série n° 2, février 2011.
- Le Houérou, H. N. 1992, Vegetation and land use in the Mediterranean basin by the year 2050: a prospective study. *Climatic Change and the Mediterranean*, vol. 1, p. 175-232.
- Lionello, P., Abrantes, F., GACIC, Miroslav, *et al. 2014,* The climate of the Mediterranean region: research progress and climate change impacts.
- MIN. ENV, Ministère de l'Environnement, Direction Générale, 2001, Élaboration de la stratégie et du plan d'action national des changements climatiques.
- Morgan, K., 2009, Feeding the City: The Challenge of Urban Food Planning. International Planning Studies, p. 341 à348.
- PDAU d'Alger, 2015, Livrable 2, Les agri-parcs urbains. Stratégie transitoires. Normes provisoires.
- Robert, M. & Saugier, B. 2003, Contribution des écosystèmes continentaux à la séquestration du carbone. *Comptes Rendus Geoscience*, vol. 335, no 6-7, p. 577-595.
- Saci, H., Berezowska-Azzag, E., 2016, Intégration de l'activité agricole dans la programmation et l'aménagement urbains au service de la résilience métropolitaine à Alger.
- Sire, C. C. M. 2012, *Décroissance volontaire et perspectives en matière d'alimentaire*. Thèse de doctorat. Faculdade de Ciências Sociais e Humanas, Universidade Nova de Lisboa.
- Smit, J., Nasr, J. et Ratta, A., 2001, Urban Agriculture. Food, Jobs and Sustainable Cities.
- Sonnino, R., 2016, The new geography of food security: exploring the potential of urban food strategies. Geographical Journal, p.190 à 200.
- Torre, A., Traversac, J-B., Darly, S. et Melot, R., 2013, Paris, métropole agricole ? Quelles productions agricoles pour quels modes d'occupation des sols, *Revue d'Économie Régionale & Urbaine*, p 561 à 593.
- Urban, L. Et Urban, I., 2017 Sauver les plantes pour sauver l'humanité. Humensis.
- Wiskerke, J. S., 2015, Urban food systems, *Cities and Agriculture: Developing Resilient Urban Food Systems*, De Zeeuw, H., Drechsel, pp. 1 à 25. 71 pp en tout.

Chapitre 9

Agence nationale de la statistique et de la démographie (ANSD). (2015). *Situation économique et Sociale régionale 2014*. Repéré à http://www.ansd.sn/ressources/ses/chapitres/2-population-dakar2014.pdf

Agence nationale de la statistique et de la démographie (ANSD). (2018). *Situation économique et sociale du Sénégal en 2015*. Repéré à http://www.ansd.sn/ressources/ses/chapitres/1-SES-2015_Etat-structure-population.pdf

Agence nationale de la statistique et de la démographie (ANSD). (2015). *Rapport projection de la population due Sénégal 2013-2063*. Repéré à http://www.ansd.sn/ressources/publications/Rapport%20final%20Projection%20-BECPD__12%20Aout_2015__DSDS_vfN.pdf

Agence nationale de la statistique et de la démographie (ANSD). (2017). *Enquête nationale sur l'emploi au Sénégal, quatrième trimestre 2017*. Repéré à http://www.ansd.sn/ressources/publications/Rapport_ENES_TRIM4_2017_26_03_Vf.pdf

Agence nationale de la statistique et de la démographie (ANSD). (2018). *Agriculture Dakar*. Document inédit

Arecchi, A. (1985). *Dakar. Cities*, 2(3), 198-211. Repéré à https://www.sciencedirect.com/science/article/pii/0264275185900307

Diao, M. B. (2004). *Situation et contraintes des systèmes urbains et périurbains de production horticole et animale dans la région de Dakar. Cahiers Agricultures*, 13(1), 39-49. Repéré à http://www.jle.com/fr/revues/agr/e-docs/situation_et_contraintes_des_systemes_urbains_et_periurbains_de_production_horticole_et_animale_dans_la_region_de_dakar__261857/article.phtml?tab=texte

Ba, A., & Cantoreggi, N. L. (2018). *Agriculture urbaine et périurbaine (AUP) et économie des ménages agri-urbains à Dakar (Sénégal). International Journal of Environment, Agriculture and Biotechnology*, 3(1), 195-207. Repéré à https://archive- ouverte.unige.ch/unige:102771

Badiane et Mbaye (2018). *Zones humides urbaines à double visage à Dakar : opportunité ou menace ?* Sciences Eaux & Territoires, la revue d'Irstea, Article hors-série numéro 51. Repéré à http://www.set-revue.fr/sites/default/files/articles/pdf/set-revue-zones-humides-dakar.pdf

Banque Mondiale. (2018, 26 novembre). *Sénégal -Vue d'ensemble*. Repéré à https://www.banquemondiale.org/fr/country/senegal/overview

Banque Mondiale. (2019). *Population urbaine*. Repéré à https://donnees.banquemondiale.org/indicator/SP.URB.TOTL

Bernard, C., Dufour, A., & Angelucci, M. A. (2005*). L'agriculture périurbaine : interactions sociales et renouvellement du métier d'agriculteur. Économie rurale.Agricultures, alimentations, territoires*, (288), 70-85.

Cairol, D., Coudel, E., Knickel, K., Caron, P., & Kröger, M. (2009). *Multifunctionality of agriculture and rural areas as reflected in policies: The importance and relevance of the territorial view*. Journal of Environmental Policy & Planning, 11(4), 269-289.

Cissé, I ; Fall A S ; Fall S.T. (2001). *Caractéristiques de la zone des Niayes. Dans Fall, S T. et Fall, A S. (dir.). Cités horticoles en sursis ? L'agriculture urbaine dans les grandes Niayes au Sénégal*. Ottawa, Canada : Bibliothèques nationales du Canada. Repéré à https://apad.revues.org/pdf/263

Dasylva, S., & Cosandey, C. (2005). *L'exploitation de la Nappe des Sables Quaternaires pour l'alimentation en eau potable de Dakar: une offre compromise par l'insuffisance de la recharge pluviométrique*. Géocarrefour, 80(4), 349-358.

David-Benz, H., Diop, M., Fall, C., & Wade, I. (2010). Oignon: une production en plein essor pour répondre à la demande urbaine. *L'agriculture sénégalaise à l'épreuve du marché*, 171-196. Repéré à https://www.researchgate.net/profile/Helene_DAVID-BENZ/publication/235937357_Oignon_une_production_en_plein_essor_pour_repondre_a_la_demande_urbaine/links/0fcfd51481857ee85a000000.pdf

De Andrés, E. Á., Güell, J. M. F., & Smith, H. (2015). *Instruments for analysing urban conflicts in the Global South: The case of urban transformation processes in Dakar*. Habitat International, 49, 187-196.

Diagne, Faye et Fillaut (2013). *Rapport technique : Réalisation d'un diagnostic énergétique et bilan des émissions de gaz à effet de serre du Plan Climat Territorial Intégré de Dakar*. Repéré à http://docplayer.fr/29207106-Realisation-d-un-diagnostic-energetique-et-bilan-des-emissions-de-gaz-a-effet-de-serre-du-plan-climat-territorial-integre-de-dakar.html

Diallo, Y. (2014). Dakar, métropole en mouvement : recomposition territoriale et enjeux de la gouvernance urbaine à Rufisque (Doctoral dissertation, Université de Lorraine). Repéré à http://docnum.univ-lorraine.fr/public/DDOC_T_2014_0370_DIALLO.pdf

Diop, A B. (2009). *Plan Directeur d'urbanisme de Dakar « Horizon 2025 » Etude de cas : Dakar*. Communication présentée à l'atelier sur la méthodologie et outils d'élaboration des plans locaux de développement. Niamey du 06 au 11 avril 2009. Repéré à http://www.cifalouaga.org/niamey/exposes/Module3/Pr%C3%A9sentation%20PDU%20DAKAR%20HORIZON%202025.pdf

Osman-Elasha, B., & Perlis, A. (2009). *Impacts des changements climatiques, adaptation et liens avec le développement durable en Afrique*. Repéré à http://www.fao.org/3/i0670f/i0670f03.htm

Fall, M. (1986). *Environnements sédimentaires quaternaires et actuels des tourbières des Niayes de la grande cote du Sénégal*. (Thèse de doctorat université Cheikh Anta diop de Dakar). Repéré à http://horizon.documentation.ird.fr/exl-doc/pleins_textes/pleins_textes_7/carton04/27625.pdf

Funk, C. C., Rowland, J., Adoum, A., Eilerts, G., Verdin, J., & White, L. (2012). *A climate trend analysis of Senegal (No. 2012-3123)*. US Geological Survey. Doi: https://doi.org/10.3133/fs20123123

Fleury, A. et Moustier P. (1999). *L'agriculture périurbaine, infrastructure de la ville durable*. Cahiers Agricultures. 8, p. 281-287. Repéré à http://revues.cirad.fr/index.php/cahiersagricultures/article/view/30184/29944

Garrigou et al. (2013). *La région de Dakar, un territoire riche et vulnérable, dynamique et dépendant : Diagnostic croisé*. Document inédit

Gaudicheau, F. (2007). *La multifonctionnalité, un concept pour les agriculteurs ou pour les territoires. Mémoire de Master, 1*.

Gaye, A. T., Lo, H. M., Sakho-Djimbira, S., Fall, M. S., & Ndiaye, I. (2015). *Sénégal : Revue du contexte socioéconomique, politique et environnemental*. Repéré http://iedafrique.org/IMG/pdf/Revue_Resilience_Croissance_et_changement_climatique_au_Senegal.pdf

Groupe de recherches et de Réalisations pour le Développement Rural (GRDR) et la Fondation Nicolas Hulot, (2015). *Le système alimentaire de la région de Dakar. Etat des lieux et perspectives face aux enjeux du changement climatique*. Repéré à http://www.grdr.org/IMG/pdf/pcti_bd.pdf

Gueye, C., Fall, A. S., & Tall, S. M. (2015). *Dakar, Touba and the Senegalese cities network produced by climate change*. Current Opinion in Environmental Sustainability, 13, 95-102. Repéré à https://www.sciencedirect.com/science/article/pii/S1877343515000238

Guillaumin, et al. (2008). *Demandes de la société et multifonctionnalité de l'agriculture : attitudes et pratiques des agriculteurs*. Le Courrier de l'environnement de l'INRA56(56), 45-66.,

Gulyani, S., Bassett, E. M., & Talukdar, D. (2014*). A tale of two cities: A multi-dimensional portrait of poverty and living conditions in the slums of Dakar and Nairobi*. Habitat International, 43, 98-107. Repéré à https://www.sciencedirect.com/science/article/pii/S0197397514000022

JICA (Agence japonaise de coopération internationale). (2014). *Mission de Collecte d'Informations pour l'Approvisionnement en Eau de la Région de Dakar*. Repéré à http://open_jicareport.jica.go.jp/pdf/12148581.pdf

Knickel, K., & Renting, H. (2000). *Methodological and conceptual issues in the study of multifunctionality and rural development. Sociologia ruralis, 40*(4), 512-528. Repéré à : http://onlinelibrary.wiley.com/doi/10.1111/1467-9523.00164/full

Kone, K. G. (2012). *L'équité de l'accès aux soins dans un contexte de subvention des médicaments : une analyse économétrique des déterminants du recours aux soins à Dakar*. Repéré à http://www.documentation.ird.fr/hor/fdi:010058745

Leclercq, R. (2017). *The politics of risk policies in Dakar, Senegal*. International journal of disaster risk reduction, 26, 93-100. Repéré à https://www.sciencedirect.com/science/article/pii/S2212420917302704

Meyer, L. A. (2014). *Changements climatiques 2014 : rapport de synthèse : contribution des Groupes de travail I, II et III au cinquième Rapport d'évaluation du Grouped'experts intergouvernemental sur l'évolution du climat*. Repéré à : https://www.ipcc.ch/site/assets/uploads/2018/02/SYR_AR5_FINAL_full_fr.pdf

Ministère de l'environnement et de la protection de la nature du Sénégal. (2010). *Deuxième communication nationale du Sénégal, Convention cadre des* nations unies sur les changements climatiques. Repéré à http://unfccc.int/files/national_reports/non-annex_i_natcom/submitted_natcom/application/pdf/rapport_final_2010.pdf

Moustier, P., & Fall, S. A. (2004). *Les dynamiques de l'agriculture urbaine : caractérisation et évaluation. Développement durable de l'agriculture urbaine en Afrique francophone. Enjeux, concepts et méthodes.* Ottawa : Montpellier and DRC, 23-43

Mundler, P. et Ruiz, J. (2015). *Analyse des enjeux de la multifonctionnalité de l'agriculture québécoise dans les zones d'intensification agricole et sous forte influence urbaine.* Repéré à : https://agriculture-etterritoires.fsaa.ulaval.ca/fileadmin/Fichiers/Recherche/Axe_Multifonctionnalite_et_gouvernance/Mundler_Ruiz_MFA_RapportSynthese_BasseResolution_2015.pdf

Ndao, M. (2012). *Dynamiques et gestion environnementales de 1970 à 2010 des zones humides au Sénégal: étude de l'occupation du sol par télédétection des Niayes avec Djiddah Thiaroye Kao (à Dakar), Mboro (à Thiès et Saint-Louis)* (Thèse de doctorat, Université Toulouse le Mirail-Toulouse II).

Ngom, S., Seydou, T., Thiam, M. B., & Anastasie, M. (2012). Contamination des produits agricoles et de la nappe phréatique par les pesticides dans la zone des Niayes au Sénégal. *Synthèse : Revue des Sciences et de la Technologie, 25*(1), 119-130. Repéré à : https://www.ajol.info/index.php/srst/article/view/117245

Pluvinage, J. (2010). *La multifonctionnalité de l'agriculture, renouvellement du rapport des agriculteurs au territoire ou simple adaptation à l'évolution de la politique agricole. La multifonctionnalité de l'agriculture et des territoires ruraux*, 61.

Secrétariat exécutif conseil national de sécurité alimentaire (2015). *Stratégie nationale desécurité alimentaire et de résilience (SNSAR) 2015-2035.* Dakar, Sénégal

Sène, A., Sarr, M. A., Kane, A., & Diallo, M. (2018). *L'assèchement des lacs littoraux de la grande côte du Sénégal : mythe ou réalité ? Cas des lacs Thiourour Warouwaye et Wouye de la banlieue de Dakar. Journal of Animal &Plant Sciences, 35*(2),5623-5638. Repéré à : http://m.elewa.org/Journals/wp-content/uploads/2018/03/2.Sene_.pdf

Sonia, P.M.A. (2014). *Quel équilibre entre sécurité et compétitivité alimentaires pour le système agricole sénégalais : le cas de la chaîne de valeur des fruits et légumes* (Mémoire de maitrise en science politique, Université du Québec à Montreal). Repéré à : http://www.archipel.uqam.ca/6670/1/M13492.pdf

Sposito, T. (2010*). Agriculture urbaine et périurbaine pour la sécurité alimentaire en Afrique de l'ouest. Le cas des micro-jardins dans la municipalité de Dakar.* Repéré à : https://air.unimi.it/retrieve/handle/2434/150156/130731/phd_unimi_R07359.pdf

Tandia AA, Gaye CB, Faye A. *Origine des teneurs élevées en nitrates dans la nappe phréatique des sables quaternaires de la région de Dakar, Sénégal.* Sécheresse 1997; 8: 291 -4. Repéré à https://www.jle.com/download/sec-272424-origine_des_teneurs_elevees_en_nitrates_dans_la_nappe_phreatique_de s_sables_quaternaires_de_la_region_de_dakar_senegal-univ_montreal-XGWyQH8AAQEAABHqM1oAAABR-u.pdf

Thiébaut, L. (1996). *Les fonctions environnementales de l'agriculture périurbaine. Cahiers Agricultures,* 5(3), 171-177.

Tounkara, S. (2015). *La valorisation des déchets organiques dans l'agriculture" péri-urbaine" à Dakar (Sénégal) : analyse d'une multifonctionnalité stratégique* (Thèse de doctorat, Université Toulouse le Mirail-Toulouse II). Repéré à https://tel.archives-ouvertes.fr/tel-01257664/

Quensière, J., et al. (2013). *Vulnérabilités de la région de Dakar au changement climatique : PCTI-Dakar.* Repéré à http://horizon.documentation.ird.fr/exl-doc/pleins_textes/divers15-04/010064383.pdf

Weissenberger, S., et al. (2016). *Changements climatiques, changements du littoral et évolution de la vulnérabilité côtière au fil du temps : comparaison de territoires français, canadien et sénégalais.* VertigO-la revue électronique en sciences de l'environnement **16**(3).

Wilson, G. A. (2009). *The spatiality of multifunctional agriculture: A human geography perspective. Geoforum,* 40(2), 269-280

Chapitre 10

Andrews Gavin J., Phillips D. R., (2005). Ageing and Place: Perspectives, Policy, Practice ». London: Routledge Studies in Human Geography.

Beltrando G., (2011). Les climats: Processus, variabilité et risques. Paris: Armand Colin.

Bertrand N., Bierry A., (2016). Gestion intégrée des territoires et des écosystèmes Introduction. Sciences Eaux & Territoires 2016/4 (Numéro 21), p. 2-5.

Bigo M., Depeau S., (2014). L'inclusion à la ville des personnes âgées : entre déprise et citadinité, Norois. , 11-22.

Bilal U., Díez J., Alfayate S., Gullón P., Del Cura I., Escobar F., Sandín M., (...), Franco M., (2016). Population cardiovascular health and urban environments: The Heart Healthy Hoods exploratory study in Madrid, Spain. In *BMC Medical Research Methodology*, 16 (1), art. no. 104.

Björk J., Albin M., Grahn P., *et al*, (2008). Recreational values of the natural environment in relation to neighbourhood satisfaction, physical activity, obesity and wellbeing. Journal of Epidemiology & Community Health 2008;62:e2.

Borst H. C., et al. (2008). Relationships between street characteristics and perceived attractiveness for walking reported by elderly people. Journal of Environmental Psychology, vol. 28, n° 4, p. 353-361.

Boutefeu E., (2007). La nature en ville : des enjeux paysagers et sociétaux. Géoconfluences.

Campéon A., (2016). Vieillesses isolées, vieillesses esseulées ? Regards sur l'isolement et la solitude des personnes âgées. Gérontologie et société 2016/1 (vol. 38 / n° 149), p. 11-23.

Candau J., (1998). Mémoire et Identité. Paris, PUF.

CAUE28, (2014). Cahier de l'AUE : Architecture et personnes âgées.

Coupleux S., (2013). Populations âgées en ville. In Población y ciudad. Experiencia espacial, Egea C. Sanchez D. dir, Universidad de Granada, Universidad de Nuevo León, UGR edición, Grenade.

Élias, N., (1998). La solitude des mourants. Paris : Christian Bourgois.
Gauthier M., (2006). La ville, l'urbain et le développement durable dans la revue Natures Sciences Sociétés : rétrospectives et prospectives. *Natures Sciences Sociétés*, vol. 14, (4), 383-391.

Ginet P., Wiesztort L., (2014), La place de la mémoire dans les aménagements territoriaux, un enjeu géopolitique. In *Revue géographique de l'est*, n° 53.

Guajardo Quiroga R., Arrambide Olvera J., (2002). Índices de intensidad de contaminación atmosférica: una aplicación para el Área Metropolitana de Monterrey, Nuevo León, México. Revista Internacional de Contaminación Ambiental, n°18.

Grahn, P., Stigsdotter, U.K., (2010). The relation between perceived sensory dimensions of urban green space and stress restoration. Land-scape & Urban Planning, 94, pp. 264–275.

Krause N., (2004), Lifetime trauma, emotional support, and life satisfaction among older adults. The Gerontologist, v. 44, n. 5, p. 615-623.

KT-EQUAL, (2010). A built environment for all ages. Rapport KT-EQUAL.

Laroque G., (2011), Ma maison, c'est mon château. Gérontologie et société 2011/1 vol. 34 / n°136, p. 8-11.

Lauffenburger M., (2010). Urban heat island, climate plan and urban heat waves prevention. In Pollution Atmospherique. Issue SPEC. ISSUE, p. 89-95.

Lawton M.Powell., 1990, « An environmental psychologist ages ». In: Altman, I.; Christense, K. (eds.). Environmental and behavior studies: Emergence of intellectual traditions. New York: Plenum Press, p. 339-363.

Lawton M. P., Nahemow, L., (1973). Ecology and the aging process. In: Eisdorfer, C.; Lawton, M.P. (eds.). The psychology of adult development and aging. Washington: American Psychological Association, p. 619-674.

Levy A., (2016). Climate change, urban heat islands and health effects: Urban planning in Paris. In Environnement, Risques et Sante, Volume 15, Issue 4, July-August 2016, p. 351-356

Long N., Tonini B., (2012). Les espaces verts urbains : étude exploratoire des pratiques et du ressenti des usagers, *VertigO - la revue électronique en sciences de l'environnement* [En ligne], Volume 12 n°2.

MacKerron G., Mourato S., (2013). Happiness is greater in natural environments. Glob. Environ. Change, 23, pp. 992-1000.

Maris V., (2014). Nature à vendre, les limites des services écosystémiques. Dans V. Maris, *Nature à vendre: Les limites des services écosystémiques* Versailles: Editions Quæ. p. 9-64.

Melé P, (2003), Introduction : Conflits, territoires et action publique. In Melé P., Larrue C., Rosemberg M. (coord.), Conflits et territoires. Tours : Presses universitaires François-Rabelais, Maison des sciences de l'homme « Villes et territoire », p. 13-32.

Méral, P., Pesche, D. (2016). Les services écosystémiques: Repenser les relations nature et société. Versailles, France: Editions Quæ.

Peace S., Holland C., Kellaher L., (2006). Environment and Identity in Later Life. Maidenhead: Open University Press.

Ricoeur P., (1992). Entre mémoire et histoire. Thonon-les-Bains, Ed. De l'Albaron.

Ridolfi G., Dumont I., (2006). Promenades pour l'âge d'or dans deux petites villes italiennes. Les annales de la recherche urbaine, 100, pp 97-105.

Roussel I., (2017). La qualité de l'air et ses enjeux. Pollution atmosphérique, n° 220.

Sánchez González D., (2009). Contexto ambiental y experiencia espacial de envejecer en el lugar: el caso de Granada. Papeles de Población v. 15, n°60, p. 175–213.

Sánchez González D., (2015). Ambiente físico-social y envejecimiento de la población desde la Gerontología Ambiental y Geografía. Implicaciones socioespaciales en América Latina. Revista de Geografía Norte Grande, n°60, p. 97-114.

Van Dillen SME, de Vries S, Groenewegen PP, Spreeuwenberg P., (2012). Greenspace in urban neighbourhoods and residents' health: Adding quality to quantity. Journal of Epidemiology and Community Health, 66(6),e8.

Wahl H. W., Lang F., (2003). Aging in context across the adult life: Integrating physical and social perspectives. In: Wahl R.; Scheidt R.; Windley P. (eds.). Annual Review of Gerontology and Geriatrics: Aging in context: Socio-physical environments. New York: Springer, p. 1-35.

Wiesztort L., (2013). Las representaciones y las esperas de los ciudadanos en términos de espacios de "naturaleza" en la ciudad. In Experiencia espacial, Egea C. Sanchez D. dir, Universidad de Granada, Universidad de Nuevo León, UGR edición, Grenade.

Wiesztort L., (2015). Les berges des fleuves ou cours d'eau traversant les métropoles comme moyen de réinsérer de la « nature » en ville ? Expériences de plusieurs métropoles françaises ». *In La rénovation urbaine de la revue espagnole Cuadernos geograficos*, numéro 54-2.

Wolch et al., (2014). Urban green space, public health, and environmental justice: The challenge of making cities 'just green enough. Landscape and Urban Planning, 125 (2014), pp. 234-244.

Chapitre 11

APAL., 2005. Vulnérabilité et adaptation du littoral tunisien à l'élévation du niveau de la mer due aux changements climatiques, in Maputo, pp. 18-22.

APAL., 2015. Le littoral Tunisien, Atlas de la vulnérabilité à l'élévation du niveau marin, éd/APAL, 45 p.

BANQUE MONDIALE, Bolt.K., Ruta.G., Sarraf.M., 2005. Evaluer les coûts de la dégradation de l'environnement, Un Manuel de Formation en Anglais, Français et Arabe, Banque Mondiale/département de l'environnement, 265 p.

BANQUE MONDIALE., 2011. Adaptation au Changement Climatique et aux Désastres Naturels des Villes Côtières d'Afrique du Nord, Phase 1, République Arabe d'Égypte, Royaume du Maroc, République Tunisienne, Banque Mondiale/GED 80823T, 137 p.

BANQUE MONDIALE., 2011. Adaptation au changement climatique et aux désastres naturels des villes côtières d'Afrique du Nord, Phase 2 : Plan d'adaptation et de résilience – Tunis, République Arabe d'Égypte, Royaume du Maroc, République Tunisienne, Banque Mondiale/GED 80823T 249 p.

BERNARD, C. (1911) : Le golfe d'Utique et les bouches de la Medjerda. Extrait du bulletin de géographie historique et descriptive. N° & & 2. Imprimerie Nationale de Paris.

BRGM., 1997. Suivi par interférométrie SAR du phénomène de subsidence minière sur le site d'exploitation souterraine de Gardanne-Meyreuil entre 1992 et 1995, BRGM/RP- 39662, 69 p.

BRGM., 2007. Réalisation d'un zonage sismique de la Méditerranée occidentale à 1/2 000 000 préalable aux choix de scénarios de tsunamis, Rapport intermédiaire, BRGM/RP - 55353-FR, 109 p.

BRGM., 2014. Inventaire et analyse des solutions douces de gestion de l'érosion côtière et applicabilité au littoral corse, Rapport final, BRGM/RP-63034-Fr, 59 p.

BRGM., 2017. Plan de prévention des risques littoraux « Submersion marine et érosion du trait de côte », Département de la Réunion, Commune de Saint-Benoît, 170 p.

CHEKIR H, (2003) : Crues de la Medjerda de Janvier – Février 2003. Etude de la protection contre les inondations. Rapport final. MAERH DGBGTH. 25 pages + annexes.

CLAUDE, J. & FRANCILLON, G. & LOYER, J.Y. (1977) : Les alluvions déposées par l'oued Medjerda lors de la crue exceptionnelle de mars 1973. Cahier ORSTOM série hydrologie. Vol XIV n°1. pp. 37-109.

COLOMBANI. J., RAMETTE M., (1995) : Projet de recherche sur la dynamique fluviale des cours d'eau en aval des barrages de Tunisie. Rapport de mission GIE ORSTOM-EDF. 65p.

COIGNET, J. (1917) : La Medjerda. Régularisation du cours de cette rivière par la création de deux grands barrages de l'oued Tessa et de Testour. Utilisation du pont-barrage d'El Batan. Hydraulique en Tunisie et les grands barrages réservoirs. Tunis pp. 93-135.

COMETE Engineering, 2008. Etude d'Impact sur l'Environnement, 222 p.

FEHRI N., ZAHAR Y. (2016) : Etude de l'impact de l'extension et de la densification du tissu urbain sur les coefficients de ruissellement dans le bassin versant des oueds El-Ghrich et El- Greb (Tunis) par l'application de la méthode SCS aux évènements de septembre 2003. Physio-Géo, articles, volume X p. 61-79.

GHORBEL, A. (1996) : Profils en travers de l'oued Medjerda. Ministère de l'Agriculture. Direction Générale des Ressources en eau. Rapport interne.

GHORBEL, A. (1996) : Dynamique fluviale de la Medjerda. Analyse et interprétation des mesures des lâchers du barrage Sidi Salem. Ministère de l'Agriculture. Direction Générale des Ressources en eau. Rapport interne. 52p.

GHORBEL, A. (1998) : Dynamique fluviale de l'oued Medjerda. Analyse et interprétation des mesures des lâchers du barrage Sidi Salem. Ministère de l'Agriculture. Direction Générale des Ressources en eau. Rapport interne. 18p.

GIEC, (2014) 5ème Rapport Changements climatiques : Impacts, adaptation et vulnérabilité.

JAUSEIN, A. (1971) : Evolution récente du delta de la Medjerda, les agents de la morphogenèse ; Ecole Normale Supérieure. Lab. géol. pp. 128-151.

MEJRI.L., 2012. Tectonique quaternaire, paléosismicité et sources sismogéniques en Tunisie Nord-Orientale : étude de la faille d'Utique, Université Toulouse 3 Paul Sébastien, Faculté des Sciences de Tunis, 193 p.

NILSON, L.Y.& BERTIL, S.& MAJLIS, R. HAMDI, Y. (1980) : Jedeïda et Tebourba, cartographie des risques d'inondation. Projet de coopération Tuniso-Suédois. Ministère de l'équipement. Direction de l'Aménagement du Territoire. Dossier d'étude vol. 1. 64p.

PASKOFF.R., 1994. Le delta de la Medjerda (Tunisie) depuis l'Antiquité, Études rurales, n°133-134., in Persée [en ligne], pp. 15-29.

PASKOFF, R. Les plages de la Tunisie. EDITEC, Caen, 198p.

PLUMIER. A., 2007. Constructions en zone sismique, Faculté des Sciences Appliquées, Département d'architecture, Géologie, Environnement et Constructions, 359 p.

RODIER, J.A. & COLOMBANI, J. & CLAUDE, J. & KALLEL, R. (1981) : Le bassin de la Medjerda. Monographies hydrologiques de l'ORSTOM. 451p.

STERN.N., 2006. Rapport Stern : le réchauffement climatique, inCDURABLE.info l'essentiel du développement durable [en ligne], 7 p.

STUDI., 2009. Tunis Financial Harbour, Tunis Bay, Tunisia, Plan d'aménagement de détail.

STUDI., 2014. Etude d'Impact sur l'Environnement.

TAZI, M. (1995) : Evaluation de l'impact du barrage de Sidi Salem sur la morphologie et la débitance de la Medjerda. Projet de fin d'étude du cycle ingénieur. ENIT.

ZAHAR Y. (2006) : Guide d'information sur la vulnérabilité et l'adaptation aux changements climatiques. Agence Nationale de Maîtrise de l'Energie. Centre d'information sur l'énergie durable et l'environnement. 143 pages.

ZAHAR Y., GHORBEL A., ALBERGEL J. (2008) : Impacts of large dams on downstream flow conditions of rivers: Aggradation and reduction of the Medjerda channel capacity downstream of the Sidi Salem dam (Tunisia). Journal of hydrology. Vol. 351 n° 3-4. pp. 318-330.

FEHRI N., ZAHAR Y. (2016) : Etude de l'impact de l'extension et de la densification du tissu urbain sur les coefficients de ruissellement dans le bassin versant des oueds El-Ghrich et El-Greb (Tunis) par l'application de la méthode SCS aux évènements de septembre 2003. Physio-Géo, articles, volume X p. 61-79.

Chapitre 12

Alexandre, B., et al. (2015), Estimation des couts des impacts du changement climatique en Haïti, projet de renforcement des capacités adaptatives des communautés côtières d'Haïti aux changements climatiques, PNUD.

Calais, E. (2017). *Séisme et conscience dans la post-urgence du séisme d'Haïti*.

Calmont, A.,& Mérat, P. J. (2015). *Haïti entre permanences et ruptures: une géographie du territoire*. Matoury: Ibis rouge.

Davis, M. (2008). *Le pire des mondes possibles: de l'explosion urbaine au bidonville global*. Paris: La Découverte.

Eddy Lucien, G., 2013. *Une modernisation manquée: Port-au-Prince (1915-1956)*. Port-au-Prince, Haïti: Editions de l'Université d'État d'Haïti.

Emmanuel, E. (2017), Eau en Haïti : Ressources menacées et écosystèmes fragiles Ecosystèmes d'Haïti: Focus sur les réalités et les espoirs de l'environnement, Nov 2016, Cap-Haitien, Haïti. Editions Pédagogie Nouvelle S.A., Apport de la recherche universitaire à la compréhension du stress qualitatif et quantitatif de l'eau en Haïti. <hal-01411071>.

Gérald, H. (sous la dir), (1999), les problèmes environnement de la région métropolitaine de Port-au-Prince ; commission pour la commémoration du 250ème anniversaire de la fondation de Port-au-Prince.

Godard, H. (1983). *Port-au-Prince, Les mutations urbaines dans le cadre d'une croissance ... centralisation et dysfonctionnements*. Bordeaux, France.

Goulet, J. et Bodson, P. (2016), Port-au-Prince: tendance et perspective ; Programme de recherche dans le champ urbain.

Lacour, J. (2005), Caractérisation des substances azotes et phosphatées contenues dans les effluents liquides de la ravine Bois-de-chêne (Port-au-Prince).

Laganier, R.,Kaszynski, M.,& Scarwell, H.-J. (2008). La ville et l'enjeu du développement durable.

Lefèvre, C.,Roseau, N.,& Vitale, T. (Eds.) (2013). *De la ville à la métropole: les défis de la gouvernance*. Paris: L'Oeil d'or.

Mclean, R. et al,.(2014), Climate change 2014 : Impacts, Adaptation, and Vulnerability, small island, GIEC, AR5 WGII.

Mompoint, M. et Theleys, K. (2004), Evaluation des dangers écologiques générés par des effluents liquides urbains sur l'écosystème de la baie de Port-au-Prince, Quisqueya.

Nancy L.-G et al, (2018), Les villes haïtiennes : des actions pour aujourd'hui avec un regard sur demain, Banque mondiale (Boisson, 1998).

Pierre, A. (2006), Précis d'hydrogéologie et Forage, tome 1, Presses nationales, Port-au-Prince.

Pierre, L.-M. (2013). *De la durabilité à la vulnérabilité: la vallée du Bourdon (Port-au-Prince), zone périurbaine, une étude de cas*. Paris 8.

Rameau, H. G. (2014). Un système de transport adapté aux besoins de circulation à Port-au-Prince, 3(2).

Rapport national sur les établissements humains en Haïti, conférence des nations unies sur les établissements humains, Habitat II, Istanboul, 1999.

Théodat, J.-M. (2010). L'eau dans l'État, l'État nan dlo : dilution des responsabilités publiques et crise urbaine dans l'aire métropolitaine de Port-au-Prince (Water and State : dilution of political responsibilities and urban crisis in metropolitan Port-au-Prince). *Bulletin de l'Association de géographes français*, 87(3), 336–350.

Verdeil, V., (1999.3), De l'eau pour les pauvres à Port-au-Prince, Haïti, Mappe monde.

Liste des auteurs

Liste des auteurs

Les coordinateurs :

Azzeddine Madani, *Maître de Conférences HDR en géographie et aménagement du territoire, faculté des sciences sociales et humaines, université de Khemis Miliana, Algérie.*

Christopher Bryant, *Professeur Associé, Département de géographie, Université de Montréal, & Adjunct Professor, School of Environmental Design and Rural Development, University of Guelph. Canada.*

Les auteurs :

Ouari MERADI
Maître de conférences
Laboratoire d'Économie et Développement (LED), Faculté des SECSG, Université Abderrahmane MIRA de Bejaia, Algérie.

Yannick Brun-Picard
Ph.D. Sciences géographiques, Laval, Québec

Rofia ABADA
Enseignante-chercheure
(Centre Universitaire Abdelhafid Boussouf, Mila)
Doctorante, faculté d'architecture et d'urbanisme (Université Constantine 3; Salah Boubnider), Algérie.

Marilyne Gaudette
Doctorante, Département d'études urbaines et touristiques, Université du Québec à Montréal, Canada.

Sylvain Lefebvre
Professeur et PhD, Département de géographie, Université du Québec à Montréal, Canada.

Abdelmadjid BOUDER
Professeur, Université USTHB, Algérie.

Lynda HAMADENE
Enseignante- chercheure, École Normale Supérieure ENS, Alger, Algérie.

Tarek CHELLA
Maître de conférences HDR, École Normale Supérieure ENS, Alger, Algérie.

Noura BRAHMI
Unité de Recherche Géomatique des Géosystèmes, Faculté des Lettres des Arts et des Humanités de la Mannouba, Université de Mannouba, Tunisie.
Association Tunisienne de la Cartographie et de l'Information Géographique (ATCIG).

Mohsen DHIEB
Laboratoire SYFACTE, Faculté des Lettres et des Sciences Humaines de Sfax (détaché auprès de l'Université du roi Abdulaziz, Arabie Saoudite), Université de Sfax, Tunisie.

Élfide Mariela RIVAS GÓMEZ
Universidad Autónoma de Nuevo León (UANL). Mexique.

Carlos Aparicio
Universidad Autónoma de Nuevo León (UANL). Mexique.

Houda Saci
Doctorante. Laboratoire ville urbanisme et développement durable
Ecole Polytechnique d'Architecture et d'Urbanisme -M.H.Ait-Ahmed, Alger, Algérie

Mohamed Hocine
Maître de conférences, Laboratoire ville urbanisme et développement durable
Ecole Polytechnique d'Architecture et d'Urbanisme -M.H.Ait-Ahmed, Alger, Algérie.

Ndiogosse Soce
Doctorante en aménagement à l'Université de Montréal
Chaire en paysage et environnement de l'Université de Montréal, Canada.

Danielle Dagenais
Chercheure associée à la Chaire en paysage et environnement de l'Université de Montréal, Canada.
Professeure agrégée et Directrice de l'École d'urbanisme et d'architecture de paysage, Faculté de l'aménagement de l'Université de Montréal, Canada.

Jacques Fisette
Professeur titulaire, École d'urbanisme et d'architecture de paysage
Faculté de l'aménagement de l'Université de Montréal, Canada.

Laurène Wiesztort
Université Lille Nord de France
LADYSS Laboratoire dynamiques sociales et recomposition des espaces, UMR 7533 CNRS, F-92001 Nanterre, France.

Yadh ZAHAR
Professeur des universités, Ecole Nationale d'Architecture et d'Urbanisme, Directeur de Recherches Habilité, Université de Carthage. Tunisie.

Rim GUISSOUMA
Institut Supérieur des Technologies de l'Environnement de l'Urbanisme et du Bâtiment.Unité de Recherche 11ES37 : Villes Durables et Environnement Construit. Université de Carthage. Tunisie.

Louis-Marc PIERRE
Professeur à l'Université d'Etat d'Haïti.
Membre du Laboratoire dynamique des mondes américains (LADMA)

Quelques publications (Livres +Chapitres)
(Christopher Bryant & Azzeddine Madani)

Quelques publications (Livres +Chapitres)
(Christopher Bryant & Azzeddine Madani)

- Livres :

1. « L'adaptation aux changements climatiques dans le transport terrestre » Edition Econotrends Ltd (Canada), pp 209. **Février 2019 Azzeddine Madani, Christopher Bryant**

    Format papier, ISBN : 978-1-896197-10-4,
    https://www.amazon.ca/dp/1896197108
    Format E-book, ISBN: 978-1-896197-11-1, ASIN: B07N6SPSG6,
    https://www.amazon.ca/dp/1896197108/

2. « Nouveau modèle d'évaluation et d'analyse de politique du transport terrestre durable: (Modèle EAPT2D) Application sur 5 pays du nord Africain (Algérie, Maroc, Tunisie, Libye, Egypte) », **Janvier 2019**, [Editon papier et E-book Kindle] Edition. **Azzeddine Madani, Christopher Bryant**, Mohamed Morsli . E.I Amazon, pp. 76.
    - Format papier, ISBN : 978-1793988072
    https://www.amazon.com/dp/1793988072
    - Format E-book, ASIN: B07MTJ7FB7
    https://www.amazon.com/dp/B07MTJ7FB7

3. Agricultural Adaptation to Climate Change. Ouvrage collectif sous contrat avec Springer (Pays-Bas). Publication août 2016. **C.R. Bryant**, K. Délusca et M.A. Sarr (dir.). Bryant est co-auteur de quatre chapitres, et auteur principal de l'Introduction et de la Conclusion. Voir :http://www.springer.com/us/book/9783319313900

4. Nouvelles actions pour une meilleure gestion urbaine des villes, éditions universitaires européennes, Allemagne, Juillet 2016, **Azzeddine Madani**, 60pp. ISBN : 978-3-659-55929-7
    https://www.morebooks.shop/store/gb/book/nouvelles-actions-pour-une-meilleure-gestion-urbaine-des-villes/isbn/978-3-659-55929-7

5. *Des espaces agricoles dans les metropolisations. Perspectives franco-quebecoises?* L'Harmattan, le 13 novembre **2017**. **C. R. Bryant** et S. Loudiyi (dir.). pp. 330.

6. *Territoires périurbains et gouvernance. Perspectives de recherche.* Montreal : Géographie, Université de Montréal, **2008**, 173pp. **Bryant**, C.R., S. Loudiyi et L. Laurens (dir.).

7. *The Sustainability of Rural Systems in Developing Countries*, (Montreal : Géographie, Université de Montréal), **2008**, 156pp. **Bryant**, C.R., E. Makhanya et T.M. Herrmann (dir.).

8. *Visages et défis des principales villes camerouaises*, (Montreal : Géographie, Université de Montréal), **2008**, 175pp. Nguendo Yongsi, H.B. et **C.R. Bryant** (dir.).

9. *Regards multidisciplinaires sur les conflits fonciers et leurs impacts socio-économico-politiques au Cameroun. Montréal : Géographie, Université de Montréal, **2008**, 341pp. F. Nkankeu. et **C.R. Bryant** (dir.).*

- Chapitres:

1. The diversity of governance approaches in the face of resilience, Chapter 1, pp. 11-26, in G. Forino, S. Bonati and L.M. Calandra (eds.), Governance of Risk, Hazards and Disasters: Trends in Theory and Practice, Routledge Studies in Hazards, Disaster Risk and Climate Change, **2018**. G. Lizzaralde, L. Bosher, **C. Bryant**, K. Chmutina, G. Cardosi, A. Dainty and D. Labbé.

2. The co-construction of projects with environmental externalities. Chapter 8, pp. 157-179, in C. Choquette and V. Fraser (eds.), Environmentqal Mediation: An International Survey. Routledge Research in International Envirnmental Law, **2018**. A. Bousbaine, **C.R. Bryant**.

3. Farmland Preservation and Rural Development in Canada. Chapter 2, pp. 11-25, in E. Gottero (ed.), Agrourbanism: Tools for Governance and Planning of Agrarian Landscapes, Springer, **2018**. **C. Bryant**

4. The diversity of governance approaches in the face of resilience. Chapter 1, pp. 11-26, in G. Forino, S. Bonati and L. M. Calandra (eds.), Governance of Risk, Hazards and Disasters: Trends in Theory and Practice, Routledge (Taylor and Francis Group), New York, **2017**. G. Lizarralde, **C. Bryant**, K, Chmutina, G. Cardosi, A. Dainty, D. Labbé

5. Perception, Culture and Past Experience: The Long Road to Agricultural Adaptation to Climate Change and Variability in Québec. Chapter 11, pp. 256-264, dans B. Thakur, H.S. Sharma, Suresh Misra, J. Chattopadhyay, Surendra Singh (dir.), Volume 1: Regional Development: Theory and Practice (Professor R.P. Misra Felicitation Volume 1: Concept of Regional Development. Concept Publishing Company Pvt. Ltd., New Delhi, India, **2017**. **C.R. Bryant**, B. Singh.

6. Chapitre 11 : L'action locale et la multifonctionnalité au service de la protection du territoire agricole : regards croisés entre le Québec et la France, pp. 273-296 dans C. R. Bryant, S. Loudyi (dir.), *Des espaces agricoles dans le métropolisation. Perspectives franco-québécoises ?* Le novembre **2017**, L'Harmattan. **C.R. Bryant**, G. Chahine, A. Bousbaine.

7. Chapitre 7 : La planification du développement des zones agricoles dans les Municipalités Régionales de Comté dans la grande sphère d'influence de Montréal, pp. pp. 175-198 dans C. R. Bryant, S. Loudyi (dir.), *Des espaces agricoles dans le métropolisation. Perspectives franco-québécoises ?* **C.R. Bryant**, C. Marois, J. Bernier, O. Lisso-Gourgeon, C. Akkari.

8. **Azzeddine Madani**, Avril 2016 « Quelle gouvernance territoriale pour un développement urbain durable en Algérie ? L'exemple du cas du territoire d'Ain Defla » In développement durable des territoires, sous la Di de Jean-Paul CARRIÈRE, Abdelillah HAMDOUCH, Corneliu IAȚU, Paris : Edition Economica Anthropos ISBN : 978-2-7178-6882-1
https://catalogue.bnf.fr/ark:/12148/cb450492221

9. A.E.BELKHIRI, **A . Madani. 2015** « *L'importance des TIC dans la mobilité urbaine cas de la ville portuaire de Bejaia (Algérie)* » In Sécurité, éducation et mobilité, maitrise des risques et prévention Tome 2, Sous la Dir de Sandrine Gaymard et Teodor Tiplica (Université D'Angers), P 165-187. Paris : Edition L'Harmattan. ISBN : 978-2-336-30273-7
http://www.editions-harmattan.fr/index.asp?navig=catalogue&obj=livre&no=48064

L'adaptation aux changements climatiques dans les futures villes

« Regards croisés »

Azzeddine Madani & Christopher Bryant

Econotrends Ltd
- Canada-
(Octobre 2019)

ISBN: 978-1-896197-12-8 (**Papier**) - **ISBN**: 978-1-896197-13-5 (**e-Book**)

www.ingramcontent.com/pod-product-compliance
Lightning Source LLC
Chambersburg PA
CBHW041150290426
44108CB00002B/26